Rodrigo Córdula

Banco de dados e interface gráfica

C/C++

Direto ao ponto

EDITORA CIÊNCIA MODERNA

Banco de dados e interface gráfica C/C++ Direto ao ponto

Editor: Paulo André P. Marques
Produção Editorial: Dilene Sandes Pessanha
Capa: Daniel Jara
Diagramação: Daniel Jara
Copidesque: Equipe Ciência Moderna

FICHA CATALOGRAFICA

CÓRDULA, Rodrigo Beltrão de Lucena.

Banco de dados e interface gráfica C/C++ Direto ao ponto

Rio de Janeiro: Editora Ciência Moderna Ltda., 2021.

1. Informática
I — Título

ISBN: 978-65-5842-080-4 CDD 001.642

Editora Ciência Moderna Ltda.
R. Alice Figueiredo, 46 – Riachuelo
Rio de Janeiro, RJ – Brasil CEP: 20.950-150
Tel: (21) 2201-6662/ Fax: (21) 2201-6896
E-MAIL: LCM@LCM.COM.BR
WWW.LCM.COM.BR **07/21**

Dedicatória

Este livro dedico a todas as vítimas da Covid19, que passam de mais de 500 mil vidas ceifadas enquanto este livro está sendo desenvolvido, recém-nascidos, crianças, jovens, grávidas, adultos, idosos com ou sem comorbidades. Dedico a todos que perderam um conhecido, um parente distante, um amigo próximo ou um ente querido.

Que Deus dê forças e conforte a todos em um momento difícil como este. Aqueles que são ateus espero que consigam se erguer pela sua força e determinação, infelizmente a vida é feita de tombos, uns mais dolorosos do que outros, que acabam por nos deixar marcas difíceis de serem superadas. Sintam-se abraçados por mim e não deixem de lutar a cada dia. Estarei torcendo por vocês, assim como todos que lhe amam.

E meu agradecimento especial é a todos os profissionais de saúde que estão na linha de frente enfrentando essa terrível enfermidade, a todos vocês, muito obrigado!

Sumário

Capítulo 1

Introdução

Por que não englobar tudo pelo Visual Studio

Quem está habituado com a linguagem C++ sabe que ela engloba tanto sua estrutura C++ como a estrutura C, por isso é comum fundir as duas linguagens em um único livro.

Porém, o *Visual Studio* possui certas particularidades que não pertencem à linguagem C, como tornar *scanf* e *printf* obsoletos e adotar uma nova função. Há ainda a inclusão das bibliotecas em C, que tentam seguir o padrão de conversão, além de outros fatores menos relevantes que me levaram a adotar um compilador separado para tratar da programação em C para que o aluno veja a linguagem em sua íntegra, sem que haja alteração ou adaptação a ser seguida pelo capricho de uma IDE.

Caso não saiba, IDE é *Integrated Development Environment* (Ambiente de Desenvolvimento Integrado), é qualquer programa que possua uma série de ferramentas que facilite a vida do programador, como no caso o *Visual Studio*. Para evitar essa interferência foi escolhido o *cygwin*, cujo tutorial se encontra no apêndice A. Mas há vários compiladores disponíveis, sinta-se livre para escolher outro, se assim desejar.

Caminho correto a ser seguido

Todo aluno ou autodidata que está iniciando a programação deve começar por lógica de programação e algoritmo, que segue uma estrutura PE (programa estruturado), ele inicialmente começa a estudar uma pseudolinguagem que chamamos de portugol; depois passamos a converter essa linguagem para o padrão de linguagem que siga a mesma estrutura do algoritmo, que no nosso caso é a linguagem C, pois sua estrutura é também do tipo PE. Para posteriormente passar para uma linguagem que demanda um pouco mais de complexidade que a C++, por exemplo, cuja estrutura é do tipo POO (programa orientado a objetos).

O C++ apesar de ser uma estrutura POO a considero como mista ou híbrida por justamente juntar a estrutura C a sua estrutura. O que torna difícil definir o que é função e o que é método. Já que funções pertencentes a uma classe nós denominamos de método.

Infelizmente nem todos seguem esse conceito, alguns autodidatas nem chegam a estudar algoritmo, apesar de não impedir de compreender este livro é recomendado a sua leitura antes de iniciá-lo.

Outros já pulam para a programação orientada a objetos (POO); cheguei até ver uma faculdade em que o aluno estudava algoritmo (PE) junto com Java (POO), é até possível se não for abordado classe e suas derivações, mas, algoritmo trata de funções e procedimentos. E não é possível criar uma função, por exemplo, que não pertença a uma classe em Java, diferente da linguagem C.

Entende o que quero dizer? Isso acaba gerando desistência do aluno logo de início, pelo fato de juntar tudo e jogar de uma vez, passa a visão que programar é extremamente difícil, demasiado e desestimulante. Ou simplesmente cria-se uma geração confusa de estudantes que mais sabem copiar e colar o código do que compreendê-lo propriamente dito.

Peço aos envolvidos nestes casos que não "queimem" as etapas de aprendizado, se possível. A base é o algoritmo e deve ser vista de forma ampla e com cuidado, que se trabalhe programando C, antes de almejar "saltos" maiores em POO C++.

Capítulo 2

Tipos de linguagens

Linguagem de máquina

Comumente representada por 1 e 0, o famoso código binário, que permite armazenar qualquer informação na forma de uma sequência de valores, ou seja, na forma de uns e zeros.

Exemplo: 1100101.

Para entender o que ele representa, multiplique cada dígito binário por 2 elevado a sua posição; lembrando que o primeiro é contado na posição zero. A leitura deve ser sempre feita da direita para a esquerda.

Com base no exemplo anterior, ficaríamos da seguinte forma:

Cód. Binário	Múltiplos de dois	Resultado
1	$x2^0$	1
0	$X2^1$	0
1	$X2^2$	4
0	$X2^3$	0
0	$x2^4$	0
1	$X2^5$	32
1	$X2^6$	64
Total da Soma		101

Então o código binário 1100101 representa o número 101. Para você tirar a prova disso, basta realizar uma divisão por dois de números inteiros e o resto de cada divisão deverá representar novamente o número binário, onde os restos das divisões pegamos da direita para esquerda. Veja o exemplo:

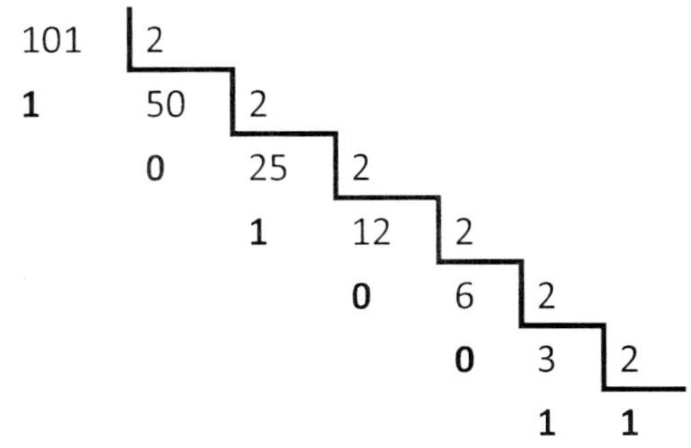

Com isso, comprovamos que o código binário 1100101 representa o número 101. Mas o código binário não serve só para representar dados, ele também funciona como uma forma de medir o espaço ocupado na máquina, já que cada zero ou um é representado por um Bit. Para entender melhor, observe o exemplo de medidas na tabela a seguir:

Medida	Descrição
1 *Bit*	Representa zero ou um.
1 *Byte*	Um conjunto de 8 *bits.*
1 *Kbyte*	1024 bytes ou 8192 *bits.*
1 *Megabyte*	1024 Kbytes, 1.048.576 *bytes* ou 8.388.608 *bits.*
1 *Gigabyte*	1024 *Megabytes*, 1.048.576 *Kbytes*, 1.073.741.824 *Bytes* ou 8.589.934.592 *bits.*

Linguagem intermediária ou simbólica

É representada pela linguagem de programação *Assembly* que se utiliza de associações chamadas mnemônicos; que são equivalentes a abreviações utilizadas para representar comandos, pois desta forma facilita o entendimento quando estes são associados a um significado. Ex: *add, div, mul, and, or, not.*

Pois como sabemos, o código de máquina, que além de binário pode ser hexadecimal, decimal ou octal, não é organizado de forma sugestiva a ponto de ler seu significado sem passar antes por alguma tradução ou cálculo.

No *Assembly* temos o *Assembler*, que é o compilador e não a linguagem em si. Por isso há uma grande diferença entre *Assembly* e *Assembler*.

Com isso, percebemos que há linguagens de programação que são compiladas, mas que existem outras que são interpretadas. Logo abaixo segue um pequeno resumo de suas diferenças:

- **Compilador**: Transforma a linguagem intermediária ou de alto nível em código objeto (linguagem de máquina), mais precisamente, cria uma linguagem semântica equivalente para que seja lida diretamente pela máquina. Ex: C e C++

- **Interpretado**: O programa é lido e interpretado durante a sua execução, o que às vezes demanda um processo maior de execução.

  Mesmo que um código em uma linguagem passe pelo processo de compilação, a linguagem pode ser considerada interpretada se o programa resultante não for executado diretamente. Ex: *Java e C#*

  As linguagens, acima citadas como exemplo, têm seus códigos-fontes transformados em uma linguagem intermediária (específica de cada linguagem), que será posteriormente interpretada pela máquina virtual da linguagem quando o programa for executado e não diretamente pela máquina, como ocorre comumente em programas compilados.

Linguagem de alto nível

São linguagens de programação que mais se assemelham à linguagem humana como *C, C++, C#, Java, PHP*, etc.

- **Programa Estruturado (PE):** É a linguagem de programação, no meu entender, mais simples, pois sua estrutura é linear, ou seja, lê linha a linha,de cima para baixo. Utilizando três estruturas básicas de controle: sequência, seleção e repetição.

  O teorema do programa estruturado foi demonstrado por *Böhm-Jacopini* e conclui que todo programa pode ser escrito utilizando-se apenas dessas três instruções de controle.

Vantagens e desvantagens

Os programas são mais fáceis de entender. Já que a estrutura está clara, onde os comandos estão ligados uns aos outros ou inter-relacionados. Os erros são mais fáceis de serem detectados ou corrigidos, já que os blocos de códigos são autoexplicativos.

Contudo, o fato de ter como resultado um único bloco de programa, pode torná-lo demasiadamente grande e de difícil manejo.

Isso pode ser resolvido empregando a programação modular, definindo módulos interdependentes programados e compilados separadamente. Seria a biblioteca de código.

- **Programa Orientado a Objeto:** Basicamente cria-se uma abstração de um objeto do mundo real em uma classe. Onde cada objeto que se precisar, cria-se uma classe para a mesma. Desta forma o código fica dividido em classes de forma organizada e separada.

  Cada classe, diferente da programação modular em C, possui atributos (variáveis) e métodos (funções). Onde os tipos de acesso a elas podem ser:

  - Público: Onde todos que se utilizam da classe, podendo acessar livremente.
  - Privado: Onde só podem ser acessados dentro da própria classe que os criou.
  - Protegido: Onde podem ser acessados dentro da própria classe ou aquela classe que herdar a mesma, chamada de herança. Definições de herança ou polimorfismo, por exemplo. Serão tratados com mais detalhes na linguagem do tipo POO (orientado a objeto).

Uma linguagem POO é também chamada de multiparadigma. Pois é aquela linguagem de programação que suporta mais de um estilo de programação. Segundo a descrição de *Bjarne Stroustrup*, autor da linguagem C++.

Há outros paradigmas como funcional e lógico, por exemplo, mas que não serão tratados neste livro.

Capítulo 3

Programação em C

Criando e compilando o seu primeiro exemplo

Vamos criar um pequeno exemplo para vermos como compilar e executar o programa recém-criado pelo *Prompt* de Comando ou pelo *shell* do *cygwin*, o que você optou, já que o comando de compilação é o mesmo para ambos os ambientes. Além disso, aprenderemos alguns comandos básicos do *Shell* e do *Prompt*, para que você possa "navegar" pelo mesmo, com praticidade. Assunto que será mostrado no Apêndice A Subentendendo que você já leu e instalou o compilador, o editor, que iremos trabalhar para criar nossos programas, e que está tudo devidamente configurado para não termos surpresas no reconhecimento de caracteres. Segue-se o exemplo abaixo:

```
01 #include <stdio.h>
02
03 int main(void)
04 {
05     printf("Olá mundo!\n");
06 }
```

A princípio, vamos entender o que cada linha significa no código. Na linha 01 temos o comando *#include*, que serve para incluir a biblioteca padrão da linguagem C. Com o comando *include*, você poderá também incluir as bibliotecas que você criou.

Logo em seguida temos o nome da biblioteca requisitada, que no nosso caso é a *stdio.h*, responsável pelos comandos de entrada e saída de informações, ou seja, o comando *printf* na linha 05 só é reconhecido graças a inclusão da biblioteca *stdio.h* na linha 01.

O *int main()* na linha 03 é a **função padrão** de inicialização de qualquer programa em C, sem ela o código abaixo não seria executado. As chaves na linha 04 e 06 limitam o início e o final desta função. Chamamos de **limitadores de bloco.**

Void em inglês significa vazio, ou seja, só estamos afirmando que nada será passado como argumento para a função principal *main*. Em C, usando parênteses vazios em uma função ou protótipo de função, sem o termo *void* é perigoso, pois desativa a compilação de verificação de argumento, o que pode levar a erros em tempo de execução.

O *printf()* possui o texto Olá mundo, onde o mesmo deve vir obrigatoriamente entre aspas duplas e ao final de cada linha de código, com exceção de funções, limitadores de blocos (colchetes) ou na importação de bibliotecas, deve-se terminar com o ponto e vírgula (;), como ocorre na linha 05.

Importante

Utilizamos o *escape* pulo de linha \n (que veremos em mais detalhes no decorrer do livro), serve para pular uma linha como também para liberar o fluxo de saída.
O *Windows,* normalmente gera um fluxo implícito de saída, que não é considerado um comportamento padrão. Por isso que em outros sistemas operacionais um simples comando como este:

```
printf("Olá mundo!");
```

corre o risco de que nada seja impresso, se pretende utilizar portabilidade no programa ou está tendo alguma complicação com o fluxo de saída recomendo o uso do *escape \n*, no comando *printf.* É um detalhe que confesso que até eu mesmo esqueço de utilizar às vezes.

Quando compilado e executado, a seguinte mensagem deverá aparecer:

```
Olá mundo!
```

Salve o arquivo com a extensão (.c); por exemplo, ex1.c

Mas, como fazê-lo? Primeiramente, você deve acessar o seu *Prompt* de Comando, se o compilador já estiver devidamente instalado, obviamente. Caso contrário, vá ao apêndice do livro que trata do assunto.

Estando tudo pronto, vamos ao que interessa, que é compilar nosso código. O comando é bem simples, utilizamos a seguinte sintaxe:
gcc <nome do programa1.c> [-o nome do programa2]

Importante

Na maioria dos livros de programação utilizamos os sinais de comparação, maior e menor, para informar ao eleitor que aquele conteúdo é obrigatório o seu uso. Até porque não haveria como compilar um arquivo código-fonte sem referenciar o seu nome, junto com a sua extensão (.c). Enquanto o uso de colchetes nos informa que a utilização daquela sintaxe é opcional.

Onde <nome do programa1.c> deverá ser substituído pelo nome que você definiu ao programa, ao salvar o seu arquivo, acompanhado de sua extensão. Se baseando em meu exemplo, onde salvei o arquivo na pasta ProgC e que o nome do mesmo seja ex1.c., acompilação será:

C:\Rodrigo\ProgC>gcc ex1.c

Se eu não utilizar o comando opcional [-o nome do programa2], ele irá gerar um aplicativo executável de nome "a" automaticamente. Então para executá-lo, você deverá fazer:

C:\Rodrigo\ProgC>a

Caso deseje criar um aplicativo executável com outro nome ou de mesmo nome do arquivo que contém o código-fonte, por exemplo, você deverá especificar durante a compilação. Ex:

C:\Rodrigo\ProgC>gcc ex1.c -o ex1

Desta forma, a execução deste programa será:

C:\Rodrigo\ProgC>ex1

Observações importantes

A linguagem C é *case sensitive* para funções e variáveis. *Case sensitive* significa que a linguagem difere maiúsculas de minúsculas, ou seja, ao você digitar PRINTF ao invés de printf, o compilador não irá entender e irá gerar um código de erro, já que a linguagem faz distinção de maiúsculas e minúsculas.

Da mesma forma quando abordamos a criação de variáveis, lembre-se de ter em mente que uma única letra maiúscula muda totalmente o contexto, ou seja, se você criar uma variável de nome idade e posteriormente tentar manipulá-la como Idade, irá gerar um erro, pois a presença do "I" maiúsculo fará com que o compilador a considere como um novo objeto, que não será reconhecido por justamente não ter sido declarado.

Alguns exemplos podem parecer que estão ocupando duas linhas devido ao texto não caber totalmente na largura da página do livro. Lembre-se que se não há um novo número no lado esquerdo, significa que aquele conteúdo pertence ainda à linha anterior.

Resolvendo problemas no reconhecimento de caracteres

Há execuções em que a palavra poderá aparecer com um caractere estranho:

```
Ol├í Mundo!
```

A frase acima deveria ser olá mundo. Este é um problema que pode ocasionar pelo editor em que você está criando os seus códigos, como também na configuração do *prompt* de comando ou pelo compilador, já que todos os três podem, de alguma forma, influenciar no reconhecimento de caracteres especiais.

No editor que foi recomendado no apêndice A, ele apresenta um problema na codificação a qual eu instruo como resolver.

Mas caso não seja esse o seu problema, pode ser que por alguma razão o *prompt* de comando esteja com outro tipo de configuração.

Para saber em que configuração se encontra a linguagem do *prompt* de comando, abra o mesmo e digite chcp. Ex:

C:\> chcp
Página de código ativa: 850

O chcp exibe o número da página de código do *console* ativo, que no caso deveria estar sendo mostrado como o exemplo acima. O código 850 nos informa que é multilíngue (Latino I), com base no próprio site da *Microsoft*.

Caso não esteja com esse tipo de código, para modificá-lo é muito simples, basta digitar chcp junto com o código desejado. Ex:

C:\> chcp 850
Página de código ativa: 850

Da mesma forma, você poderá modificar para outros formatos, o site da *Microsoft* nos lista algumas possibilidades: https://docs.microsoft.com/pt-br/windows-server/administration/windows-commands/chcp

De qualquer forma, volto a avisar que é bem provável que o seu problema seja por parte do editor que você esteja trabalhando, em que o formato de reconhecimento de caracteres salvos não é adequado ao compilador. Um simples bloco de notas ao salvar nos permite configurar a sua codificação textual. Ex:

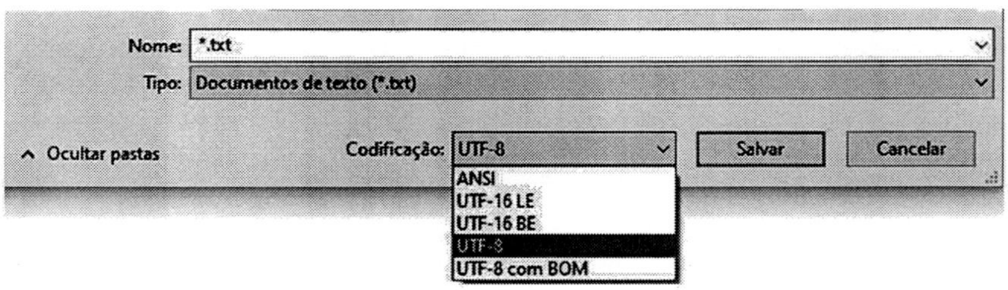

Por isso, é recomendado configurar para que seu editor salve sempre na codificação certa em que seu compilador reconheça os caracteres especiais sem nenhum problema.

Locale

Utilizamos a função setlocale() para fazer a adaptação do programa ao idioma desejado, muitos programadores o utilizam para corrigir o reconhecimento de caracteres do *Visual Studio*, por exemplo. O *locale* trata de informações sobre a apresentação de alguns dados, tais como:

- Caracteres e acentuação específicos do idioma.
- Formato de números e valores monetários
- Formatação de data e hora

Ela suporta dois parâmetros, onde o primeiro, definimos o que desejamos alterar e o segundo para qual linguagem. Sua sintaxe é:

setLocale(<categoria>, [localidade]);

O argumento categoria pode ser:

- LC_ALL faz referência a todos os aspectos da localização.
- LC_COLLATE especifica as regras de localidade para comparação de textos.
- LC_CTYPE especificar as regras para classificação e conversão de caracteres.

- LC_MONETARY especifica a notação monetária de uma localidade.
- LC_NUMERIC especifica a notação numérica da localidade.
- LC_TIME especifica a notação de data e tempo de uma localidade.

Se localidade for uma *string* vazia " ", o nome do local será obtido a partir de variáveis de ambiente. O que resolve o problema na maioria dos casos.

```
setlocale(LC_ALL,"");
```

Se localidade for NULL ou "0", a definição de local não é modificada, apenas retorna à definição atual.

Se localidade for uma matriz ou conter parâmetros adicionais, então cada elemento da matriz é tentado como um local até obter sucesso.

No nosso caso iremos alterar tudo e, por isso, utilizaremos o parâmetro LC_ALL. No segundo parâmetro informaremos o idioma que será utilizado. Ficando da seguinte forma:

```
01 #include <stdio.h>
02 #include <locale.h>
03
04 int main(void)
05 {
06     setlocale(LC_ALL," pt_BR.UTF-8");
07     printf("Olá Mundo!");
08 }
```

Na linha 02 importamos a biblioteca *locale* para que possamos utilizar a função *setlocale* na linha 06.

SetConsoleOutputCP

Define a página de código de saída usada pelo console associado ao processo de chamada. A página de código para o UTF8, como ocorre com o bloco de notas, é o número 65001. Então ficaria da seguinte forma:

```
01 #include <stdio.h>
02 #include <windows.h>
03
04 int main(void)
05 {
06     SetConsoleOutputCP(65001);
07     printf("Olá Mundo!");
08 }
```

Onde na linha 02 incluímos a biblioteca do *Windows* e na linha 06 configuramos o código de paginação de saída para UTF8, já que 65001 se faz referência ao mesmo.

Definição de variáveis

Todo programa trabalha com inserção de dados provindos do usuário e para que possa trabalhar com os mesmos, precisaremos armazená-los em variáveis.

Variável, explicado em livros de lógica de programação e algoritmo, nos afirma que é aquele que guarda uma informação específica por vez e de forma temporária.

A linguagem C/C++, por ser de tipagem forte, nos obriga a declarar junto com o nome da variável a especificação do seu tipo de dado suportado. Se fosse uma linguagem de tipagem fraca, como PHP, por exemplo, a declaração do identificador, nome da variável, já seria suficiente e permitiria armazenar qualquer tipo de dado em qualquer dado momento, sem a necessidade de especificar o seu tipo, como ocorre com a linguagem C.

Para declarar uma variável em C, seguimos a seguinte sintaxe:

<tipo de dado> <identificador>[= <valor>][, <identificador n>][= <valor n>];

Perceba que a sintaxe opcional nos afirma que podemos atribuir um valor à variável recém-criada; assim como declarar outras variáveis, separando-as por vírgula e atribuindo (=) se desejar algum dado inicial.

Para entendermos melhor, vamos a um pequeno exemplo. Digamos que eu queira três variáveis do tipo inteiro, sendo que uma será criada com o valor 33 armazenado. Faríamos da seguinte forma:

```
int n1, n2=33, total;
```

Onde int nos informa que as variáveis declaradas são do tipo inteiro, ou seja, só aceita números inteiros e não frações (números de ponto flutuante) e que são três: n1, n2 e total. Onde n2, lhe foi atribuído um valor inicial de 33.

Lembre-se que as variáveis só poderão armazenar um dado por vez, se você inicialmente criou uma variável de nome n2 com o valor 33 e lá na frente atribuir um outro valor, por exemplo 17. O valor anterior deixará de existir só tendo agora o valor 17 armazenado na variável n2.

Os tipos de dados possíveis para variáveis do tipo primitivo são:

Variável	Tipo	Intervalo
char	Texto ou caractere	0 a 255 caracteres
Int	Inteiro	-32.768 a 32.767
float	Valores de ponto flutuante	3.4 E-38 a 3.4E+38
double	Valores de ponto flutuante de intervalo maior	1.7 E-308 a 1.7E+308

Importante

Lembre-se que variáveis são *case sensitive* em C, ou seja, difere maiúsculas de minúsculas. Por exemplo, variáveis de nome Valor e valor são diferentes para a linguagem, pois um deles possui o "V" maiúsculo.

Da mesma forma se desejamos criar três variáveis do tipo real (ponto flutuante), como *float* ou *double*, por exemplo. Onde a segunda variável criada iniciará com algum valor armazenado, da mesma forma que fizemos com variáveis do tipo inteiro, ficaria da seguinte forma:

```
float f1, f2=3.547, f3;

double d1, d2=53.677, d3;
```

Onde f2 e d2 do tipo *float* e *double*, respectivamente, já possuem valores predeterminados. Em C/C++, casas decimais são separadas por ponto (.) e não vírgula.

Já na atribuição de variáveis do tipo texto, a coisa muda um pouco. Há duas formas de declarar uma variável do tipo *char*. Você poderá criar uma variável do tipo caractere, ou seja, que só aceita um único caractere por vez. Ex:

```
char t='C';
```

Neste exemplo, o programa entende que se trata de uma variável do tipo caractere, ou seja, que só armazena um caractere por vez. Perceba que a atribuição de caractere ao mesmo é com a utilização de aspas simples ao invés de duplas. Os caracteres aos quais ele aceita são do tipo (ASCII), onde possui 256 tipos de caracteres.

Pela internet você poderá encontrar na tabela ASCII realizando uma simples busca pelo Google. Verá que todo caractere tem a representação de um número, que corresponde a sua referência na tabela, que vai de 0 a 255. Só para critério de exemplo, extrai um pequeno trecho da tabela, onde mostra as letras maiúsculas de "A" à "Z".

Trecho da Tabela ASCII					
Caractere	Nº	Caractere	Nº	Caractere	Nº
@	64	I	73	R	82
A	65	J	74	S	83
B	66	K	75	T	84
C	67	L	76	U	85
D	68	M	77	V	86
E	69	N	78	W	87
F	70	O	79	X	88
G	71	P	80	Y	89
H	72	Q	81	Z	90

A atribuição que fizemos anteriormente foi o caractere "C" maiúsculo, poderíamos atribuir também pelo número referente na tabela. Ex:

```
char t=67;
```

O resultado seria o mesmo. Poderíamos também realizar uma soma, para obtermos o caractere "R", por exemplo, neste caso teríamos que somar 15 ao valor correspondente na variável t, para obter o valor 82 na tabela, que representa o caractere "R". Ex:

```
01 #include <stdio.h>
02
03 int main(void)
04 {
05       char t='C';
06       t=t+15;
07       printf("%c", t);
08 }
```

Na linha 05 criamos a variável do tipo caractere e já atribuímos o caractere "C" à mesma, que equivale ao número 67. Na próxima linha somamos a este número 15. O que nos dá como resultado o número 82. Que ao imprimir (linha 07) irá exibir o caractere "R".

Se desejamos exibir o conteúdo de uma variável precisaremos utilizar o *printf*, obviamente, especificando a sua formatação. Desta forma, entendemos que %c nos indica que a variável que virá após, será do tipo caractere. As especificações de formatação para exibir dados de variáveis, veremos mais detalhes logo à frente.

No caso de eu desejar uma variável para armazenar texto, ao invés de um único caractere, devo acrescentar colchetes após o seu identificador. Ex:

```
char texto[]="Solo Leveling";
```

No exemplo acima criamos uma variável do tipo texto, perceba que a atribuição neste caso se utiliza de aspas duplas, diferente da anterior que se fazia com aspas simples.
Toda variável *char* do tipo texto se comporta como um vetor (*array*), que termina com o caractere nulo ('\ 0'), acrescentado automaticamente à variável.

Se eu desejar limitar ainda a quantidade de caracteres, que a variável texto poderá armazenar é só colocar entre os colchetes um número. Mas, caso, eu simplesmente declare uma variável do tipo texto, sem atribuir logo de cara um texto ao mesmo, como no exemplo anterior, então torna-se obrigatório determinar o tamanho que esta variável do tipo texto irá suportar. Ex:

```
char texto[30];
```

Do contrário, um erro será gerado:

```
char texto[];
```

```
error: array size missing in 'texto'
7 |  char texto[];
```

Vamos a um pequeno exemplo, englobando as duas possibilidades.

```
#include <stdio.h>

int main(void)
{
      char t='C';
```

```
06      char tt[30]="trabalhando com caracteres";
07      printf("%c, %s.", t, tt);
08 }
```

Na linha 05 temos uma variável de nome "t" do tipo caractere, onde possui o caractere "C" atribuído ao mesmo, enquanto na linha 06, temos uma variável de nome tt, que limitamos o seu armazenamento de até 30 caracteres e atribuímos um texto ao mesmo.

Já na linha 07 nos imprime os conteúdos das variáveis, passando seus tipos de formatos correspondentes e as variáveis em si, logo em seguida.

Caso você atribua um conteúdo maior do que a variável tt pode suportar, uma mensagem de aviso como essa será mostrada no seu compilador:

```
char tt[8]="trabalhando com caracteres";
warning: initializer-string for array of chars is too long
```

Explicando que a *string* de inicialização para a matriz de caracteres é muito longa. Da mesma forma pode ocorrer com a variável t, ao se atribuir mais de um caractere. Ex:

```
char t='Breserk';
```

Uma mensagem de aviso como essa será exibida:

```
warning: character constant too long for its type
```

Avisando que o caractere atribuído é muito longo para esse tipo.

Há ainda os modificadores de faixas ou intervalo de valores, que podemos acrescentar às variáveis. Os mais comumente utilizados são:

- ***Unsigned***: Torna todo o intervalo um valor absoluto, ou seja, pega o intervalo negativo e o converte em um valor positivo, somando-o ao intervalo positivo existente na variável.
- ***Long***: Dobra o tamanho da variável em *bytes* e com isso seu intervalo de valores é aumentado substancialmente.

Você ainda poderá utilizá-los em conjunto, ou seja, pode pegar uma variável inteira, por exemplo, e alongar o seu intervalo; além de tornar este intervalo um valor absoluto (*unsigned*).

Porém, nem toda a sequência de modificadores é válida, dependendo do tipo de variável, e por isso será exibida uma pequena tabela listando algumas possibilidades, além do **especificador de formato que deverá ser utilizado obrigatoriamente**, seja para exibir o conteúdo desta variável (*printf*) ou quando for para captar o valor digitado pelo usuário (*scanf*), pois só assim é interpretado de forma correta, evitando-se erros difíceis de se identificar.

A inserção de modificadores deve ser declarada antes do tipo de variável, ficando da seguinte forma, a sintaxe completa:

[Modificador(es)] <tipo de variável> <identificador>[= <valor>][, <identificador n>][= <valor n>];

Como pode perceber é a mesma sintaxe anterior, com a diferença que agora foi acrescentado o modificador em sua sintaxe. A tabela abaixo nos dá alguns exemplos válidos:

Variável	Tipo	Intervalo	Formato
unsigned int	Inteiro de valor absoluto	0 a 65.535	%u
long int	Inteiro longo	-2.147.483.648 a 2.147.483.647	%ld
unsigned long int	Inteiro longo positivo	0 a 4.294.967.295	%lu
long long int	Inteiro longo, longo	-9.223.372.036.854.775.807, +9.223.372.036.854.775.807	%lld
Unsigned long long int	Inteiro longo, longo de valor absoluto	0 a 18.446.744.073.709.551.615	%llu
long double	Ponto flutuante longo	3.4E-4932 a 1.1E+4932	%Lf %LF %Lg %LG %Le %LE %La %LA

Em *long double* os especificadores de formato em maiúsculo (%LA,%LE,%LF,%LG) produzem valores como INF, NAN e E (expoente) em maiúsculas.

A tabela a seguir, nos lista o restante dos especificadores de formato, sem o uso de modificadores:

Formato	Significado
%d	Para se referir a um número inteiro.
%o	Exibe um número inteiro na base octal.
%x	Exibe um número inteiro na base hexadecimal.
%X	Hexadecimal com letras maiúsculas.
%f	Número decimal de ponto flutuante do tipo *float*.
%lf	Número decimal de ponto flutuante do tipo *double*.
%e	Número em notação científica. Ex: 11.23e-9.
%E	Número em notação científica com o "e" maiúsculo. Ex: 11.23E-9.
%g	Escolhe o mais apropriado entre %f e %e. Podemos também usar %G para escolher entre %f e %E.
%p	Ponteiro: exibe o endereço de memória do ponteiro em notação hexadecimal.
%c	Para se referir a um caractere.
%s	Para se referir a um texto.

No próximo tópico juntaremos tudo e daremos um exemplo mais detalhado.

Cálculos e tipos de erros na programação

A tabela abaixo nos dá a lista de símbolos utilizados para a realização de cálculos simples.

Descrição	Símbolo	Exemplo	Resultado
Soma	+	9+2	11
Subtração	-	9-2	7
Divisão	/	9/2	4,5
Multiplicação	*	9*2	18
Resto da divisão inteira	%	9%2	1

Há uma diferença substancial entre a divisão com variáveis inteiras e a divisão com variáveis de ponto flutuante (real). As variáveis do tipo real (ponto flutuante) nos fornecerão o resultado mais preciso possível da divisão, apresentando as suas casas decimais, se houver; enquanto variáveis do tipo inteiro, realizarão a divisão obtendo o valor mais alto possível desta divisão, sem ter de fracionar o número. Para entendermos melhor, vamos ao exemplo:

9/4 = 2,25 (numa divisão real)
9/4 = 2 (numa divisão inteira)

Precedência dos operadores

Assim como na matemática, a multiplicação, divisão ou resto da divisão inteira tem precedência maior para soma e subtração. Para entendermos melhor, vamos a um pequeno exemplo:

```
01 3*2+8-4/2-11%4
02 6+8-2-3
03 9
```

Na primeira linha são realizados a multiplicação, divisão e o resto da divisão primeiro. O resto da divisão inteira de onze por quatro vai resultar em três; já que três não têm como ser dividido por quatro em uma divisão inteira. Vejamos com mais detalhes, como foi obtido o valor do resto da divisão de 11%4.

Dividendo	11	4	Divisor
	-8	2	**Cociente**
Resto da divisão	3		

Caso tenha o desejo de realizar uma soma ou subtração antes de uma multiplicação, divisão ou resto da divisão inteira, você deverá fazer uso de parênteses já que sua precedência é a maior de todas. Digamos que eu deseje que a soma de 2+8 se realize primeiro, ficaria então da seguinte forma:

```
3*(2+8)-4/2-11%4
3*10-4/2-11%4
30-2-3
25
```

Já que a precedência dos parentes é maior do que de todos operadores presentes, é realizada a soma primeiro, para depois realizar a multiplicação, divisão e resto da divisão inteira. E só assim realizar os cálculos de soma e subtração (linha 03), para obtermos como resultado o número 25 (linha 04).

Vamos agora a um pequeno exemplo, englobando tudo o que já foi dado em um simples programa que multiplica dois números inseridos pelo usuário.

```
01 #include <stdio.h>
02 int main(void)
03 {
04      int n1, n2;
05      long int total;
06      printf("Programa, multiplica dois números.\n");
07      printf("Digite o primeiro valor:");
08      scanf("%d", &n1);
09      printf("Digite o segundo valor:");
10      scanf("%d", &n2);
11      total = n1 * n2;
12      printf("O resultado da multiplicação é: %ld\n", total);
13 }
```

Na linha 01 incluímos a biblioteca básica do C, que nos permite realizar comandos de entrada e saída de dados. A linha 02 é a função principal e, por sinal, obrigatória para inicialização de nosso programa.

Na linha 04 declaramos duas variáveis n1 e n2 do tipo inteiro; já na linha 05 criamos uma outra variável do tipo inteiro longo, cujo intervalo de valores é bem maior, devido ao modificador *long*; uma forma de precaver e evitar que o resultado multiplicado ultrapasse o limite permitido pela variável.

Na linha 06 é uma simples mensagem de apresentação, onde temos o escape \n que realiza um pulo de linha. Após este exemplo veremos sequências de escape com mais detalhes.

Na linha 07 exibimos uma mensagem informativa ao usuário; já na linha 08 temos a função *scanf* que nos exige dois parâmetros, onde o primeiro serve para informar o tipo de variável, utilizando para isso o especificador de formato, que já vimos anteriormente, enquanto o segundo é o nome da variável em si, que será responsável em armazenar o valor digitado pelo usuário. Um *scanf* quando é chamado, faz com que o fluxo de saída seja liberado.

Perceba que antes do nome da variável há o e comercial (&), ele é responsável em informar a localização da variável na memória e desta maneira armazenar o dado na mesma.

As linhas 09 e 10 possuem conceitos idênticos às linhas 07 e 08; já na linha 11 temos a operação de multiplicação de n1 e n2 onde o resultado é armazenado na variável total.

A linha 12 nos exibe o resultado da multiplicação. Perceba que no texto há o especificador de formato %ld, pois, total por ser um inteiro do tipo longo a sua formação deixa de ser %d para se tornar %ld e desta forma evitar qualquer erro à exibição do dado do tipo *long*.

Entenda que a formação é obrigatória, seja para exibir o valor da variável ou para resgatar este valor provindo do usuário. Se você simplesmente dividir a linha desta forma sem o especificador de formato:

```
12      printf("O resultado da multiplicação é: ");
13      printf(total);
```

Geraria o seguinte erro:

```
c:\c\x86_64-w64-mingw32\include\stdio.h:378:13:note: expected 'const char * __restrict__' but argu-
ment is of type 'long int'
   int __cdecl printf(const char * __restrict__ _Format,...);
```

A geração do erro acima nos informa se a biblioteca *stdio.h* está envolvida no problema, com o número de referência ao problema (378), seguido pelo número da linha (13) onde se encontra o problema e pela explicação, que basicamente nos diz que esperava a constante *char* restrita (formato) e que o argumento é do tipo *long int*.

Então para corrigirmos o problema, poderia escrever da seguinte forma:

```
12      printf("O resultado da multiplicação é: ");
13      printf("%ld", total);
```

Este tipo de erro nós chamamos de erro de sintaxe, pois o mesmo é detectado durante a compilação. Existem também os erros de semântica, ambiente e lógicos, que são mais difíceis de enxergar.

Erros de semântica, por exemplo, seria você requisitar um arquivo com o comando *fopen*, que explicaremos em detalhes mais à frente, e o nome deste arquivo ou sua extensão, for digitado de forma incorreta.

Um erro de ambiente seria o compilador passar por alguma atualização e determinados comandos da linguagem passarem por reformulação e deixarem de ser reconhecidos.

Já os erros de lógica não fatais permitem que o programa continue executando normalmente, mas que produz resultados incorretos.

Um simples equívoco de formato, já poderia nos trazer um erro de lógica não fatal. Se eu criar uma variável de ponto flutuante como *float* ou *double*, para que o usuário digite um valor e em seguida exiba este valor. No lugar de utilizar a sua formação habitual %f ou %lf, respectivamente, distraidamente utiliza-se a formatação de número inteiro (%d), por exemplo.

Obviamente, quando um valor fracionado fosse inserido, um erro lógico seria gerado, exibindo um valor errado como resultado. Ex:

```
01 #include <stdio.h>
02
03 int main(void)
04 {
```

```
05      float x;
06      printf("Digite um valor:");
07      scanf("%f", &x);
08      printf("Valor: %d\n", x);
09 }
```

Perceba que na linha 05, temos uma variável de ponto flutuante de nome "x", porém na linha 08 informamos a formatação incorreta. Ao compilar e executar o programinha, inserindo qualquer valor, verá que o resultado sempre será um resultado incorreto:

```
Digite um valor:2.47
Valor: 1610612736
```

Um simples esquecimento de *break*, numa estrutura *switch*, que veremos mais à frente, também nos causaria um erro de lógica não fatal.

Já um erro de lógica que seja fatal, interrompe abruptamente o programa. Um erro clássico seria divisão por zero. Ex:

```
#include <stdio.h>
int main(void)
{
      int x=0,y=0,z;
      printf("Dividindo X  por Y\n");
      z = x/y;
      printf("Resultado obtido: ", z);
}
```

Voltando a questão do nosso *printf*, devemos entender que o primeiro conteúdo sempre deverá ser um texto, que pode vir a ter ou não especificadores de formato, para exibir o conteúdo das variáveis que virão posteriormente após este texto. De qualquer forma, se for exibir o conteúdo de uma variável, o seu especificador deverá vir antes da variável em si.

Se desejarmos mostrar textualmente a multiplicação resultante entre as variáveis, poderíamos escrever da seguinte forma:

```
printf("%d x %d = %ld", n1, n2, total);
```

Caso o usuário inserisse o valor dois (2) para n1 e o valor três (3) para n2, a formatação de saída exibiria o seguinte conteúdo:
2 x 3 = 6

Lembrando que n1 e n2 são números inteiros comuns e, por isso, a sua formatação é %d, enquanto o total é um número inteiro alongado e por isso sua formatação é %ld.

Poderíamos também realizar cálculos diretamente no *printf*. Ex:

```
printf("O resultado da multiplicação é %d\n", n1*n2);
```

Onde apresentaria o resultado da multiplicação de n1 vezes n2. Contudo, no nosso exemplo original não houve alterações, por isso, na linha 12 o nosso código apresentado continua o mesmo. Lembrando que o escape \n faz com que o programa pule uma linha e força o *buffer* de saída de dados.

Ao compilar nosso exemplo e executá-lo, ficará da seguinte forma:

```
Programa, multiplica dois números.
Digite o primeiro valor:12300
Digite o segundo valor:444
O resultado da multiplicação é: 5461200
```

Já o *scanf* nos permite que mais de um dado seja solicitado, contanto que especifique os formatos das variáveis e as variáveis em si. Por isso sua sintaxe é:

```
scanf (<formato(s)>, <variável 1>[, variável n]);
```

Devendo desta forma, obrigatoriamente, especificar pelo menos um formato, acompanhado de uma variável, sempre precedido de um & comercial para fazer referência do endereço da memória desta variável.

Então se eu desejasse somar dois valores digitados pelo usuário, utilizando-se de um único *scanf*, poderia fazer da seguinte forma:

```
01 #include <stdio.h>
02
03 int main(void)
04 {
05     int n1,n2;
06     printf("Digite dois valores para soma.\nCada um seguido de Enter:");
07     scanf("%d%d", &n1, &n2);
08     printf("Resultado: %d", n1+n2);
09 }
```

Na linha 05 criei duas variáveis do tipo inteiro e na linha 06 explico ao usuário que o programa realizará a soma de dois valores, onde a inserção de um novo valor deverá ser feita pressionando a tecla <ENTER>.

Na linha 07 o *scanf* possui duas variáveis e por isso a formatação passada é de "%d%d". Por fim, a linha 08 nos informa o resultado da soma. O exemplo da saída do programa será:

```
Digite dois valores para soma.
Cada um seguido de Enter:3
4
Resultado: 7
```

Sequência de escape

As sequências de *escape* são utilizadas para inserir caracteres que no conteúdo em que esteja trabalhando sejam considerados caracteres reservados para a linguagem desta forma, torna-se então necessário o uso do escape. Por exemplo, se eu desejasse inserir aspas duplas em um texto que já se encontra em aspas duplas.

Sequência de escape não só nos permite o uso de caracteres especiais, como também pequenos recursos como adicionar pulo de linha a um texto, como já vimos, ou até mesmo um pequeno som de aviso, provindo do *Windows*.

Escape	Descrição
\'	Aspas simples.
\"	Aspas duplas.
\\	Contrabarra.
%%	Símbolo de porcentagem.
\a	Emite um pequeno som de alerta.
\b	Retrocesso ("back")
\f	Alimentação de formulário ("form feed")
\n	Realiza um pulo de linha.
\r	Retorno de carro.
\t	Tabulação horizontal.
\v	Tabulação vertical.

Para entendemos um pouco melhor escape, vamos a um exemplo, englobando alguns dos recursos:

```
01 #include <stdio.h>
02
03 int main(void)
04 {
05       double d;
06       printf("PROGRAMA \"ROBUSTO\" DE FRAÇÕES\n");
07       printf("\\Utilize ponto ao invés de vírgula, para casas decimais\\\n\n");
08       printf("Digite o valor: ");
09       scanf("%lf", &d);
10       printf("O valor digitado é: %lf", d);
11       printf("\n\nFim do programa\a");
12 }
```

A linha 01 inclui a biblioteca *stdio.h*, para nos permitir utilizar *printf* e *scanf* em nosso programa. Na linha 03 iniciamos a função principal que será responsável pela execução de nosso programa. As chaves nas linhas 04 e 12, como já havia falado, limitam o bloco da função principal *main*, os chamados limitadores de bloco, onde a linha 04 é o início da função e a linha 12 o término dela.

Na linha 05 criamos uma variável de nome "d" do tipo *double*. Na linha 06, para utilizarmos aspas duplas na palavra ROBUSTO, utilizamos a sequência de escape entre o mesmo (\"), onde no final desta frase, temos um pulo de linha \n.

Importante

Alguns exemplos podem parecer que estão ocupando duas linhas devido ao texto não caber totalmente na largura da página do livro. Se isso já ocorreu, lembre-se que se não há um novo número no lado esquerdo, significa que aquele conteúdo pertence ainda à linha anterior.

Na linha 07 temos o escape de barra invertida (\\) no início e no final do mesmo, para que o texto apareça entre as barras. Ainda colocamos no final deste texto dois pulos de linha (\n\n).

Na linha 08, informamos o que desejamos do usuário e, na linha seguinte, capturamos este valor e armazenamos na variável *double*. Se fosse um dado do tipo *float*, utilizaríamos a formatação %f, mas, por se tratar de *double* é recomendado utilizar %lf.

Na linha 09 nós utilizamos o *scanf* para pegar o dado inserido pelo usuário e armazenar na variável d. O primeiro argumento informamos o formato da variável e o segundo a variável em si. Lembre-se de utilizar o & comercial antes do nome da variável para poder informar a localização de endereço de memória.

Na linha 10 informamos o valor capturado junto com uma frase e seu especificador de formato.

Finalmente, na linha 11 utilizamos o escape de pulo de linha duas vezes, inserimos a frase fim do programa e encerramos com o escape sonoro (\a) que irá entoar um som de aviso do *Windows*.

A saída do programa ficará da seguinte forma:

```
PROGRAMA "ROBUSTO" DE FRAÇÕES
\Utilize ponto ao invés de vírgula, para casas decimais\

Digite o valor: 1
O valor digitado é: 1.000000

Fim do programa
```

Perceba que a saída de valor possui inúmeros zeros decimais, se desejássemos formatar essa saída para só duas casas decimais faríamos da seguinte forma:

```
10      printf("O valor digitado é: %.2lf", d);
```

O .2 nos limita a quantidade de casas decimais, perceba que o mesmo é utilizado logo após o símbolo de porcentagem e antes da especificação da formatação (lf).

Mais detalhes de formato de saída serão explicados no próximo tópico.

Formatando a saída e uso de comentários

A formatação que sempre utilizamos para capturar valores do usuário ou simplesmente exibi-los em um *printf* nos permite ainda acrescentar opções ou limitadores de saída.

Há várias formas de formatar uma saída, com isso, estendo a sintaxe da formatação na seguinte forma:

```
%[opções][.precisão]<formatação>
```

Opções às vezes são acompanhadas por um valor numérico, para determinar o limite da formação. As opções existentes são:

Tipo	Descrição
0	(Zero): Junto com um número, determina a quantidade de zeros que deverá ser apresentada em um campo numérico.
-	(Hífen): Junto com um número, determina o alinhamento à esquerda. Só o número, sem o uso do hífen, o alinhamento torna-se à direita.
	(Espaço): Deixa um espaço em branco à esquerda para números positivos.
+	(Sinal positivo): Irá sempre exibir o sinal positivo para números positivos.
'	(Aspa simples): números decimais devem ser exibidos com separador de milhares, caso as configurações regionais o especifiquem. Essa opção normalmente só funciona nos sistemas Unix.

Precisão é um ponto junto com um valor numérico, para determinar o limite a ser exibido de um texto ou casas decimais de um número de ponto flutuante, dependendo do tipo de dado.

E, para finalizar, a formatação, que já vimos, onde especifica que tipo de dado é. Para entendermos um pouco melhor, vamos a um exemplo:

```
#include <stdio.h>

int main(void)
{
     printf ("%08d\n", 2342); //exibe "00002342"
     printf ("%8d\n", 2342); //exibe "    2342"
     printf ("%-8d%d\n", 2342, 77); //exibe "2342    77"
     printf ("% d\n", -2342); //exibe "-2342"
     printf ("% d\n", 2342);  //exibe " 2342"
     printf ("%+d\n", 2342); //exibe "+2342"
     printf ("%.3f\n", 7.93276); //exibe "7.933"

     printf ("%-12s %s\n", "Goblin", "Slayer"); //exibe "Goblin       Slayer"
```

```
14      printf ("%19s\n", "One Punch Man");    // exibe "      One Punch Man"
15      printf ("%.9s\n", "One Punch Man"); //exibe "One Punch"
16 }
```

Perceba que em cada linha (5 a 15), há comentários de linha, como na linha 05, cujo comentário de linha é:

```
//exibe "00002342"
```

Que nos informa como será exibida a mensagem daquele printf. Comentários de linha são simplesmente ignorados pelo programa e só nos servem para passar informações como uma forma de deixar o código mais claro, para aquele que for lê-lo.

Há ainda comentários de várias linhas. Ex:

```
/* Este é um
Comentários de
Várias linhas */
```

Assim como comentário de linha, este comentário também é ignorado pelo programa, só servindo de informação ao programador que o lê. Perceba que o mesmo se inicia com barra asterisco (/*) e se encerra de forma contrária, ou seja, asterisco barra (*/).

Na linha 05 temos um número com quatro algarismos (2342), ao utilizar %08d, ele entende que oito espaços devem ser preenchidos pelo número zero, porém, o número 2342 já ocupa quatro espaços, com isso, o restante que sobra será preenchido com zeros.

Na linha 06 funciona de forma similar, mas o preenchimento aqui será em espaços em branco, que serão oito; mas, mais uma vez o número 2342 já ocupa quatro espaços, sendo, desta forma, preenchido, o restante será de quatro espaços em branco.

Na linha 07 faz a mesma coisa da linha 06, com a diferença que é à direita, devido ao uso do hífen. Para você perceber o espaçamento, tive que inserir um outro número (77).

Nas linhas 08 e 09 é só para demonstrar que o espaço extra só é acrescentado quando o número é positivo. E na linha 10 é para demonstrar que o sinal de positivo (+), aparece em números que são positivos.

Na linha 11, como vimos, limita a quantidade de casas decimais, que no nosso caso é três; perceba que a linguagem C arredonda o valor da fração para cima, no lugar de ter exibido 7.932, exibiu 97.933, já que o número posterior a dois é sete. Valores posteriores iguais ou superiores a cinco são arredondados para cima.

O sinal do hífen tem a mesma função em textos, ou seja, alinhamento à direita (linha 13), ou alinhamento à esquerda (linha 14), dependendo do uso ou não do hífen.

Na linha 13 a formatação de Goblin nos pede um espaçamento de 12 caracteres à direita; por Goblin ser uma palavra que já ocupa seis caracteres, o espaçamento só será seis.

Na linha 14, será de 19 caracteres, mas por *One Punch Man* já ocupar 12 caracteres, que só nos dá sete espaçamentos à esquerda.

E, por fim, na linha 15, só nos dá o limite de exibição de até nove caracteres, devido à utilização de precisão (.), por isso que só aparece *One Punch* ao invés de *One Punch Man*.

Tomada de decisão com operadores de igualdade e relacionais

Para que o programa que desenvolvemos tome uma decisão, com base em algum dado, devemos utilizar tomadores de decisão, junto com algum operador. A tabela abaixo nos lista os operadores e o seu significado.

Operador	Significado	Exemplo	Descrição
==	Igual	X==Y	X é igual a Y
!=	Diferente	X!=Y	X é diferente de Y
>	Maior que	X>Y	X é maior do que Y
<	Menor que	X<Y	X é menor do que Y
>=	Maior ou igual à	X>=Y	X é menor ou igual à Y
<=	Menor ou igual à	X<=Y	X é maior ou igual à Y

O tomador de decisão é o *if*, onde sua sintaxe é:

```
if(<condição>)
    <linha de comando>
```

Em condição, normalmente pegamos uma variável e utilizamos algum operador de igualdade e/ou relacional para testar se a condição imposta é verdadeira (*true*) ou falsa (*false*), com base no conteúdo da variável. Caso seja verdadeira, a linha de comando após o *if* será executada e por pertencê-la, ela é recuada. (sistemas de recuo fazem parte das boas práticas de programação que são comumente apresentados em livros de lógica de programação e algoritmo ao qual é a base principal, antes de se iniciar a programação propriamente dita).

Com base nesta sintaxe, eu poderia escrever alguns exemplos, para um melhor entendimento dos operadores relacionais.

Cinco é igual a 7?

```
if(5==7) //resultado falso
    <linha de comando>
```

Cinco é diferente de 7?

```
if(5!=7) //resultado verdadeiro
    <linha de comando>
```

Cinco é maior do que 7?

```
if(5>7) //resultado falso
    <linha de comando>
```

Cinco é menor do que 7?

```
if(5<7) //resultado verdadeiro
    <linha de comando>
```

Cinco é maior ou igual a 7?

```
if(5>=7) //resultado falso
    <linha de comando>
```

Cinco é menor ou igual a 7?

```
if(5<=7) //resultado verdadeiro
    <linha de comando>
```

Aqueles cuja condição for verdadeira irá executar a linha de comando pertencente ao if, do contrário, a linha de comando será ignorada.

Com isso, posso construir um programinha que nos informa se o aluno possui idade mínima para participar da liga de um time, com base no limite de idade, que digamos que seja de 18 anos.

```
01 #include <stdio.h>
02 int main(void)
03 {
04        int idade;
05        printf("Digite sua idade: ");
06        scanf("%d", &idade);
07
08        if(idade>=18)
09        printf("Parabéns você está apto para participar da liga.");
10 }
```

Na linha 04 criamos a variável inteira e na linha 05 exibimos uma mensagem para que o usuário entenda o que desejamos. Já na linha 06, que precisa de dois argumentos, no primeiro passamos o tipo de formato da variável e no segundo a variável em si, sempre acompanhado do & comercial para apontar para a variável na memória e desta forma armazenar o valor digitado pelo usuário nesta variável de nome idade.

Já na linha 08 fazemos a seguinte comparação: o valor armazenado na variável idade é maior ou igual a 18? Caso seja verdadeiro, nos retornará *true*, fazendo com que a linha pertencente ao *if* (linha 09) seja executada. Do contrário, essa linha simplesmente é ignorada.

Se você deseja inserir duas ou mais linhas de código para o tomador de decisão (*if*), você deverá colocar um limitador de bloco ({}), assim como presente na função *main*, para que o programa entenda quais linhas de código fazem parte do *if*.

Digamos que eu deseje inserir a frase: Seja bem-vindo! Em uma outra linha de código. Ex:

```
if(idade>=18)
{
```

```
    printf("Parabéns você está apto para participar");
    printf("\nSeja Bem-vindo!");
}
```

Desta forma, o programa entenderá que os dois *printf* pertencem ao *if* e só serão executados se a condição presente no *if* for verdadeira. E caso a condição seja falsa, ou seja, o valor da idade for menor do que 18, simplesmente as linhas de código pertencentes ao *if* serão ignoradas. Faça o teste.

Podemos inserir quantos *ifs* desejarmos. Poderíamos verificar se o valor de idade é um número válido, ou seja, maior do que zero, como poderíamos também criar outro *if* verificando se a idade é menor do que 18 e avisar ao usuário que ele não está apto para participar da liga, já que atualmente, uma idade inferior a 18 o programa simplesmente não informa nada. O código ficará então da seguinte forma:

```
08 if(idade>=18)
09 {
10      printf("Parabéns você está apto para participar");
11      printf("\nSeja Bem vindo!");
12 }
13 if(idade<18)
14      printf("Infelizmente, você não está apto para liga\n");
15 if(idade<1)
16      printf("ERROR. Digite uma idade válida\n");
```

Como já sabemos, as linhas 10 e 11 só serão executadas se satisfizer a condição do *if* na linha 08, onde o valor contido na variável idade deve possuir um número maior ou igual a 18.

Na linha 13, verifica se o valor da variável idade é menor que dezoito, caso seja verdadeiro, será executado o *printf* da linha 14, informando que não está apto para a liga, enquanto na linha 15, ela se encarrega de verificar se o valor de idade é um número inválido, ou seja, menor do que um, caso afirmativo, uma mensagem de erro será exibida para o usuário, que é o *printf* da linha 16.

Vamos fazer um pequeno teste inserindo uma idade inválida, como -5 e veja o resultado:

```
Digite sua idade: -5
Infelizmente, você não está apto para liga
ERROR. Digite uma idade válida
```

Perceba que duas mensagens são exibidas, já que todo *if* é verificado, independente do primeiro ter sido verdadeiro ou não, o que torna a resposta de nosso programa deselegante.

Mas, por que isso? -5 é menor do que 18 e também é menor do que um (1) e por isso, ambos os *ifs* são verdadeiros (*true*) então foram executados.

Para impedir que isso ocorra, devemos incrementar a condição *if* da linha 13, colocando um limite de intervalo, como fazemos comumente na matemática, ou seja, para evitar que apareça junto com a mensagem de erro, poderíamos dizer que só irá exibir a mensagem da linha 14 se o valor armazenado na variável idade for maior do que zero e menor do que 18. O exemplo então ficaria da seguinte forma:

```
13 if(idade<18 && idade>0)
14     printf("Infelizmente, você não está apto para liga\n");
```

Na linha 13 estabelecemos um intervalo de valores com && (e), ou seja, o valor presente na variável idade tem que ser menor que 18 e (&&) idade tem que ser maior do que zero (0). Se satisfizer esses dois requisitos, que comumente chamamos de intervalo, a linha 14 será executada, já que o valor que digitamos anteriormente foi -5, esse *if* será falso (*false*) e o comando da linha 14 não será executado. Só aparecendo a mensagem de erro que a idade é inválida, como deveria ter ocorrido.

O && apresentado é denominado de expressão lógica; as expressões lógicas são:

Expressão	Significado	Exemplo	Resultado
&&	E	5>3 && 5<2	false
||	Ou	5>3 || 5<2	true
!	Negação	!false	true

A expressão de negação (!) nos afirma justamente o contrário, ou seja, falso passa a ser verdadeiro e verdadeiro passa a ser falso, por exemplo. Já o ou (||), basta que só uma das condições seja verdadeira para que toda a expressão seja verdadeira.

No exemplo que colocamos na tabela o operador lógico ou (||), nos testa se cinco é maior do que três ou se cinco é menor do que dois. Como sabemos, a primeira condição é verdadeira, já que cinco é maior do que três. Então mesmo que a próxima condição seja falsa, que é o nosso caso, o resultado ainda assim será verdadeiro, pois basta que um OU outro seja verdadeiro, para que toda a condição seja verdadeira. Diferente do e (&&), que obriga que ambas as condições sejam verdadeiras para que a expressão seja verdadeira.

Voltando ao nosso exemplo, poderíamos também utilizar o *else* (do contrário), que só executa quando a condição do *if* for falsa. Ex:

```
08 if(idade>=18)
09 {
10     printf("Parabéns você está apto para participar");
11     printf("\nSeja Bem vindo!");
12 }
13 else
14     printf("Error!\nA idade digitada é inválida ou menor do que dezoito.");
```

Na linha 08, como já sabemos, o *if* verifica se o valor armazenado na variável idade é maior ou igual a 18. Caso seja, as linhas 10 e 11 são executadas, caso contrário (*else*), a linha 14 do *else* é executada.

Ou seja, se a condição do *if* for inválida é executado o *printf* da linha 14, independente da condição, até porque, como você deve ter percebido, o mesmo não possui nenhum tipo de condição para ser executado, só bastando que a condição *if* da linha 08 seja falsa.

Todo *else* está atrelado a um *if*, ou seja, você não pode criar um *else* "solto" como ocorre com os exemplos dos *ifs* que criamos anteriormente, ele deve estar acompanhado obrigatoriamente de um *if*.

Podemos atrelar mais de um *else* a um *if*, contanto que alguma condição seja imposta; para isso, utilizamos a expressão *else if*.

Digamos que queremos saber o sexo da pessoa e a idade. E com isso informar se irá para liga feminina, masculina ou nenhuma delas. Poderíamos fazer o programa da seguinte forma:

```
01 #include <stdio.h>
02 int main(void)
03 {
04         int idade, sexo;
05         printf("Digite sua idade: ");
06         scanf("%d", &idade);
07         printf("Digite o número correspondente de seu sexo\n1 - Masculino\n2 - Feminino\n");
08         scanf("%d", &sexo);
09         if(idade>=18)
10         {
11           if(sexo==1)
12               printf("Parabéns! Você irá para liga MASCULINA");
13           else if(sexo==2)
14               printf("Parabéns! Você irá para liga FEMININA");
15           else
16               printf("ERROR!\nOpção de sexo inválida!");
17         }
18         else if(idade<18 && idade>0)
19               printf("Infelizmente a idade mínima de participação é de 18 anos.");
20         else
21               printf("ERROR!\nDigite uma idade válida!");
22 }
```

Desta vez decidi inserir todo o código-fonte, há também uma nova variável. Perceba no exemplo que há um *if* dentro de outro *if*. Sim, pode fazer isso quantas vezes você achar necessário. Porém, quanto mais complexo for o código, mais difícil será, obviamente, o seu entendimento e a manutenção. Principalmente quando é outro programador que está lendo o seu código.

Na linha 04 criamos duas variáveis do tipo inteiro de nomes, idade e sexo. Já na linha 05 informamos o que desejamos do usuário, que ao inserir é armazenado na variável idade (linha 06). De forma similar ocorre na linha 07, que pedimos para escolher o sexo, onde o número um (1) representa o sexo masculino e o número dois (2) o feminino. Cujo dado digitado pelo usuário é armazenado na variável sexo (linha 08).
Feito isso, verificamos se o valor armazenado na variável idade é maior ou igual a 18 (linha 09), que caso afirmativo, ele irá verificar se o valor armazenado na variável sexo é igual a um (1), linha 11; perceba que o *if*, presente na linha 09, está se utilizando das chaves (limitador de bloco), por justamente possuir várias linhas de comando, para que o compilador entenda que essas linhas de código fazem parte do *if* da linha 09.

Caso a condição de *if,* na linha 11 seja falsa, a linha 12 não será executada e verifica a próxima condição desta cadeia, se houver, que no nosso caso se encontra na linha 13, caso seja verdadeira, exibe a mensagem da linha 14 e encerra.

Este bloco de códigos, das linhas 11 e 16, só será executado com uma única condição, já que todas as condições estão atreladas umas as outras. Quando uma condição for verdadeira, exibe a mensagem e se encerram as verificações.

Mas caso a linha 13 seja também uma condição falsa, ela obrigatoriamente irá executar a linha 16 que é o *else* que não impõe nenhum tipo de condição, só bastando que as condições anteriores sejam falsas, para que este seja executado. O *else* é uma condição que quando inserida em uma cadeia de verificações lógicas, sempre deverá ser a última opção; toda e qualquer cadeia de verificações lógicas só poderá possuir um único *else* ou nenhum no final, do contrário, um erro será gerado.

Tudo isso que coloquei só será verificado se a condição presente na linha 09 for verdadeira, caso contrário, todo conteúdo dentro deste *if* será ignorado; pulando para a condição da linha 18, onde estuda se idade faz parte de um intervalo entre 1 a 17; senão a linha 19 é ignorada e é executado obrigatoriamente o comando *else*, exibindo a mensagem da linha 21, já que o *else* da linha 20 não impõe nenhuma condição para ser executado, só bastando unicamente que as condições anteriores não sejam satisfeitas.

Assim como *else*, todo *else if* deve ser obrigatoriamente atrelado a um *if*, ou seja, você não pode criar *else* e nem *else if* de forma independente, como ocorre com o *if*. Eles devem vir sempre precedidos de um *if*, onde <u>*else* deverá estar obrigatoriamente na última condição, se assim existir</u>.

Diferente do *else,* que só poderá ser utilizado uma única vez e sempre no final, como última condição, você poderá criar quantos *else if* forem necessários, contanto que a primeira condição seja um *if*.

Então a sintaxe completa ficaria:

```
if (<condição>)
    <linha de comando>
[else if (<condição1>)
    <linha de comando>
else if (condição n>)
    <linha de comando n>
else
    <linha de comando>]
```

Lembrando que podemos estender para mais de uma linha de comando em cada um deles, se limitadores de blocos ({}) forem utilizados.

Outras estruturas de tomadas de decisão

Operador Ternário

Simplifica uma instrução *if/else* em uma única linha de código. Sua sintaxe estrutural é:

```
<condição> ? <condição verdadeira> : <condição falsa>;
```

Primeiramente se avalia uma condição, se verdadeira, executa a linha de código que estiver na condição verdadeira e, caso falsa, executa o que estiver na condição falsa.

Para entender, vamos a um pequeno exemplo: digamos que desejamos criar um programinha para avaliar a nota do aluno, onde exibe a mensagem "aprovado", se a nota for igual ou maior do que sete, e "reprovado", se for menor do que sete. A estrutura do operador ternário ficaria da seguinte forma:

```
nota>=7 ? printf("APROVADO") : printf("REPROVADO");
```

Suponhamos que o valor contido na variável nota seja do tipo real (ponto flutuante) e que foi provinda pelo usuário e testamos a seguinte condição: se nota é maior ou igual a sete (nota>=7), que caso verdadeiro vai para o primeiro *printf,* onde imprime na tela APROVADO, caso contrário, imprime na tela REPROVADO.

É possível inserir mais condições em um operador ternário, para isso basta inserir mais um operador ternário, dentro do operador ternário atual e assim por diante. Por exemplo, caso desejássemos criar um programa onde o usuário insere a nota e a avaliamos da seguinte forma:

Nota do Aluno	Situação
>=7	Aprovado
>=4	Apto para a recuperação
	Reprovado

Ou seja, se o aluno possuir nota igual ou superior a sete, ele está automaticamente aprovado, contrariamente, se possuir uma nota igual ou maior do que quatro, ele estará apto para a prova de recuperação, e ficará automaticamente reprovado se os critérios anteriores não forem atendidos. Ex:

```
nota>=7 ? printf("APROVADO"): nota>=4 ? printf("Você está apto para a recuperação") :
printf("REPROVADO");
```

Iniciamos com uma verificação, se o valor contido na variável nota é maior ou igual a sete, caso for verdadeiro, ele irá executar a linha de comando da condição verdadeira, imprimindo a palavra APROVADO, senão, irá para condição falsa, onde inserimos outro operador ternário que testa se nota é pelo menos maior ou igual a quatro. Caso seja verdadeiro, irá para a condição verdadeira, onde nos imprimirá a frase: Você está apto para a recuperação, do contrário, irá para a condição falsa, onde a palavra REPROVADO será impressa.

Seleção de múltipla escolha

É uma estrutura onde seu comportamento se assemelha a um conjunto de estruturas *if, else ifs* e *else*. Sua sintaxe é:

```
switch(<dado>)
{
  case <dado a ser comparado 1>:
```

```
04      <linhas de comando>
05   break;
06
07   [case < dado a ser comparado n>:
08      <linhas de comando>
09    break;
10
11    default:
12      <linhas de comando>]
13 }
```

Onde na linha 01 temos o comando *switch*, que analisa o conteúdo presente entre os parênteses, podendo ser uma variável do tipo inteiro ou um *char* do tipo caractere, o mesmo não possui suporte para textos ou valores de ponto flutuante.

Dentro do *switch* é obrigatório o uso do limitador de bloco de comando ({}), para definir onde se inicia e onde se encerra o *switch*. O mesmo pode ser composto de um único *case* obrigatório, ou vários, se houver necessidade,. onde o comando *default*, que não possui argumento algum, que funciona como uma espécie de *else*, poderá ser inserido no final, se assim desejar.

Cada *case* criado possui um dado que compara com o dado da variável dentro do *switch*, se o dado presente no *case* for igual ao conteúdo da variável no *switch*, ele executa as linhas do *case* em questão e encerra o *switch*, do contrário, vai para o próximo *case*, se houver. Caso nenhum dos *cases* criados seja referente ao conteúdo presente na variável do *switch*, o comando *default*, se houver, será executado.

O comando *break* é recomendado para interromper a execução dentro do *case*, caso contrário, todos os demais *cases* abaixo deste, se houver, serão executados. Para um melhor entendimento, vamos a um exemplo:

```
#include <stdio.h>

int main(void)
{
   int op;
   printf("Digite o número do seu anime preferido:\n");
   printf(
   "1 - Space Dandy\n"
   "2 - Inuyashiki\n"
   "3 - Tensei Shitara Slime Datta Ken\n");
   scanf("%d", &op);
   switch(op)
   {
         case 1:
         printf(
         "Ano de lançamento: 2014\n"
         "Gênero: Comédia\n"
         "Episódios: 26\n");
```

```
19          break;
20
21          case 2:
22          printf(
23          "Ano de lançamento: 2017\n"
24          "Gênero: ficção\n"
25          "Episódios: 11\n");
26          break;
27
28          case 3:
29          printf(
30          "Ano de lançamento: 2013 e 2016(2° Temporada)\n"
31          "Gênero: Fantasia\n"
32          "Episódios: 24 + 5 OVAs\n");
33          break;
34
35          default:
36          printf("opção inválida!");
37            }
38 }
```

É um pequeno programinha para você escolher o seu anime preferido e desta forma o programa irá lhe passar as informações, como ano de lançamento, gênero e números de episódios.

Criamos uma variável do tipo inteira de nome op (linha 05), para armazenar a opção; já nas linhas 08 a 10, nos mostra as opções existentes. E como podemos perceber, é possível escrever várias linhas no *printf*, que no nosso caso foram textos, contanto que estejam dentro de parênteses duplos, não haverá problemas.

Já na linha 11 capturamos o dado inserido pelo usuário, através do comando *scanf,* onde o primeiro argumento é para informar o formato da variável e o segundo a própria variável, lembrando de antes colocar o e comercial (&) para apontar para a variável na memória e desta forma armazenar o dado na mesma.

Finalmente, temos o *switc*h na linha 12, que pega o conteúdo do dado presente na variável "op" e estuda os seus casos. Se o valor digitado for um (1), linha 14, o *printf* na linha 15 é executado, enquanto o *break*, presente na linha 19, encerra o caso e sai *switch*. Mas caso o valor contido na variável "op" seja um outro valor, o *case* da linha 14 é ignorado e se dirige para o próximo, linha 21, se o valor for dois, ele executa as linhas 22 a 26, do contrário, vai para o próximo caso (linha 28) e compara a variável "op" com o valor três (3), se for este o dado armazenado na variável op, ele então executa as linhas 29 a 33 do programa. E se nenhum caso for satisfeito, então o *default* da linha 35 é executado, onde irá aparecer a mensagem opção inválida (linha 36).

O *default* não precisa do comando *break* de interrupção, por justamente sempre ser o último na estrutura *switch*.

Ao compilar e executar, aparecerá a mensagem com as opções para você escolher, caso escolha a opção dois (2), o segundo conteúdo deverá ser exibido:

```
Digite o número do seu anime preferido:
```

```
1 - Space Dandy
2 - Inuyashiki
3 - Tensei Shitara Slime Datta Ken
2
Ano de lançamento: 2017
Gênero: ficção
Episódios: 11
```

E mais uma vez, reforçando, se o *break* nas linhas 19, 26 e 33 não existisse, bastaria que um caso estivesse certo para executar este e os demais casos que estiverem abaixo deste. Se executássemos novamente o programa, sem os *breaks*, e se "op" possuísse o valor dois (2), ele mostraria o mesmo conteúdo que vimos, mais do *case*, abaixo deste, além do conteúdo presente em *default*:

```
Ano de lançamento: 2013 e 2016(2° Temporada)
Gênero: Fantasia
Episódios: 24 + 5 OVAs
opção inválida!
```

Que seria um erro de lógica não fatal.

Laços, pré e pós-incremento, *break* e *continue*

Laço serve para repetir linhas de comando. Assim como temos três estruturas de tomadas de decisão, nós também temos três tipos de laço.

For

É um laço controlado por contador, utilizamos o mesmo quando sabemos exatamente a quantidade de repetições que precisamos realizar no código. Sua sintaxe é:

```
for( <variável=valor inicial>; <condição>; <incremento, decremento ou cálculo da variável>)
```

Perceba que cada argumento é separado por ponto e vírgula (;), o qual no primeiro determinamos o nosso contador (variável) e seu valor inicial, já no segundo argumento, impomos uma condição, da mesma forma que fazemos com tomadores de decisão, que quando for falso o laço será encerrado. Essa verificação será sempre feita a cada inicialização de um novo laço.

No último argumento, incrementamos, decrementamos ou até mesmo realizamos algum tipo de cálculo para que a variável (contador) se torne falsa em um dado momento, do contrário, entraremos em um *loop* (ciclo) infinito ocasionando um erro de lógica fatal.

Com relação a incremento ou decremento, serve para somar um à variável ou subtrair um à variável, respectivamente. Nos dois casos, há duas formas de se fazer, conforme explicado na tabela:

Tipo	Exemplo	Descrição
Pré-incremento	++A	Incrementa o valor da variável A em um.
Pós-incremento	A++	Mesmo que o anterior, porém, só após uma linha de comando.
Pré-decremento	--B	Decrementa o valor da variável B em um.
Pós-decremento	B--	Mesmo que o anterior, porém, só após uma linha de comando.

Para entendermos melhor, vamos a um exemplo:

```
01 #include <stdio.h>
02
03 int main(void)
04 {
05     int A,B;
06     A=B=1;
07     printf("%d\n", ++A); //2
08     printf("%d\n", B++); //1
09     printf("%d\n", B); //2
10     printf("%d\n", --A); //1
11     printf("%d\n", B--); //2
12     printf("%d\n", B); //1
13 }
```

Na linha 05 criamos as variáveis "A" e "B" e na linha 06 atribuímos a ambos o valor um (1), já na linha 07 pré--incrementamos a variável "A" em um (1), exibindo como o resultado o valor dois (2).

Na linha 08, fazemos o procedimento semelhante, porém, por se tratar de ser um pós-incremento, ele não altera na mesma hora a variável, só após uma linha de comando, por isso que exibimos o valor da variável novamente na outra linha, para percebermos que houve a alteração.

As linhas 11 e 12 ocorrem de formas similares, sendo que na forma de decremento. Onde subtrai um, das variáveis A e B, contudo em B, por ter um certo retardo, precisamos de outra linha de comando (linha 12), para notarmos o decremento.

Basicamente, há quatro formas de fazermos um incremento em uma variável:

```
01 A = A + 1;
02 A +=1;
03 ++A;
04 A++;
```

Em todas as linhas acima (linhas 01 a 04) temos o mesmo objetivo. Adicionar um (1) à variável A.

Do mesmo modo que existem quatro formas de decremento. A saber:

```
A = A - 1;
A -=1;
--A;
A--;
```

Na linha 01 temos a forma mais comum, que é subtrair um da própria variável e atribuir à ela o resultado. Já na linha 02, temos a mesma coisa, sendo que de forma abreviada. Esse tipo de abreviação pode ser para qualquer tipo de cálculo. Ex:

```
01 int A, B, C, D, E;
02 A=B=C=D=10;
03 A +=7; //17
04 B *=2; //20
05 C /=5; //2
06 D %=3; //1
07 E -=4; //6
```

Na primeira linha criamos as variáveis A, B, C, D e E. Na linha subsequente atribuímos todo o valor 10. Em seguida, da linha 03 em diante, realizamos alguns cálculos. Os comentários nos explicam qual valor armazenado resultará nas variáveis.

Com base nisso, finalmente poderemos criar um exemplo, utilizando-se do laço for. Digamos que eu deseje criar um programinha que exiba a tabuada de Dez de algum número digitado pelo usuário. Para não ficar cansativo, repetindo dez linhas de código de praticamente a mesma coisa, poderíamos fazer com o uso do laço *for*:

```
01 #include <stdio.h>
02 int main(void)
03 {
04      unsigned int n, i;
05      printf("Digite o número que deseja exibir sua tabuada: ");
06      scanf("%u", &n);
07      for(i=1; i<=10; i++)
08      {
09      printf("%02u x %02u = %02u\n", i, n, i*n);
10      }
11 }
```

Na linha 01 incluímos a biblioteca para permitirmos a utilização *scanf* e *printf*. Na linha 04 criamos as variáveis inteiras absolutas "n " e "i ", que serão responsáveis pelo armazenamento do número provindo do usuário para a tabuada, enquanto o outro servirá de contador pro laço, respectivamente.

Na linha 05 informamos o que desejamos do usuário, para armazenar o seu valor passado através da linha 06. Estamos utilizando o formato %u, por se tratar de uma variável do tipo inteiro absoluto (`unsigned int`), ou seja, que só aceita números inteiros positivos.

Na linha 07 inicializamos o laço *for* controlado por contador, onde determinamos que a variável "i" terá o valor inicial um (1) e só irá continuar o laço enquanto o valor de "i" for menor ou igual a 10 (I<=10). No último argumento pós-incrementarmos o valor de "i" em um a cada início de um novo laço, ou seja, a cada início de laço, a variável "i" será incrementada em um (1), e o laço encerrará quando o valor da variável "i" for maior do que dez, o que torna a condição imposta no laço (segundo argumento) falsa, encerrando assim o laço.

Colocamos os limitadores de bloco ({}) por mero capricho, já que o laço *for* só possui uma linha de comando, o que não o torna necessário.

Na linha 09 exibimos os conteúdos das variáveis "i" e "n", onde no último acrescentamos diretamente a multiplicação. Mais uma vez lembrando, todos os formatos colocados são %u, por se tratar de variáveis inteiras absolutas. O zero dois (02) colocado em cada um deles serve para colocar o número zero (0) no conteúdo de variáveis que só possuam um único algarismo, uma forma de organizar um pouco mais a saída da formatação (assunto que já foi explicado).

Por fim, acrescentamos no final, um escape de pulo de linha (\n), para que se exiba um abaixo do outro. A saída deste programa será:

```
Digite o número que deseja exibir sua tabuada: 5

01 x 05 = 05
02 x 05 = 10
03 x 05 = 15
04 x 05 = 20
05 x 05 = 25
06 x 05 = 30
07 x 05 = 35
08 x 05 = 40
09 x 05 = 45
10 x 05 = 50
```

Break e *Continue*

Em qualquer tipo de laço, poderemos nos utilizar de *break* e *continue*, onde *break* interrompe abruptamente o laço e o *continue* faz com que o laço volte imediatamente para o teste de condição no laço de repetição.

Por um entendimento melhor, vamos a um pequeno exemplo onde o laço *for* irá exibir uma contagem de 1 a 100, porém, todo múltiplo inteiro de cinco não será exibido e quando o valor do contador chegar em 50 irá interromper abruptamente o laço, não permitindo que alcance o valor 100. Ex:

```
#include <stdio.h>

int main(void)
{
    for(int n=1; n<=100; n++)
    {
        if(n==50)
           break;
        else if(n%5==0)
          continue;
        printf("%d, ", n);
    }
}
```

Desta vez criamos uma variável do tipo inteiro, dentro do próprio *for*, linha 05, onde definimos o seu valor inicial como um (n=1) e impomos a condição de se encerrar o laço, quando "n" for menor ou igual a 100 (n<=100), sempre incrementando em um o valor de "n" a cada início de um novo laço (n++).

Na linha 07 verificamos que o contador é igual a 50, caso afirmativo, interrompe o laço com o uso de *break*, linha 08. Do contrário, verifica se o valor de "n" é pelo menos múltiplo de cinco (5), já que qualquer divisão inteira por cinco que resultar no resto da divisão (%) em zero (`0`) é obviamente múltiplo de cinco. Caso afirmativo, o comando *continue* força para o início do laço, fazendo com que o *printf* da linha 11 seja ignorado, que é o responsável em exibir os números. O que faz com que nenhum múltiplo de cinco seja exibido. A saída deste programinha será:

```
1, 2, 3, 4, 6, 7, 8, 9, 11, 12, 13, 14, 16, 17, 18, 19, 21, 22, 23, 24, 26, 27, 28, 29, 31, 32, 33,
34, 36, 37, 38, 39, 41, 42, 43, 44, 46, 47, 48, 49,
```

While

É utilizado quando não sabemos exatamente a quantidade de repetições necessárias para se obter o resultado desejado. Sua sintaxe é:

```
while(<condição>)
{
        //linhas de comando
}
```

A condição que impomos em *while* deverá ser mudada dentro do laço em algum dado momento, do contrário, o laço entrará em *loop* infinito, ocasionando em um erro de lógica. Digamos que eu queira informar a altura de alguns atletas e ao final me informe a maior altura encontrada.

Para isso, eu precisarei utilizar uma entrada *flag*, que é um valor específico fornecido após o último dado de entrada. Esse tipo de entrada é utilizado para saber quando um laço indeterminado, como o *while*, deve ser encerrado. Por isso o valor da entrada *flag* não deverá ser considerado um dado de entrada válido para não prejudicar o resultado. Vejamos um exemplo:

```
#include <stdio.h>

int main(void)
{
    float altura, maiorAltura=0;
    while(altura!=-1)
    {
    printf("Digite a altura do atleta: ");
        scanf("%f", &altura);
        if(maiorAltura<altura)
           maiorAltura=altura;
    }
    printf("A maior altura encontrada é %.2f", maiorAltura);
}
```

Na linha 05 criamos as variáveis altura e maiorAltura. A segunda variável possui uma nomenclatura bastante utilizada, que é a de camelo, onde identificadores compostos devem iniciar com a segunda palavra em letra maiúscula e as demais palavras que vierem, como boa prática de programação, detalhe visto em livros de algoritmo.

Na linha 06 temos o laço de repetição *while*, onde o laço irá se encerrar, quando altura for igual a -1, essa é a nossa entrada *flag*. Por ter várias linhas de códigos, o *while* possui limitadores de bloco ({}), linhas 07 e 12. Na linha 08 é informado, na tela do usuário, o que desejamos e na linha 09 é armazenado esse valor na variável altura. Onde o primeiro argumento nos referimos ao formato da variável que é %f, por se tratar de um número real, como sempre o e comercial (&) presente no segundo argumento, junto com a variável, nos aponta para o endereço de memória, para que o dado possa ser armazenado na variável.

Verificamos se o dado armazenado na variável maiorAltura é menor do que altura (linha 10), caso afirmativo, substitui este dado pelo presente na variável altura (linha 11).

Quando o usuário digitar a entrada *flag* (-1) o laço será encerrado e por procurarmos sempre o maior valor, obviamente este tipo de entrada será automaticamente descartado, por isso não precisamos nos preocupar em lidar com o mesmo.

Na linha 13 exibimos então a maior altura que o programa conseguiu encontrar, dentre as possibilidades encontradas. Um exemplo de execução do programa se encontra abaixo:

```
Digite a altura do atleta: 1.77
Digite a altura do atleta: 1.82
Digite a altura do atleta: 1.98
Digite a altura do atleta: 1.83
Digite a altura do atleta: 1.89
Digite a altura do atleta: -1
A maior altura encontrada é 1.98
```

Do..while

No *while* anterior se verifica a condição a cada início de laço. No *do..while* esta condição só é verificada no final. Sua sintaxe é:

```
do{
        //linhas de comando
}while(<condição)
```

Para entendermos melhor, vamos a um exemplo:

```
#include <stdio.h>

int main(void)
{
    int op=1;
```

```
06     do{
07         printf("Digite (1) para sair do programa: ");
08         scanf("%d", &op);
09       }while(op!=1);
10 }
```

Na linha 05 criamos uma variável do tipo inteiro que já possui como atribuição o valor um (1). Da linha 06 à linha 09 temos o laço *do..while*. Perceba que a condição na linha 09, se fosse verificada no início do laço e não no final, como ocorre aqui, o laço nem seria executado, já que a variável op, possui o valor inicial um (1).

Na linha 07 falamos que o programa irá se encerrar, quando o usuário digitar um (1), seria nossa entrada *flag*, na linha 08 pegamos o valor digitado pelo usuário, que será comparado à condição presente na linha 09.

Um exemplo de como seria a saída do programa:

```
Digite (1) para sair do programa: 2
Digite (1) para sair do programa: 35
Digite (1) para sair do programa: 0
Digite (1) para sair do programa: 1
```

Enquanto o valor um (1) não for digitado, o laço irá se repetir indefinidamente. Poderíamos ter criado uma estrutura mais robusta como: Deseja sair do programa (S/N)?

Para que o usuário digite "S" ou "N", como é de costume. Contudo, o trabalho com caracteres sempre demanda um pouco mais de trabalho e por isso será tratado em um tópico separado.

Definição de funções e variáveis - local e global

Toda biblioteca que incluímos em nosso código possui um conjunto de funções. A biblioteca stdio.h, como vimos, possui funções de leitura (*printf*) e escrita (*scanf*), por exemplo. Já a biblioteca math.h, que está relacionada a cálculos matemáticos, irá possuir diversas funções responsáveis em realizar cálculos. Eis a lista de funções:

Função	Descrição	Exemplo
sqr(x)	Raiz quadrada de x	sqr(256) retorna 16
cbrt(x)	Raiz cúbica de x	cbrt(64) retorna 4
exp(x)	Exponencial de e^x	exp(1) retorna 2.718282
log(x)	Logaritmo x de base e	log(2.718282) retorna 1
log10(x)	Logaritmo x de base 10	log(10) retorna 1
fabs(x)	Valor absoluto de x	fabs(-5) retorna 5
ceil(x)	Arredonda x para cima	ceil(7.2) retorna 8
floor(x)	Arredonda x para baixo	floor(7.9) retorna 8
pow(x, y)	X elevado a y	pow(2, 3) retorna 8
fmod(x, y)	Restante da divisão entre x e y	fmod(13,5) retorna 3
sin(x)	Seno trigonométrico de x em radianos	sin(0) retorna 0
cos(x)	Cosseno trigonométrico de x em radianos	cos(0) retorna 1
tan(x)	Tangente trigonométrico de x em radianos	tan(0) retorna 0

Se quisermos utilizar de uma dessas funções, precisaremos obviamente incluir a biblioteca math.h e a função desejada, com base nos critérios estabelecidos em nossa tabela.

Em outras palavras, se quisermos utilizar a função *pow*() poderíamos fazer da seguinte forma:

```
01 #include <stdio.h>
02 #include <math.h>
03 int main(void)
04 {
05    double x, y, r;
06
07    printf("Digite dois valores, para cada inserção pressione ENTER:");
08    scanf("%lf %lf", &x, &y);
09    r = pow(x,y);
10    printf("%.2lf elevado à %.2lf é %.2lf", x, y, r);
11 }
```

Na linha 01 incluo a biblioteca stdio.h para podermos utilizar as funções *printf* e *scanf*. E na linha 02 a biblioteca *math.h* para o uso de *pow*(), linha 09.

Na linha 03 temos a função principal *main* e na linha 05 criamos variáveis do tipo *double*. Nas linhas 07 e 08 passamos as informações do que desejamos do usuário e guardamos os valores digitados nas variáveis x e y, através do uso de *scanf* (linha 08), onde o primeiro argumento é o formato da variável e o segundo a variável em si. No nosso caso foram duas formatações passadas, já que são duas variáveis e as mesmas separadas por vírgula.

Na linha 09 utilizamos a função *pow*() que eleva o valor de "x" por "y". E na linha 10 exibimos o resultado.

A saída será:

```
Digite dois valores, para cada inserção pressione ENTER:3
5
3.00 elevado a 5.00 é 243.00
```

Onde passamos pro programa os números três (3) e cinco (5). O resultado é o número 243, já que o uso de *pow*() equivale a 3^5 na matemática.

Importante

Sempre utilize variáveis do tipo ponto flutuante para as funções da biblioteca *math.h*, pois todas elas nos retornam valores do tipo *double*, incluindo a função *fmod*().

Mas se quiséssemos criar nossa própria função, como faríamos? O padrão mais novo adotado em C é a criação de protótipos de funções, antes da criação da função em si, esse recurso foi adquirido do C ++, o que nos permite criar os cabeçalhos das funções, antes de *main*, para posteriormente dá "corpo" aos mesmos, o que facilita a manutenção do código, pois com esse tipo de estrutura virá logo de início a lista de funções presentes e logo após a estrutura principal do programa, desta forma, fazendo com que *main* sempre se encontre no início do código, não havendo necessidade pela busca do mesmo.

A sintaxe de uma função é:

```
<tipo de retorno> <nome da função>([lista de parâmetros])
{
        //instruções
        //retorno da função se houver
}
```

Toda função deve ser criada, ou seu protótipo, antes da função principal *main*. Uma função pode retornar um dado específico ou simplesmente nada. Uma função sem retorno possui *void* (vazio) como tipo de retorno, enquanto uma função de retorno vem precedida do tipo de dado que irá retornar. Ex: *int, char, float*, etc.

Independente da função ter ou não retorno, ela poderá ter zero, um ou mais parâmetros. Quando "chamamos" uma função, devemos obrigatoriamente preencher esses parâmetros, se houver, com base nos seus tipos de dados.

Digamos que eu queira criar uma função sem retorno (*void*) e que possua um único parâmetro do tipo texto, que irá capturar este dado e exibi-lo com *printf*.

```
01 #include <stdio.h>
02
03 void msg(char t[30]);
04
05 int main(void)
06 {
07     msg("Seja Bem-vindo.");
08     msg("Até logo.");
09 }
10
11 void msg(char t[30])
12 {
13     printf("%s\n",t);
14 }
```

Todo parâmetro criado numa função deve ser declarado o seu tipo junto com o seu identificador (nome), salvo quando é o protótipo da função em que só precisamos declarar o seu tipo de dado, a nomeação da variável torna-se opcional, neste caso. Então tanto faz eu ter que declarar na linha 03:

```
void msg(char t[30]);
```

ou

```
void msg(char[30]);
```

Já no corpo da função devo tanto especificar o tipo de dado como o seu identificador, linha 11. Nossa função chamada *msg* possui uma única linha de código que nos serve para exibir o argumento que foi passado à função, com o uso de *printf*, linha 13.

Como pode perceber chamamos a função duas vezes, linhas 07 e 08, passando como argumento um texto, já que com a presença do seu parâmetro, torna-se obrigatório que algum conteúdo textual seja passado. Podemos chamar uma função quantas vezes acharmos necessário, em outras palavras, quanto criamos um programinha que se utiliza muito de uma estrutura, como um sistema de verificações, por exemplo. Devemos transformar esta estrutura em uma função para evitar assim a sua repetição dentro do código, tornando o código menos repetitivo e mais fácil de ser mantido e reestruturado, quando necessário.

Digamos que eu queira saber quantos dez têm em cada sala, numa turma de matemática. Sabendo que há três salas de aula: A, B e C, poderíamos escrever o seguinte código:

```
#include <stdio.h>

int main(void){
    int nota, dezA, dezB, dezC;
    printf("Turma A\n");
    for(int i=1; i<=4; i++)
    {
        printf("Digite a nota nº%d: ", i);
        scanf("%d", &nota);
        if(nota==10)
            dezA++;
    }
    printf("\nTurma B\n");
    //outras linhas de código
    for(int i=1; i<=5; i++)
    {
        printf("Digite a nota nº%d: ", i);
        scanf("%d", &nota);
        if(nota==10)
            dezB++;
    }
    printf("\nTurma C\n");
    //outras linhas de código
    for(int i=1; i<=3; i++)
    {
        printf("Digite a nota nº%d: ", i);
        scanf("%d", &nota);
        if(nota==10)
            dezC++;
    }
    printf("Total de notas 10 de cada turma:\n");
    printf("Turma A: %d\n", dezA);
    printf("Turma B: %d\n", dezB);
```

```
34     printf("Turma C: %d\n", dezC);
35 }
```

Como deve perceber é uma estrutura que foi repetida três vezes, até poderia ter escrito um laço dentro de outro para resumir o código, porém, meu objetivo é enfatizar a repetição que tende a ocorrer quando você precisa de uma estrutura (código) diversas vezes durante o desenvolvimento do programa, eu poderia ter estendido o código para fazer mais sentido e criar este tipo de estrutura separada uma da outra, gerando uma no começo, uma no meio e outra no fim do programa, mas ficaria deveras extenso. Por isso decidi criar comentários entre um laço e outro (linhas 14 e 23) como se houvessem mais linhas de códigos, separando uns dos outros.

Como vê na linha 04 foram criadas algumas variáveis do tipo inteiro, para nos auxiliar e antes de se iniciar o laço informamos qual a turma (linhas 05, 13 e 22). Todos os três são laços *for* onde o contador "i" sempre inicia com o valor um (1) e vai até onde determina o segundo argumento do *for,* no caso do *for* da linha 06 até o valor de "i" ser menor ou igual a quatro (4), enquanto no *for* da linha 15, até o valor de "i" ser igual ou menor do que cinco (5) e, por fim, o da linha 24, que determina que "i" deve ser menor ou igual a três (3). Em todos os casos, pedimos que se insira a nota dos alunos (linhas 08, 17 e 26), que será armazenada na variável inteira de nome nota (linhas 09, 18 e 27).

Como sabemos a cada nova atribuição de um valor da nota, o número anterior é substituído pelo atual, em que verificamos se o dado atual é igual a dez (linhas 10, 19 e 28), caso afirmativo, cada variável específica é incrementada em um (linhas 11, 20 e 29) que são dezA, dezB e dezC, respectivamente. Para, finalmente, exibir o resultado de cada uma nas linhas 31 a 34.

O programador percebendo essa repetição constante no código, decide então criar uma função que trate desta questão para enxugá-lo, tornando mais fácil de mantê-lo e atualizá-lo quando for necessário.

```
#include <stdio.h>

int notaDez(int, char);
int main(void){
        int dezA, dezB, dezC;
       dezA = notaDez(4, 'A');
       dezB = notaDez(5, 'B');
       dezC = notaDez(3, 'C');
       printf("Total de notas 10 de cada turma:\n");
       printf("Turma A: %d\n", dezA);
       printf("Turma B: %d\n", dezB);
       printf("Turma C: %d\n", dezC);
}

int notaDez(int alunos, char turma)
{
       int dez=0, nota;
       printf("Alunos da Turma %c\n", turma);
       for(int i=1; i<=alunos; i++)
       {
```

```
21          printf("Digite a nota nº%d: ", i);
22          scanf("%d", &nota);
23          if(nota==10)
24             dez++;
25          }
26          return dez;
27 }
```

Além de enxugar um pouco mais as linhas de código do programa, esse tipo de estrutura torna mais fácil em mantê-lo, pois se eu precisar alterar o sistema de notas, só precisarei alterar uma única estrutura e não três delas, como ocorreu no exemplo anterior.

Desta vez criamos uma função de retorno do tipo *int*, onde temos dois parâmetros, como podemos ver pelo seu protótipo, linha 03, onde o primeiro é um valor do tipo inteiro e o outro um caractere.

Na linha 05 temos as variáveis que guardarão a contagem de dez de cada turma, onde da linha 06 a 08 chamamos a função notaDez, onde passamos como argumento a quantidade de alunos e sua turma. Já que é uma função de retorno do tipo inteiro, o valor retornado é armazenado em cada variável em específico: dezA, dezB e dezC, respectivamente, enquanto as linhas 09 a 12 só nos serve para a exibição deste resultado.

A função em si, linhas 15 a 27, possui duas variáveis declaradas do tipo inteiro, linha 17. Com base no argumento passado em turma, exibimos a letra da classe pelo *printf* da linha 18. O laço é o mesmo com a diferença que ele se repete até o valor que lhe foi determinado no primeiro argumento, no caso alunos.

A variável dez, linha 24, é que contabiliza as notas que sejam iguais a dez, o seu valor que é retornado, linha 26. A saída do programa será algo como:

```
Alunos da Turma A
Digite a nota nº1: 7
Digite a nota nº2: 10
Digite a nota nº3: 6
Digite a nota nº4: 10
Alunos da Turma B
Digite a nota nº1: 10
Digite a nota nº2: 5
Digite a nota nº3: 10
Digite a nota nº4: 10
Digite a nota nº5: 8
Alunos da Turma C
Digite a nota nº1: 5
Digite a nota nº2: 7
Digite a nota nº3: 10
Total de notas 10 de cada turma:
Turma A: 2
Turma B: 3
Turma C: 1
```

Observe que a função principal *main* possui o retorno do tipo inteiro (int). Nas versões anteriores de C éramos obrigados a colocar no final um retorno zero (0). Para indicar que o programa foi executado corretamente.

```
return 0;
```

O padrão mais novo de C retorna implicitamente 0 se você omitir a instrução, como fizemos em todos os exemplos. Você pode retornar explicitamente valores diferentes de zero na função *main*, para indicar que ocorreu um erro durante a execução do programa.

Para obter informações sobre como relatar uma falha do programa, consulte a documentação do sistema operacional.

Toda variável criada dentro de uma função é considerada uma variável local. Variáveis do tipo local só são acessadas onde foram declaradas, ou seja, dentro da própria função, fora dela não há como acessá-las. Neste caso dez e nota, linha 17, só existem dentro da função notaDez. O *main*, apesar de principal, é também considerado uma função, se eu criar uma variável dentro dela e tentar manipular fora da mesma, um erro seria retornado. Ex:

```
01 #include <stdio.h>
02
03 int func(int);
04 int main(void){
05         int n=50, total;
06         total = func(30);
07 }
08
09 int func(int soma)
10 {
11         return soma + n;
12 }
```

Na linha 05 foram criadas duas variáveis locais "n" e total. Onde na linha seguinte chamamos a função de retorno func, linha 06.

A mesma nos retorna um valor do tipo inteiro e possui como parâmetro um número inteiro, como podemos ver pelo seu protótipo, linha 03.

Ele basicamente pega o valor passado à função e retorna este mesmo valor somando a variável local "n" de *main*, que por não ser uma variável do tipo global, um erro é retornado:

```
ex.c: In function 'func':
ex.c:11:16: error: 'n' undeclared (first use in this function)
   11 |  return soma + n;
      |                ^
ex.c:11:16: note: each undeclared identifier is reported only once for each function it appears in
```

Variáveis criadas fora da função são consideradas variáveis globais, que podem ser vistas dentro e fora de qualquer função. Ex:

```
01 #include <stdio.h>
02
03 int x=10;
04
05 void soma(int);
06
07 int main(void)
08 {
09         int n;
10         printf("Valor global de x em main: %d\n", x);
11         printf("Digite um número para somar: ");
12         scanf("%d", &n);
13         soma(n);
14         printf("Valor global de x em main: %d", x);
15 }
16
17 void soma(int n)
18 {
19         printf("Valor global de x em soma: %d\n", x);
20         x+=n;
21         printf("Novo valor global de x em soma: %d\n", x);
22 }
```

Neste exemplo criamos uma variável global de nome "x" (linha 03), que pode ser acessada tanto em *main*() como em soma(), ou seja, a variável global é enxergada em todo código, enquanto uma variável local só é vista dentro da função ao qual criou.

E ao alterar uma variável global, seu valor alterado poderá ser enxergado dentro de qualquer função e não unicamente na função que a alterou.

A saída será:

```
Valor global de x em main: 10
Digite um número para somar: 5
Valor global de x em soma: 10
Novo valor global de x em soma: 15
Valor global de x em main: 15
```

Porém, se você criar uma variável local de mesmo nome que uma variável global, a linguagem C dará preferência à variável local. Ex:

```
#include <stdio.h>

int x=10;
```

```

void soma(int);

int main(void)
{
        int x=1, n; //variável local "x" de mesmo nome que a global
        printf("Valor x em main: %d\n", x);
        printf("Digite um número para somar: ");
        scanf("%d", &n);
        soma(n);
        printf("Valor x em main: %d", x);
}

void soma(int n)
{
        printf("Valor de x em soma: %d\n", x);
        x+=n;
        printf("Novo valor de x em soma: %d\n", x);
}
```

A saída será:

```
Valor x em main: 1
Digite um número para somar: 5
Valor de x em soma: 10
Novo valor de x em soma: 15
Valor x em main: 1
```

A função soma, por não ter uma variável local de mesmo nome que a variável global a enxerga normalmente e soma o valor de "n" à variável global "x", enquanto em *main*(), por possuir uma variável local "x", que é de mesmo nome que a variável global "x", ele dá preferência a sua variável local e por não ter o seu valor alterando dentro de *main* ela permanece inalterada.

Então quando for manipular variáveis globais lembre-se deste detalhe, normalmente nomeamos com o prefixo global. Ex: globalX.

Para evitarmos sobreposições de variáveis locais em variáveis globais.

Conversões implícitas e explícitas de dados

A conversão é utilizada quando você deseja converter um tipo de dado para outro formato. Há duas formas de conversões: a implícita e a explícita.

Implícitas

São aplicadas em variáveis numéricas, onde não há necessidade de nenhum tipo de conversão, sendo uma simples atribuição entre variáveis de dados diferentes. Ex:

```
int n=12;
float f=7.45;
double d=12.34;
char c='g';
```

A variável caractere entra como conversão implícita por se comportar também como dado numérico. Já que os caracteres que ela armazena são do tipo ASCII cuja referência destes caracteres se dá através de referência numérica.

Porém, dependendo da atribuição, posso perder ou não dados durante a conversão. Se for atribuições de *float* com *double*, ou vice-versa, não haveria perda já que ambos são variáveis do tipo flutuante. Salvo se fosse um número extremamente grande, em que *float* não pudesse suportar.

Da mesma forma ocorreria com variáveis do tipo inteiro, que se fosse atribuído a uma variável do tipo ponto flutuante (*float* ou *double*), não haveria perda. Porém, não o contrário, já que uma atribuição de uma variável de ponto flutuante a uma variável do tipo inteiro, se perderia o conteúdo da fração. Ex:

```
n=d;
printf("%d", n);
```

A saída deste exemplo resultaria em 12 e não 12.34.

Variáveis com modificadores também podem ocasionar perdas. Pois ao pegar uma variável do tipo inteiro duplamente alongada o intervalo (long long int) e associar a uma variável do tipo inteiro (int). Se o valor estiver fora do intervalo de valores permitido.

Como sabemos, uma variável do tipo caractere suporta números, então se eu atribuir a uma variável do tipo inteira não haveria problema, tirando o fato que o número será uma representatividade do caractere da tabela ASCII e não o número propriamente dito. Ex:

```
int n=82;
char c;
c=n;
printf("%c", c);
```

A saída deste exemplo será "R".

Mas, se eu atribuísse um valor maior do que 255 o que ocorreria? Simplesmente o programa reiniciaria a contagem até encontrar um valor correspondente na tabela. Como sabemos, a tabela ASCII possui 256 caracteres, que vão de 0 a 255. Caso eu atribuísse um número superior, ele basicamente subtrairia o valor 256 (total de caracteres da tabela ASCII) e verificaria novamente se é um número existente na tabela, do contrário subtrairia 256 novamente até se chegar a um valor correspondente da tabela. Por isso atribuir 82 ou 338, por exemplo, resultará como saída o caractere "R".

Se fosse atribuído um valor negativo é como se eu "andasse" de forma decrescente na tabela, ou seja, o -1 representa o último caractere da tabela, -2 o penúltimo e assim por diante. Então se eu quisesse novamente mostrar o caractere "R" passando um valor negativo, eu teria que retornar 174 posições da tabela, ou seja, -174.

E se for um número negativo maior do que o limite da tabela ocorrerá da mesma forma, sendo que neste caso irá somar 256 ao invés de subtrair, até encontrar um valor negativo que esteja dentro dos limites da tabela ASCII, onde a busca será de forma decrescente, do maior para o menor e não de forma crescente quando o número dado é de valor positivo.

```
float f=198.79;
char c;
c=f;
printf("%c", c);
```

A saída deste programa será o caractere "ã", que ocupa a posição 198 da tabela ASCII.

Explícitas
Conversões explícitas são algo que é expresso ou manifestado. São conversões aplicadas às variáveis do tipo texto onde utilizamos funções para poder realizar a convenção. Eis as funções de conversão de texto para número:

Conversão de texto para número em	
strtof() ou atof()	Float
strtod()	Double
strtold()	long double
atoi()	int
strtol() ou atol()	Long int
strtoll() ou atoll()	Long long int
strtoul()	unsigned long int

Conversão de texto para número

Para manipular as funções dentro do código precisaremos incluir a biblioteca <stdlib.h>.
As sintaxes para funções do tipo ato(*|**) são:
real atof(<texto>);
Inteiro atoi(<texto>);
Inteiro longo atol(<texto>);
Inteiro longo, longo atoll(<texto>);

Ao se incluir um texto ou uma variável do tipo texto na função, o mesmo terá o retorno de um dado numérico, que seu formato varia dependendo do tipo de conversão utilizada, ou indefinido, se nenhuma conversão for possível de ser feita, caso não haja caracteres numéricos no início do texto, do contrário, retornará o valor numérico até que uma letra seja encontrada ignorando demais números que houver posteriormente. Ex:

```
float f;
//Conversão de texto para valor numérico de ponto flutuante
```

```
f = atof("34.56");//Atribui 34.56 a f

f = atof("RPG34.56");//indefinido

f = atof("34.RPG56");//Atribui 34 a f
```

Já funções do tipo strto(*|**) necessita da utilização de um caractere do tipo ponteiro, variáveis do tipo ponteiro são variáveis que armazenam o endereço de memória de outras variáveis. Para você declarar uma variável do tipo ponteiro, o tipo de variável deve vir com asterisco (*). Ex:

```
char* c.
```

Além disso, para o ponteiro apontar o endereço de memória, ele deve vir precedido de um e comercial (&), como utilizamos com *scanf.*

No nosso caso das funções strto(*|**), o ponteiro está sendo utilizado para apontar para o primeiro caractere após o número e desta forma encerrar a conversão. As sintaxes são:

float strtof(<texto>, &<ponteiro>)
double strtod(<texto>, &<ponteiro>)
long double strtold(<texto>, &<ponteiro>)
long int strtol(<texto>, &<ponteiro>, <nº base>)
long long int strtoll(<texto>, &<ponteiro>, <nº base>)
unsigned long int strtoul(<texto>, &<ponteiro>, <nº base>);

Perceba que strtol, strtoll e strtoul possuem um argumento a mais que é número base, onde determina se é um número decimal (10) que numerais comuns utilizam ou se é binário(2), octal(8) ou hexadecimal(16) a sua base, por exemplo.

Vamos agora aplicar todas as funções de conversão em um único exemplo.

```
#include <stdio.h>
#include <stdlib.h>

int main(void)
{
        char t1[]="17.56", t2[]="127.789", t3[]="7.79";
        char t4[]="11", t5[]="124", t6[]="3478";
        char* pont;
        double d;
        long double ld;
        float f;
        int n;
        long int ln;
        long long int lln;
        unsigned long int uln;
```

```
16          f = strtof(t1, &pont); //ou atof(t1);
17          d = strtod(t2, &pont);
18          ld = strtold(t3, &pont);
19          n = atoi(t4);
20          ln = atol(t5); //ou strtol(t5, &pont, 10);
21          lln = strtoll(t6, &pont, 10); //ou atoll(t6);
22          uln = strtoul(t4, &pont, 10);
23          printf("%.3f - %.3fl - %.3fl - %d - %ld - %lld - %lu\n", f, d, ld, n, ln, lln, uln);
24 }
```

Das linhas 06 a 15, criamos variáveis, onde na linha 08 temos uma variável *char*, que servirá como ponteiro. Linhas 06 e 07 são as variáveis-texto que servirão para o exemplo de conversão e por isso foram atribuídos algum dado.

Na linha 16 faço a conversão de texto para ponto flutuante, que também poderia ter sido usada a função atof(), como citado em forma de comentário.

Não há necessidade de explicar o detalhamento de cada conversão, já que foi anteriormente explicado. A saída produzida por *printf* será:
17.560 - 127.789 - 7.79 - 11 - 124 – 3478 - 11

Conversão de número para texto

Para qualquer tido de conversão utilizaremos o *sprintf,* que converte um numeral em um texto. Sua sintaxe é:

```
sprintf(<variável texto>, <formatação>, <número>);
```

Onde:

<variável texto>: É a variável do tipo texto que será responsável pela captura do numeral passado.
<formatação>: É a especificação da formação, com base no tipo de variável presente no terceiro argumento.
<número>: É o número ou variável numérica que irá atribuir o seu conteúdo à <variável texto>.
Vamos a um exemplo:

```
#include <stdio.h>

int main(void)
{
        int n=77;
        float f=13.17;
        char t1[10], t2[10];

        sprintf(t1, "%d", n);
        sprintf(t2, "%f", f);

        printf("%s\n", t1);
```

```
        printf("%s\n", t2);
}
```

O *sprintf* se assemelha com *printf*, pois compõe uma sequência com o mesmo texto que seria impresso se o formato fosse usado em *printf*, mas, em vez de ser impresso, o conteúdo é armazenado como uma sequência C no buffer apontando para <variável texto>.

A saída do programa será:

```
77
13.170000
```

Sistema estático e recursão

De tudo o que vimos sobre variáveis há ainda um conteúdo a ser tratado, que é o método estático e o melhor exemplo de como funcionaria seria com um exemplo de recursão.

Recursão é a chamada da função dentro da própria função, com isso criamos uma espécie de laço, sem a presença de *for, while* ou do..*while*, por exemplo. Já que função chama a si mesmo, devemos ficar atentos para colocar alguma condição que faça com que a função recursiva se encerre, caso contrário, teremos um *loop* infinito, como ocorre em laços.

Como sabemos, o conteúdo das variáveis continua presente enquanto o bloco de código em que foram criadas estiver ativo. Variáveis globais, por exemplo, perduram por todo programa, por estarem presentes na função principal (main), diferente das variáveis locais, que o conteúdo armazenado nas mesmas só perdura enquanto a função em questão estiver ativa, quando invocada novamente, a tendência é perder tudo o que estava armazenado em suas variáveis locais.

Mas é possível alterar esse tipo de comportamento? Sim, com a utilização do método estático, que faz com que o conteúdo presente na variável perdure mesmo após a saída da função. Para isso basta utilizar o termo *static* antes dos modificadores e de todo o resto.
[static] [modificadores] <tipo de variável> <identificador>;

Digamos que eu use a recursão para determinar o fatorial de um número. Fatorial, pra quem não se lembra, é a multiplicação de número natural, diferente de zero, por todos seus antecessores. Sendo assim, o fatorial de 5! Ficaria:
5x4x3x2x1=120

Vejamos um exemplo:

```
#include <stdio.h>

int long fatorial(int long n);

int main(void)
{
        int long x, r;
        printf("Digite um número: ");
```

```
09        scanf("%ld", &x);
10        r = fatorial(x);
11
12        printf("O fatorial de %ld é %ld", x, r);
13 }
14
15 int long fatorial(long int n)
16 {
17        static long int num;
18        if(num==0)
19                    num=n;
20
21        if(num>1)
22        {
23        --num;
24        fatorial(n*num);
25        }
26        else
27        {
28        num=0;
29        return n;
30        }
31 }
```

Na linha 03 criamos o protótipo da função fatorial, que nos retorna um número inteiro longo e que possui como parâmetro uma variável do tipo inteiro longo de nome "n".

Na linha 05 iniciamos a função principal e na linha 07 criamos duas variáveis de tipo inteiro longo "x" e "r". Na linha 08 pedimos que o usuário digite um número e na linha 09 resgatamos este valor digitado, lembrando que o formato passado no primeiro argumento de scanf, deve ser %ld pois é uma variável inteira do tipo longo.

Na linha 10 chamamos a função fatorial e armazenamos o resultado na variável "r" que é exibido na linha 12, com o uso de *printf*.

A função fatorial criada (linhas 15 a 31) pega o dado de "x" passado como parâmetro na linha 10 e atribui uma cópia deste valor na variável n. Na linha 17 criamos um inteiro longo do tipo estático, ou seja, mesmo com a saída da função ou com uma nova inicialização desta, o conteúdo presente na variável "num" não será perdido a não ser que alguma atribuição ou incremento/decremento seja realizado sobre o mesmo.
Na linha 18 verificamos se a variável estática "num" é igual a zero, variáveis numéricas têm como padrão o valor zero(0) quando criadas, caso afirmativo, então atribui o valor de "n" à variável "num", já na linha 21 verifica se "num" possui um valor maior que um (1), caso afirmativo, decrementa "num" e pega o conteúdo da variável "n" e multiplica por "num", chamando a própria função, repetindo o processo até que a condição *if* da linha 21 seja falso, caso afirmativo as linhas 28 e 29 são executadas pertencentes ao *else* (linha 26). Que zera novamente a variável "num" e retorna o conteúdo de "n", encerrando finalmente a função fatorial.

Digamos que eu digite cinco (5), a variável estática "num" será cinco, já que na primeira chamada "num" vale zero(0); depois verificamos se "num" é maior do que um (linha 21), caso afirmativo decrementa "num" e ele passa a valer quatro (4), então chama-se a função fatorial novamente com a multiplicação de "n"x"num", que é 5x4.

Na segunda chamada "n" vale 20 e "num" vale quatro (4), que faz com que o *if* da linha 21 seja verdadeiro, então subtrai "num" com decremento e multiplica "n" por "num", ou seja, 20x3, chamando novamente a função fatorial (linha 24).

Na terceira chamada "n" vale 60 e "num" três (3), novamente entra no *if* da linha 21, decrementando "num" e multiplicando por "n", o que resulta em 60x2, chamando novamente a própria função (linha 24).

Na quarta chamada "num" vale dois (2) e "n" vale 120. Com isso a condição *if* é verdadeira (linha 21) e novamente decrementa o conteúdo de "num" em um e multiplica por "n" 120x1, chamando novamente a função.

Na quinta e última chamada o *if* da linha 21 é falso, já que "num" vale um (1) e "n" vale 120. Neste caso o *else* é executado fazendo com que "num" seja novamente zerado (linha 28) e que retorne o valor de "n", que é 120. Finalizando assim a função.

Lembre-se que o conteúdo de "num" permanece durante as chamadas, por justamente ser uma variável do tipo estático (static).

Uma saída equivalente será:

```
Digite um número: 5
O fatorial de 5 é 120
```

Trabalhando com caracteres

Neste tópico apresentaremos algumas das funções utilizadas na manipulação de textos e caracteres do tipo ASCII. No caso de funções que manipulam texto, será necessário utilizar a biblioteca string.h; enquanto na manipulação ASCII a biblioteca ctype.h. Caso você venha utilizar a biblioteca do *Windows* (windows.h), ele incorpora várias bibliotecas, incluindo string.h e ctype.h, então a inclusão dos mesmos, na presença desta biblioteca, torna-se opcional.

Porém, antes de iniciarmos, venho ressaltar um problema que ocorre com a captura de texto. Se você criar um simples programa que capta um nome composto qualquer e a exibe, você deverá estar pensando em criar uma variável do tipo texto, avisar ao usuário o que deseja e capturar com *scanf* para depois exibi-la. Porém não é tão simples assim. Vejamos um exemplo:

```
#include <stdio.h>

int main(void)
{
        char nome[25];
        printf("Digite um nome: ");
```

```
07        scanf("%24s", nome);
08        printf("%s", nome);
09 }
```

Eis um exemplo de execução deste programa:

```
Digite um nome: Shingeki no Kyojin
Shingeki
```

Na linha 05 criamos uma variável do tipo texto, que suporta até 25 caracteres e na linha 07 limitamos a captura de *scanf* para até 24 caracteres (%24s), já que o último deixaremos reservado para o caractere nulo ('\0').

Lembre-se, quando vimos definição de variáveis, que uma entrada maior do que uma variável pode suportar, irá gerar um erro e encerrará abruptamente o programa. Por isso ao se criar um projeto, torna-se recomendável que coloque o limitador para evitar possíveis erros.

Já o restante do código não darei detalhes, pois a esta altura você deve estar mais consciente sobre este tipo de código. O problema aqui, que quero esclarecer, é a saída, como deve ter percebido, o usuário digitou `Shingeki no Kyojin`, mas só saiu `Shingeki`.

Para contornar esse infortúnio, utilizamos a formatação de lista %[], que captura absolutamente tudo, inclusive o pressionamento da tecla <ENTER>, o que é um problema, então como o programa vai saber que o usuário encerrou a sua entrada de dados?

Felizmente há uma solução, já que dentro dos colchetes podemos dizer o que não será aceito como entrada com o uso do acento circunflexo (^). Então se desejarmos excluir a tecla <ENTER>, que nos ocasiona o pulo de linha, simplesmente faríamos: %[^\n]. E com isso a captura se encerra ao pressionamento da tecla <ENTER>. Então se substituirmos a linha 07 do nosso exemplo, por isto:

```
scanf("%[^\n]", &nome);
```

A saída será:

```
Digite um nome: Shingeki no Kyojin
Shingeki no Kyojin
```

O que estamos fazendo é trabalhar com meta caracteres, que são caracteres ou sequência de caracteres com significado especial em expressões regulares. Para entendermos melhor, vamos olhar alguns tipos de meta caracteres:

Lista	Significado
[]	Permitida
[^]	Negada

Na lista permitida é obrigatório que algo seja inserido na mesma, do contrário, tudo o que o usuário digitar será capturado e nunca será encerrado, mesmo quando a tecla <ENTER> for pressionada, como explicado anteriormente.

Se você colocar que só são permitidos números numa lista permitida, então a tecla <ENTER> não será aceita como entrada, por não fazer parte do intervalo, e por isso a entrada se encerrará normalmente, ou seja, não é obrigatoriamente necessário inserir o pulo de linha como negado, contando que algo esteja presente na lista e que não a inclua como um dado de entrada válido.

Na lista permitida poderíamos colocar um intervalo de dados válidos com o uso de hífen, conforme demonstrado na tabela. Ex:

Classe de caracteres	Significado
[0-9]	Números de 0 a 9.
[\f\r\t\n\v]	Qualquer espaço em branco.
[A-Za-z0-9]	Qualquer caractere de palavra, não inclusos os caracteres especiais.

Ou seja, se quisermos capturar só números, poderíamos escrever da seguinte forma:

```
scanf("%[0-9]", &t);
printf("%s", t);
```

Onde "t" seria uma variável do tipo texto. Ao inserir qualquer entrada que não seja válida, a captura se encerra, mesmo que os demais venham ser posteriormente números. Ex:

Entrada: 12345rst789
Saída: 12345

Também podemos negar estes intervalos, se utilizarmos a âncora de negação (^). Ex:

Classe de caracteres	Significado
[^0-9]	Não aceita números
[^\f\r\t\n\v]	Não aceita qualquer espaço em branco
[^A-Za-z0-9]	Não aceita caracteres, com exceção dos caracteres especiais.

Há ainda a possibilidade de criarmos um grupo ou subpadrão válido com o uso de parênteses (), como também utilizar a ramificação |, que funciona de forma equivalente ao (||) lógico. Ex:

```
#include <stdio.h>

int main(void)
{
        char nome[20];
        scanf("%[aç(ão|ões)]", &nome);
        printf("%s", nome);
}
```

Ao executar o programa, ele só irá aceitar como uma entrada válida a palavra ação ou ações. Faça o teste.

toupper e tolower

A primeira função torna o caractere maiúsculo, enquanto a segunda, minúsculo. Sua sintaxe é:

Int toupper(<caractere>);
Int tolower(<caractere>);

Onde a função toupper converte o caractere em maiúsculo, retornando o seu código correspondente na tabela ASCII, enquanto *tolower* faz da mesma forma, sendo que a referência ao código será para o caractere em minúsculo.

Para entendermos melhor, vamos criar um exemplo simples onde o usuário digita "S" para sair ou "N" para continuar. Como não sabemos se o usuário vai digitar "S" ou "s", assim como "N" ou "n", foi incluída a função *toupper*, para tornar todo caractere digitado pelo usuário em maiúsculo e evitar, desta forma, comparações demasiadas.

```
01 #include <stdio.h>
02 #include <ctype.h>
03
04 int main(void)
05 {
06         char op;
07         while(op!='S')
08         {
09             printf("Deseja sair do programa(S\\N)?");
10             scanf("%c", &op);
11                op = toupper(op);
12                if(op!='N' && op!='S')
13                   printf("ERRO!\nCaractere digitado, não é reconhecido!\n");
14         }
15 }
```

Na linha 06 declaramos uma variável do tipo *char*, sem o uso de colchetes, o que torna uma variável que armazena um único caractere referente à tabela ASCII.

O laço (linha 07) determina que seja encerrado quando a variável op for igual a "S". Primeiramente, informamos ao usuário se desejar sair do programa (linha 09), por contrabarra ser considerado um caractere especial, tivermos que utilizar sua sequência de escape (\\).

Pegamos o dado digitado pelo usuário (linha 10) e por se tratar de caractere a formatação será %c ao invés de %s. Lembre-se sempre de utilizar o e comercial (&), para apontar a variável "op" no endereço de memória e desta forma poder guardar o valor digitado pelo usuário.

Na linha 11 transformamos o caractere em maiúsculo, retornando como resultado sua referência numérica da tabela ACSII. Como sabemos, a variável "op" é caractere do tipo ASCII, então tanto faz você passar um caractere ou a sua referência numérica.

Esse tipo de atribuição é válido (linha 11) para variáveis do tipo caractere, mas não para variáveis do tipo texto.

Na linha 12 verificamos se o que o usuário digitou é uma opção inválida, ou seja, se o conteúdo da variável "op" é diferente de "N" e diferente de "S", para considerarmos como uma opção inválida. Ou seja, se digitamos "N", o "N" será diferente de "S", mas não será diferente de "N", então a mensagem avisando que é uma opção inválida (linha 13) não será exibida. Mas se tivéssemos utilizado o (||), bastaria que uma condição fosse verdadeira, para que o aviso fosse dado, então qualquer opção, inclusive as válidas, daria o aviso de que é uma opção inválida.

Eis um exemplo da execução do programa:

```
Deseja sair do programa(S\N)?n
Deseja sair do programa(S\N)?ERRO!
Caractere digitado, não é reconhecido!
Deseja sair do programa(S\N)?t
ERRO!
Caractere digitado, não é reconhecido!
Deseja sair do programa(S\N)?ERRO!
Caractere digitado, não é reconhecido!
Deseja sair do programa(S\N)?s
```

Nessas horas você deve estar se perguntando, qual é o erro de lógica que está ocorrendo para que o programa se comporte desta forma?

A explicação é bem simples e ainda mais simples de se resolver. O problema é que o programa não lê unicamente o caractere que você digitou, mas também a tecla <ENTER>, que foi pressionada, por isso a confusão.

Então como resolver para que a tecla <ENTER> não seja lida, junto com o caractere digitado? A solução encontrada é inserir um espaço em branco em *scanf* no formato de especificação da variável. Ex:

```
scanf(" %c", &op);
```

Com isso, além de não ler o caractere <ENTER>, o programa não será capaz de ler caracteres de espaço em branco e o caractere correspondente à tabulação. Que no nosso exemplo torna-se conveniente serem ignorados.

Executando mais uma vez, o programa ficará:

```
Deseja sair do programa(S\N)?n
Deseja sair do programa(S\N)?t
ERRO!
Caractere digitado, não é reconhecido!
Deseja sair do programa(S\N)?s
```

strupr(), strlwr() e strcpy()

As funções strupr() e strlwr() são similares ao toupper() e tolower(), com a diferença que o mesmo serve para texto.

```
texto strlwr(<texto>);
texto strupr(<texto>);
```

Onde passamos como argumento para o *strlwr* uma variável de texto ou texto diretamente e a mesma nos retorna o texto todo em minúsculo e no caso do *strupr* seria maiúsculo. Ex:

```
01 #include <stdio.h>
02 #include <string.h>
03
04 int main(void)
05 {
06     char t[]="DOROHEDORO";
07     strcpy(t, strlwr(t));
08     printf("%s", t);
09 }
```

Na linha 06 declaramos uma variável do tipo texto e atribuímos DOROHEDORO, um anime lançado em 2020. Já na linha 07 utilizamos a função *strlwr* e passamos como argumento a variável "t", para tornar tudo em minúsculo e atribuímos uma cópia à própria variável "t", e na linha 08 exibimos o novo conteúdo da variável. A saída será:

```
dorohedoro
```

O *strcpy* copia o conteúdo de uma variável texto, ou um texto propriamente dito, para outra variável do tipo texto, que no nosso caso foi para a própria variável t. Sua sintaxe é:

```
strcpy(<variável texto>, <texto>);
```

O primeiro argumento, obrigatoriamente, deve ser uma variável do tipo *string* (texto) e o segundo, o texto que será copiado para a variável, podendo ser outra variável do tipo texto ou o texto propriamente dito.

Infelizmente, a atribuição de texto só funciona durante a criação da variável. Se durante o programa você tentar realizar alguma atribuição um erro será retornado. Ex:

```
06 char anime[30];
07 anime = "Knights of Sidonia";
```

```
error: assignment to expression with array type
    7 |  anime = "Knights of Sidonia";
```

Alertando que há erro de atribuição numa expressão do tipo matriz na linha 07. Já que variáveis de tipo texto são consideradas como matrizes, assunto que veremos no próximo tópico.

Strncpy()

Assim como **strcpy** copia um texto ou conteúdo de uma variável do tipo texto para outra, com a diferença que há um terceiro argumento que nos permite informar a quantidade de caracteres que serácopiada. Sua sintaxe é:

```
strncpy(<texto1>, <texto2>, <qtd de caracteres>);
```

Vejamos um exemplo:

```
01 #include <stdio.h>
02 #include <string.h>
03 int main(void)
04 {
05         char n1[]="Anime: Shi Huang Zhi Shen", n2[26];
06         int qtd;
07         printf("%s\n", n1);
08         printf("Digite a quantidade de caracteres que deseja copiar:");
09         scanf("%d", &qtd);
10         strncpy(n2, n1, qtd);
11         printf("%s\n", n2);
12 }
```

Nós incluímos a biblioteca string.h (linha 02) para que a função strncpy pudesse ser utilizada. Na linha 05 criamos duas variáveis do tipo texto, uma com um texto e a outra vazia. Também criamos uma variável do tipo inteiro na linha 06.

Na linha 07 exibimos o conteúdo da variável texto para o usuário e na linha 08 perguntamos o que deseja copiar deste texto, este número é capturado com o uso de *scanf* (linha 09).

Na linha 10 pegamos e copiamos de "n1" para "n2", com base na quantidade passada de "qtd", por fim, exibimos o resultado com *printf* (linha 11).

```
Saída do programa:
Anime: Shi Huang Zhi Shen
Digite a quantidade de caracteres que deseja copiar:10
Anime: Shi
```

Scat() e sncat()

Adiciona a uma variável texto outro texto, sem apagar o conteúdo presente na variável, diferente com o que ocorre com *strcpy* e *strncpy* que funciona como uma atribuição, mas, neste caso *scat*() e *sncat*() funcionam como concatenação.

Ex:

```
#include <stdio.h>
#include <string.h>
int main(void)
{
        char t1[]="Cyberpunk 2077. ";
        char t2[]="RPG lançado em novembro de 2020.";
        char t3[]="Fallout 4. ";
```

```
08         char t4[]="RPG aclamado pela crítica. Diferente de Fallout76";
09
10         strcat(t1, t2);
11         strncat(t3, t4, 22);
12         printf("%s\n", t1);
13         printf("%s\n", t3);
14 }
```

Mais uma vez a biblioteca string.h foi incluída para que *scat* e *sncat* pudessem ser utilizados. Criamos variáveis do tipo texto (linhas 05 a 08), todas com conteúdo.

Na linha 10 concatenamos "t1" com "t2" e na linha 11 concatenamos "t3" com "t4", porém, só os primeiros 22 caracteres do texto de "t4". E exibimos o resultado (linhas 12 e 13).

A saída será:

```
Cyberpunk 2077. RPG lançado em dezembro de 2020.
Fallout 4. RPG aclamado pela crítica.
```

Strcmp() e strncmp()

São funções de comparação de *strings*, onde comparam-se duas *strings (strcmp)* ou uma parte da *string (strncmp)*, já que *strncmp()* possui um argumento adicional em que passamos a quantidade de caracteres que será comparada. Sintaxe:

```
Int strcmp(<texto1>, <texto2>);
Int strncmp(<texto1>, <texto2>, <qtd>);
```

As funções podem retornar zero (0) se o conteúdo de ambos for igual, -1 se texto2 for maior do que texto1 ou um (1), se texto1 for maior do que texto2. Logicamente esses valores podem variar dependendo do compilador e do sistema operacional (S.O), mas, o valor sempre será negativo se "t2" for maior do que "t1" e positivo do contrário.

```
Ex:
01 #include <stdio.h>
02 #include <string.h>
03 int main(void)
04 {
05         char t1[]="Fallout 4";
06         char t2[]="Fallout 76";
07
08         printf("t1 com t2: %d\n", strcmp(t1, t2));
09         printf("t2 com t1: %d\n", strcmp(t2, t1));
10         printf("Sete primeiros caracteres t1 e t2: %d\n", strncmp(t1, t2, 7));
11 }
```

Linha 02 a inclusão da biblioteca string.h para poder utilizar as funções *strcmp()* e *strncmp()*. Na linha 05 e 06 criações das variáveis do tipo texto, já com um texto atribuído.

Na linha 08 comparo "t1" com "t2" e o número de retorno lanço em um *printf* (linha 08), sabendo que "t1" tem uma quantidade menor de caracteres do que "t2" o retorno será negativo.

De forma similar faço na linha 09, onde comparo dessa vez "t2" com "t1"; por "t2" ser maior do que "t1" o retorno será positivo, na linha 10 o retorno será zero (0), por justamente ter pego os sete primeiros caracteres, que são idênticos para "t1" e "t2".

Um possível exemplo de saída será:

```
t1 com t2: -1
t2 com t1: 1
Sete primeiros caracteres t1 e t2: 0
```

strcmpi() ou strcasecmp()

Ambos comparam dois textos, com a diferença de não fazerem distinção de maiúscula ou minúscula, como ocorria com ***strcmp()***. Sintaxe:

```
Int strcmpi(<texto1>, <texto2>);
Int strcasecmp(<texto1>, <texto2>);
```

As funções podem retornar zero (0) se o conteúdo de ambos for igual, negativo se texto2 for maior do que texto1 ou positivo se texto1 for maior do que texto2.

A diferença de um para o outro é que *strcmpi()* é para compiladores de ambiente *Windows* e *strcasecmp()* de ambiente *Unix*, no nosso caso utilizaremos *strcasecmp*(), mesmo em ambiente *Windows*, por causa do *Cygwin* que simula ambiente em *Unix*.

Strnicmp() ou Strncasecmp()

Em ambos os casos faz a comparação entre dois textos, com base na quantidade de caracteres apontados pela função. Muito parecido com ***strncmp()***, com a diferença que não fazem distinção de maiúsculas e minúsculas. Sintaxe:

```
Int strnicmp (<texto1>, <texto2>, <qtd>);
Int strncasecmp (<texto1>, <texto2>, <qtd>);
```

As funções podem retornar zero (0) se o conteúdo de ambos for igual, negativo se texto2 for maior do que texto1 ou positivo se texto1 for maior do que texto2.

```
#include <stdio.h>
#include <string.h>

int main(void)
{
        char t1[]="Claymore";
        char t2[]="CLAYMORE";
        int tam = strlen(t1);
        if(strncasecmp(t1, t2, tam)==0)
```

```
10          printf("São iguais!");
11       else
12          printf("São diferentes!");
13 }
```

Na linha 06 e 07 criamos duas variáveis de texto, onde pegamos o tamanho de uma delas, no caso o de "t1" (linha 08), para servir de comparação com a função *strncasecmp()*.

Se forem iguais, o retorno deverá ser zero, por isso comparamos o retorno com zero (==0). Que caso afirmativo, aparecerá a frase: São iguais!

Do contrário, a condição *else* será executada (linha 11), e aparecerá a frase: São diferentes!

A saída desse programa será:

```
São iguais!
```

Strstr()

Sistema de busca de texto, que ao localizar nos retorna o ponteiro de localização ou NULL, se nada for encontrado. Sintaxe:

```
Char* strstr(<texto1>, <texto2>);
```

```
01 #include <stdio.h>
02 #include <string.h>
03 int main(void)
04 {
05     char t1[]="Apesar de grande público, One Punch Man só teve uma única temporada na NETFLIX.";
06     char t2[20];
07     char* loc = NULL;
08
09     printf("%s\n", t1);
10     printf("Digite o texto de busca: ");
11     scanf("%19s", t2);
12     loc = strstr(t1, t2);
13     if(loc!=NULL)
14         printf("Endereço localizado: %d\n", loc);
15     else
16         printf("Não localizado.");
17 }
```

Incluímos a biblioteca string.h (linha 02), para que a função strstr() pudesse ser utilizada onde através da captura de *scanf* (linha 11), que limita em até 19 caracteres, para evitar erros, deixando o último para o caractere nulo ('\0'). Pegamos o que o usuário digitou e comparamos com o conteúdo da variável "t1", através da função *strstr()*, que pode nos retornar NULL, se nada for encontrado ou o endereço de memória que será, em ambos os casos, atribuído ao ponteiro "loc".

Devido a isso, criamos uma condição com *if/else* (linhas 13 a 16) para exibir, com base no conteúdo do ponteiro "loc", se foi encontrado ou não o conteúdo de "t2" em "t1".

Exemplo da saída do programa

```
Apesar de grande público, One Punch Man só teve uma única temporada na NETFLIX.
Digite o texto de busca: One
Endereço localizado: 6684121
```

Strtok()

Divide uma *string*, com base no delimitador de seu segundo argumento, que caso não seja encontrado o retorno será NULL. Sintaxe:

```
char* strtok(<texto>, <delimitador>);
```

Na primeira chamada à função *strtok*, você deve utilizar o texto no primeiro argumento, junto com o delimitador de busca. Nas chamadas seguintes deve-se usar um ponteiro nulo como primeiro argumento, para que a busca continue no restante do texto. Um laço é recomendado, onde a condição passada deve ser o próprio ponteiro, pois em um dado momento seu retorno será NULL, o que é considerado uma condição falsa, interrompendo assim o laço.

```
01 #include <stdio.h>
02 #include <string.h>
03 int main(void)
04 {
05         char t1[]="Hora de Aventura";
06         char* pont;
07         printf("Frase: %s\n", t1);
08         pont = strtok(t1, ", ");
09         while(pont)
10         {
11             printf("%s\n", pont);
12             pont = strtok('\0', ", ");
13         }
14 }
```

Incluímos a biblioteca *string.h* (linha 02), para que a função *strtok()* fosse utilizada. Na linha 05 criamos uma variável do tipo texto já atribuído um conteúdo e na linha seguinte um ponteiro.

Na linha 07 exibimos o conteúdo da variável "t1", depois pegamos o conteúdo do texto até a primeira incidência do delimitador, que neste caso pode ser vírgula ou espaço em branco (,), com base na primeira incidência ou não, iniciamos o laço *while*.
Caso "pont" não seja NULL, ou seja, falso, iniciará o laço e dentro do laço exibimos a primeira incidência, depois continuamos a busca, sempre separando o conteúdo quando encontrar vírgula ou espaço em branco (,). Quando o ponteiro apontar para NULL, o laço *while* será encerrado.

A saída será:

```
Frase: Hora de Aventura
Hora
de
Aventura
```

Trabalhando com *arrays*

Diferente de variáveis comuns que podem armazenar um único dado por vez, matriz e vetores nos permitem armazenar vários dados diferentes de um mesmo tipo, determinando para isso a sua posição dentro do *array*.

Qualquer tipo de variável pode se tornar um vetor ou uma matriz (*array*). Mas antes vamos às definições:

- **Vetor** é um *array* unidimensional, que nos permite armazenar vários dados de um mesmo tipo em posições diferentes. Ex:

  ```
  int a[5];
  ```

  O exemplo acima cria um vetor "a" de cinco posições que aceita números inteiros (int), onde a primeira posição deste vetor se inicia na posição zero (0). Sua representatividade pode ser feita da seguinte forma:

	0	1	2	3	4
a					

  Caso eu desejasse preencher com valores, tenho que obrigatoriamente passar a posição desejada, digamos que eu queira guardar o número 32 na posição zero e o número 18 na posição três. Ficaria da seguinte forma:

  ```
  a[0]=32;
  a[3]=18;
  ```

  Com isso a representatividade ficaria:

	0	1	2	3	4
a	32			18	

  Se eu desejasse posteriormente acessá-los, bastaria simplesmente passar a sua posição no vetor. No caso de desejar exibir o valor 18, seria da seguinte forma:

  ```
  printf("%d", a[3]);
  ```

  Normalmente vetores ou matrizes são manipulados por laços, como uma forma de evitar conteúdo redundante no código, além de facilitar o seu manuseio.

- **Matriz** é considerado um ***array*** multidimensional, onde determinamos o número de linhas e o número de colunas. Ex:

  ```
  int b[2][3];
  ```

O exemplo acima cria uma matriz "b", que aceita números inteiros (int) e que possui duas linhas e três colunas. Sua representação ficaria:

	0	1	2	
b				0
				1

Assim como vetor, a posição inicial, seja de linha ou coluna, se inicia em zero. Então se eu desejasse preencher com os valores 117 na primeira linha da terceira coluna e o valor -44 na segunda linha da segunda coluna. Seria da seguinte forma:

```
b[0][2]= 117;
b[1][1]= -44;
```

A representação do resultado ficaria da seguinte forma:

	0	1	2	
b			117	0
		-44		1

E caso deseja acessar o valor -44 bastaria informar suas coordenadas da matriz.

Ex:

```
printf("%d", b[1][1]);
```

Exemplo com vetor

Digamos que eu deseje armazenar a nota de dez alunos em um vetor e depois exibi-los, a estrutura do código seria da seguinte forma:

```
#include <stdio.h>
#include <windows.h>

int main(void)
{
        float notas[10];
        int i;
        for(i=0; i<10; i++)
        {
            printf("Digite a %d nota: ", (i+1));
            scanf("%f", &notas[i]);
            system("clear");
        }
        printf("As notas apresentadas foram: ");
        for(i=0; i<10; i++)
            printf("%.1f ", notas[i]);
}
```

No exemplo acima, foi incluída a biblioteca windows.h para que a função *system* pudesse ser utilizada. Por estarmos em ambiente simulado em *shell*, utilizamos o comando "clear" ao invés de "cls", que irá limpar a tela a cada final de laço, como uma forma de manter a tela de exibição mais organizada.

Na linha 06 criamos um vetor de dez posições e de nome notas. Já na linha 07 criamos uma variável inteira de nome "i", que servirá de contador para o laço for na linha 08 onde determinamos que o valor inicial de "i" é zero (i=0) e que o laço irá se repetir até que o valor de "i" seja menor do que dez (i<10); sempre pós-incrementando o mesmo em um a cada final de laço (i++).

Para numerar a frase utilizamos o próprio contador (linha 10), como já chegamos a fazer, mas, por causa da variável "i" possuir o valor inicial zero (0), já que matrizes e vetores consideram o primeiro valor como zero (0), optei em somar um à variável "i" (i+1). Perceba que não é uma incrementação, ou seja, o valor da variável "i" permanece inalterado. Por isso que na linha 11 ele pega o valor digitado pelo usuário e armazena na posição zero (0) no vetor notas, no início do primeiro laço.

Depois limpa a tela (linha 12) e com a incrementação a variável "i" passa a valer um. Quando o usuário digitar a próxima nota, será armazenada na posição um (1) no vetor notas, e assim por diante.

Ao acrescentar as notas 7.0 8.9 9.8 7.7 4.5 3.3 0.0 8.9 6.5 10.0, teremos como saída o seguinte contexto:

```
As notas apresentadas foram: 7.0 8.9 9.8 7.7 4.5 3.3 0.0 8.9 6.5 10.0
```

Lembrando que o restante não é apresentado na saída do programa, devido à limpeza de tela (linha 12).

Como vimos nos exemplos, precisamos passar a posição para, desta forma, atribuir um valor. Mas, podemos inserir todos os dados em um vetor de uma vez bastando para isso, utilizar de chaves e dentro delas colocar cada nota separada por vírgula. Ex:

```
float notas[10]= {7.8, 5.4, 7.7, 8.9, 9.3, 10.0, 4.5, 6.5, 7.5, 8.0};
```

O que fará com que cada nota ocupe uma posição no vetor, de forma semelhante ocorre com variáveis do tipo texto, que nada mais é do que um *array*, onde cada letra ocupa uma posição. Ex:

```
#include <stdio.h>

int main(void)
{
        char s[] = "Futurama";
        printf("Desenho: %s\n", s);
        printf("Letra..: %c", s[2]);
}
```

Lembrando que em todo *array*, o primeiro elemento ocupa a posição (0), o segundo elemento a posição um (1) e assim por diante. Então, pedir para exibir o conteúdo de um único caractere (%c) da variável "s" na posição dois (s[2]) equivale à letra "t" do nosso exemplo. A saída deste exemplo será:

```
Desenho: Futurama
Letra: t
```

Há ainda uma função que não vimos, que é o *strlen()*, ela nos retorna o tamanho da variável textual. Com o uso da mesma e sabendo que todo *char* do tipo texto é um *array*, seria possível atribuir o conteúdo de uma variável do tipo texto à outra, sem o uso da função *strcpy()*, simplesmente "passeando" pelo vetor e atribuindo caractere por caractere. Ex:

```
01 #include <stdio.h>
02 #include <string.h>
03
04 int main(void)
05 {
06         char t[30], tt[]="Goblin Slayer";
07         for(int i=0; i<=strlen(tt); i++)
08         {
09            t[i]=tt[i];
10         }
11         printf("%s", t);
12 }
```

O *stdio.h* se faz necessário pelo uso da função *printf* e o *string.h* pelo uso da função *strlen()*, linhas 01 e 02, respectivamente.

Na linha 06 criamos duas variáveis do tipo texto, uma vazia e outra com conteúdo. Este conteúdo será atribuído para outra variável através de um laço (linha 07), que vai da posição zero (i=0) até o limite da variável "tt" pois *strlen()* irá nos passar o tamanho da mesma, sempre incrementando o contador em um (i++) a cada final de laço.

Na linha 09 temos a atribuição e na linha 12 a exibição do resultado, que será *Goblin Slayer*.

Exemplo de matriz com uso de constantes

Toda linguagem de programação possui variáveis constantes. São variáveis cujos valores são atribuídos uma única vez e são inalterados, ou seja, não permitem uma nova atribuição dentro do programa, seja por linha de código ou entrada do usuário.

Variáveis constantes, como boa prática de programação, utilizam-se de nomes maiúsculos e são declaradas antes de *main*, com a seguinte sintaxe:
#define <VARIAVEL dado>

Variáveis constantes são úteis, por exemplo, quando desejamos alterar linha e coluna de uma matriz dentro do código, o que nos obriga alterar todos os limites dos laços que manipulam a matiz e a matriz em si, fora outras alterações que possam vim a ser necessárias para não saírmos alterando todo o código e fazendo verificação linha a linha, um trabalho extra desnecessário. Utilizamos as variáveis constantes da seguinte forma. Ex:

```
01 #include <stdio.h>
02 #include <stdlib.h>
03 #define L 4
04 #define C 8
05 #define MIN 1
06 #define MAX 100
07
08 int main(void)
09 {
10         int i, j, m[L][C];
11         for(i=0; i<L; i++)
12         {
13             for(j=0; j<C; j++)
14                 m[i][j] = MIN + (rand()%MAX);
15         }
16
17         for(i=0; i<L; i++)
18         {
19                 printf("\n");
20                 for(j=0; j<C; j++)
21             {
22                 printf("%5d", m[i][j]);
23             }
24         }
25 }
```

O *stdio.h* para utilização do comando *printf*, enquanto *stdlib.h* é para uso da função randômica *rand()* que gera um número aleatório com base no valor passado. Das linhas 03 a 06 criamos variáveis constantes L, C, MIN e MAX com os valores 4, 8, 1 e 100, respectivamente.

Onde "L" irá representar as linhas da matriz e "C" as colunas. As variáveis constantes MIN e MAX servem para geração de um número randômico que servirão no preenchido da matriz, para não sermos obrigados a preenchê-la manualmente.

Na linha 08 temos a função principal responsável pela execução das linhas de códigos, onde na linha 10 nós criamos as variáveis "i" e "j", que nos servirá para "andarmos" nas linhas e colunas da tabela, respectivamente. Enquanto a variável "m" é a própria matriz cujo seu tamanho é determinado pelas constantes "L" (linha) e "C" (coluna) da tabela.

O primeiro laço é responsável pelas linhas (linha 11), que irá da posição inicial zero (0) da matriz (i=0) até o limite imposto pela variável constante "L" (i<L), que foi utilizada para determinar a quantidade de linhas da matriz, sempre incrementando o contador "i" em um a cada final de laço (i++).

Logo em seguida é aberto outro laço, agora de coluna (linha 13), da mesma forma que o anterior irá da posição inicial zero (j=0) até a determinação do valor da constante "C" (j<C), sabendo que esta é a responsável pela quantidade de colunas na matriz, por fim a variável "j" é incrementada a cada final de laço (j++).

Já na linha 14 pegamos a posição na matriz, com base nos valores das variáveis contadoras "i" e "j" e atribuímos um valor aleatório com o uso de *rand()*, com base no valor determinado pela constante MAX, cuja resultante do valor aleatório será somada ao valor da constante MIN.

Em outras palavras, o primeiro laço pega a primeira linha, enquanto o segundo laço interno passeia pelas colunas. Quando este laço se encerra, a variável "i" é incrementada em um (1) e novamente inicia-se o segundo laço (linha 13), passeando novamente pelas colunas, sendo que desta vez da segunda linha, e as preenchendo de forma randômica até que a quantidade de linhas se esgote, este procedimento irá se repetir.

Nas linhas 17 a 24 o processo é o mesmo, com a diferença que cada linha terá um pulo de linha (linha 19), sempre que terminar de exibir todos os dados de uma coluna (linhas 20 a 23).

A saída do programa será:

```
Prompt de Comando
  42   68   35    1   70   25   79   59
  63   65    6   46   82   28   62   92
  96   43   28   37   92    5    3   54
  93   83   22   17   19   96   48   27
```

Poderíamos também declarar variáveis comuns como constantes, bastando para isso o uso da palavra const. Da seguinte forma:

```
const int L=4;
```

Da mesma forma poderemos criar variáveis estáticas constantes:

```
const static long int n=10;
```

Que caso viéssemos tentar alterar o seu valor, um erro nos seria retornado. Ex:

```
01 int main(void)
02 {
03     const int n=10;
04     n=30;
05 }
```

Ao compilar, ocorreria o seguinte erro:

```
x.c:5:3: error: assignment of read-only variable 'n'
    5 |   n=30;
      |   ^
```

Já que "n" é uma variável constante, o programa impede a compilação do programa, pois na linha 04 estamos tentando atribuir um novo valor. Da mesma forma ocorreria um erro semelhante ao tentar alterar uma variável constante que foi declarada como *#define*.

O que vimos é uma matriz homogênea sem o uso de cabeçalhos, alguns programadores têm o costume de ocupar uma coluna ou uma linha da matriz para determinar o cabeçalho e desta forma associar os dados a cada cabeçalho.
Isso fará com que os laços sejam utilizados de uma maneira não convencional. Para entendermos melhor, vamos criar uma matriz do tipo texto onde pedimos duas categorias e em cada categoria pedimos a inserção de três dados, ou seja, seria uma matriz de duas linhas (já que são duas categorias) e quatro colunas, pois as categorias serão incluídas na contagem das colunas, já que as categorias estarão ocupando a primeira coluna de cada linha na tabela. Para visualizar melhor vamos à ilustração em tabela:

0	1	2	3	
categoria 1	dado 1	dado 2	dado 3	0
categoria 2	dado 1	dado 2	dado 3	1

O que nos dá uma matriz 2x4. Nós também poderíamos considerar que cada categoria pertence a uma coluna. O que nos daria a seguinte representação.

0	1	
categoria 1	categoria 2	0
dado 1	dado 1	1
dado 2	dado 2	2
dado 3	dado 3	3

O que nos faria ter duas colunas e quatro linhas, que resulta numa matriz 4x2. Como pode perceber o cabeçalho, no nosso caso categoria, determina como será a estrutura da matriz. Se a categoria for considerada em linha será 2x4, do contrário será 4x2.

A categoria poderia ser sabores (doce, salgado, azedo...), por linguagem de programação (PE, POO, PM...), por estúdios de animação (*Pixar, Disney, DreamWorks*...), mas decidi fazer por categoria de filmes.

Toda matriz requer que seu preenchimento seja tratado com dois laços, como já vimos, onde no primeiro, normalmente, tratamos as linhas e no segundo as colunas; estando o segundo laço dentro do primeiro; mas como aqui o exemplo é atípico, veremos como se comporta.

O exemplo adotado será a matriz 2x4.

```
#include <stdio.h>

int main(void)
{
   char cinema[2][4][30];
   int i,j;
   for(i=0; i<2; i++)
   {
      printf("Digite %d a categoria: ", (i+1));
      scanf(" %[ ^\n]", &cinema[i][0]);
      for(j=1; j<4; j++)
```

```
12         {
13             printf("Digite o %d filme: ", (j));
14             scanf(" %[ ^\n]", &cinema[i][j]);
15         }
16     }
17     printf("\n");
18     for(i=0; i<2; i++)
19     {
20         printf("%-20s", cinema[i][0]);
21         for(j=1; j<4; j++)
22             printf("%-20s", cinema[i][j]);
23         printf("\n");
24     }
25 }
```

Na linha cinco criamos uma matriz 2x4, onde o último colchete nos informa a quantidade de caracteres que cada posição da matriz poderá armazenar, que no caso são 30 caracteres. Se eu quisesse criar uma matriz de caracteres do tipo ACSII, bastaria remover o último colchete ([30]).

Na linha 06 criei as variáveis "i" e "j", que serão utilizadas para "passear" pelas linhas e colunas da matriz, respectivamente. Na linha 07 crio o laço responsável pela manipulação das linhas, onde a variável "i" vale zero (0), para que possamos acessar a primeira linha, já que matrizes e vetores sempre se iniciam na posição zero (0), onde no segundo argumento do *for* passamos a condição de i<2, para respeitar os limites da matriz, onde o último argumento pós-incrementa a variável "i" em um a cada laço final de laço.

Na linha 10 capturamos a informação que o usuário digitou com base na posição da linha e fixamos a coluna em zero (0), pois nesta posição ficará reservado o nome para as categorias.

Em *scanf* utilizamos o metacaractere de captura de lista[], para que possa capturar um texto composto. Em toda lista devemos impor uma condição para que a captura de dados seja encerrada de alguma forma, o acento circunflexo dentro da lista nos impõe uma negação para o pulo de linha, ou seja, todo e qualquer caractere será capturado e adicionado à matriz cinema enquanto a tecla <ENTER> não for pressionada.

Porém, assim como ocorria com caracteres ASCII, ela está considerando espaços em branco e outras entradas como novos valores fazendo com que preencha esses dados na matriz. Para evitar isso é que foi inserido o espaço em branco antes da lista, para ignorar como novos dados de entrada, espaço ou tabulações, por exemplo.

Na linha 11 iniciamos outro laço dentro do laço de linha (linha 07). É neste laço que iremos "passear" pelas colunas.

Para entendermos melhor vamos "andar" pelo funcionamento do laço. Nós sabemos que a variável "i" vale inicialmente zero (i=0) e "fixamos" a coluna no primeiro laço, já que passamos a posição zero (0), então na primeira execução do primeiro laço seria o mesmo que cinema[0][0], entendemos com isso que pegamos a primeira coluna da primeira linha no início do primeiro laço, já que a variável "i" inicialmente vale zero (0), que no lugar de voltar para o laço da linha 07, ele inicia outro laço (linha 11), que vai da segunda coluna (j=1) até o final dela (j<4), preenchendo desta forma as colunas (j++).

Quando o laço encerra da (linha 11), ou seja, quando a variável "j" alcançar o valor quatro (4), o programa sai deste laço e retorna para o primeiro (linha 07), onde a variável "i" é finalmente incrementada, passando a valer um (1). Com isso estamos pegando o dado do usuário e guardando este dado na segunda linha da primeira coluna da tabela cinema[1][0] e antes de fazer uma nova verificação do *for* da linha 07, ele entra novamente no laço da linha 11, onde a variável "j" passa novamente a valer um (1), fazendo com que as colunas da segunda linha da tabela sejam preenchidas, pois quando "j" valer quatro (4), o laço se encerra da linha 11 e volta para o *for* da linha 07, onde a variável "i" passará a valer dois (2), tornando a condição falsa e desta forma encerrando o laço.

Na linha 17, colocamos um pulo de linha só para deixar mais organizado e das linhas 18 a 24 têm os mesmos procedimentos anteriormente citados, com a diferença de exibir o conteúdo da linha e suas colunas, ao invés de solicitar entrada do usuário.

Mas perceba que quando se encerra a exibição de todo conteúdo de uma linha, há um comando de pulo de linha (linha 23) justamente para se iniciar uma nova linha e esta ser preenchida pelos valores da coluna e assim por diante.

Um exemplo de saída será:

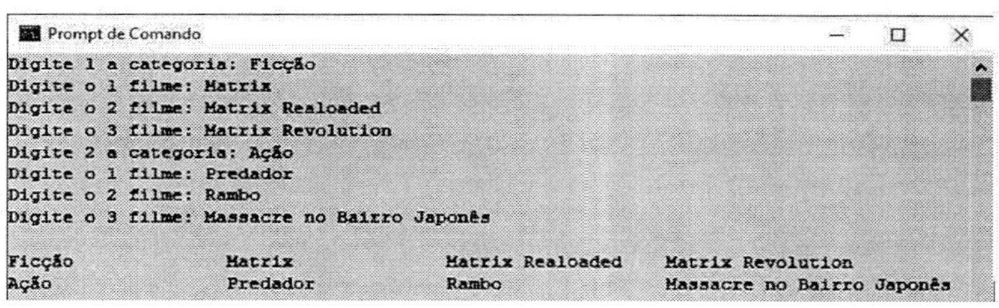

Os espaçamentos que aliaram a visualização foram feitos pela formatação de saída que fizemos em cada *printf* (%-20s), assunto já visto, onde preenche até vinte espaços vazios à direita do que sobrar em relação ao conteúdo do texto; ou seja, se a palavra Rambo nos ocupa cinco espaços, nos deixa 15 espaços vazios à direita.

Da mesma forma que ocorreu com o *array* unidimensional (vetores), há também a possibilidade de preenchimento do conteúdo da matriz, onde abriremos as chaves e dentro dessas, cada nova abertura e fechamento de chaves, será considerado o conteúdo de uma linha da matriz; as separações continuam sendo feitas por vírgulas. Se criamos uma matriz 3x3 de números, para preenchê-la poderíamos fazer:

```
float matriz[3][3]= {{5, 4, 77},{89, 3, 100},{45, 6, 17}};
```

Onde 5, 4, 77 são dados da primeira linha, 89, 3, 100 da segunda linha e 45, 6, 17 da terceira linha. São três valores por linha, porque possuímos três colunas e três linhas.
No nosso exemplo da matriz de texto foi preenchido desta forma:

```
char cinema[2][4][20]= {{"Ficção", "Matrix", "Matrix Reloaded", "Matrix Revolutions"},{"Ação", "Ram-
bo", "Conan", "Massacre no Bairro Japonês"}};
```

Matriz tridimensional

Uma matriz tridimensional é uma matriz que possui matrizes, simples assim.

Adotando o termo "profundidade" para matrizes, podemos dizer que uma matrix 4x2 possui profundidade de oito elementos, enquanto uma matriz tridimensional 2x2x3 possui uma profundidade de doze elementos, já que multiplicamos os números um pelo outro para obter a quantidade de espaços.

O exemplo citado (2x2x3) nos afirma que a matriz tridimensional possui duas matrizes de duas linhas e três colunas. Onde o primeiro nos informa a quantidade de matrizes, o segundo a quantidade de linhas e por fim a quantidade de colunas que cada uma terá.

Se eu quisesse separar realmente categoria de filmes, com base na matriz tridimensional que estamos utilizando de exemplo, o preenchimento poderia ser feito da seguinte forma:

```
01 char cinema[2][2][3][30]= {
02 {{"Ficção", "", ""},{"Ação", "", ""}},
03 {{"Matrix", "Matrix Reloaded", "Matrix Revolutions"},
04 {"Rambo", "Conan", "Massacre no Bairro Japonês"}}
05 };
```

Já que a matriz tridimensional (2x2x3) nos proporciona 12 posições e só precisamos de oito, isso fará com que quatro espaços da matriz não sejam preenchidos. Na linha 02 pegamos a primeira matriz e só preenchemos valores na primeira linha da primeira coluna de cada. Perceba que há o uso de chaves extras ({}), para representar a matriz. Já a segunda matriz, preenchemos todas as linhas e colunas, linhas 03 e 04. A representação ficará da seguinte forma:

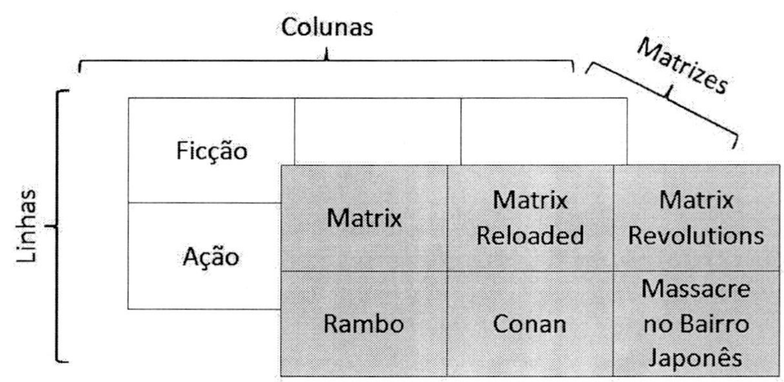

Para encerrar o assunto de matrizes vamos criar um exemplo de uma matriz tridimensional que armazena na primeira matriz os nomes dos usuários, enquanto na segunda matriz a idade e por fim a terceira matriz será responsável em armazenar o peso de cada um. Como exemplo, vou criar uma matriz tridimensional pequena 2x2, com três matrizes, ficando uma matriz 3x2x2.

```
#include <stdio.h>
#include <stdlib.h>
int main(void)
{
    char pacientes[3][2][2][30];
```

```
06    int i,j,z, n;
07    for(i=0; i<2; i++)
08    {
09          for(j=0; j<2; j++)
10          {
11                for(z=0; z<3; z++)
12                {
13                       switch(z)
14                       {
15                           case 0: //matriz para nome
16                               printf("Digite o nome:");
17                               scanf(" %[^\n]", pacientes[z][i][j]);
18                               break;
19
20                           case 1: //matriz para idade
21                               n = (10 +(rand()%90));
22                               sprintf(pacientes[z][i][j], "%d", n);
23                               break;
24
25                           case 2: //matriz para peso
26                               n = (30 +(rand()%150));
27                               sprintf(pacientes[z][i][j], "%d", n);
28                               break;
29                                   }
30                           }
31                      }
32                }
33                for(z=0; z<3; z++)
34                {
35                       printf("\n\n");
36                       z==0? printf("Matriz de Nomes") : z==1? printf("Matriz de Idade"):
printf("Matriz de peso");
37                       for(i=0; i<2; i++)
38                       {
39                              printf("\n");
40                              for(j=0; j<2; j++)
41                              {
42                                 printf("%-10s", pacientes[z][i][j]);
43                              }
44                       }
45                }
46       }
```

O contador do primeiro laço "i", linha07, vale zero (`0`), ao entrar no segundo laço, linha 09, o contador "j" vale zero (`0`) e finalmente ao entrar no terceiro laço, linha 11, o contador "z" vale também zero (`0`). Com isso pegamos a posição [`0`][`0`][`0`].

A posição em "z", representa a quantidade de matrizes; então na primeira matriz, que é na posição zero (0), linha 15, informamos para o usuário digitar o nome, linha 16, onde pegamos o valor digitado, linha 17, e armazenamos na matriz 0, na linha 0, da coluna 0, já que inicialmente todos valem zero (0). Ao se encerrar o laço da linha 11, o contador "z" passará a valer um (1), já que este contador será sempre incrementado a cada final de laço (z++) fazendo com que ele entre no segundo caso, linha 20, e que gere de forma randômica um valor para a variável "n", linha 21, e este valor, que representará a idade, será adicionado à matriz tridimensional do tipo char, linha 22, graças ao *sprintf*, que converte o dado numérico em um dado do tipo texto.

Em *sprintf* nós passamos uma variável do tipo texto que irá receber o dado convertido, a formatação original do dado a ser convertido e o dado em si. Neste caso idade será armazenado na segunda matriz, já que "z" está valendo um (1), e na posição zero para linha e coluna.

No novo laço fará com que "z", seja dois (2) onde será gerado, assim como idade, um valor randômico, linha 26 e armazenado este valor na terceira matriz na posição zero para linha e coluna, este dado gerado randomicamente será a representação do peso da pessoa. Então no caso teremos uma matriz só para armazenar os nomes, outra para as idades e outra para o peso.

Então no encerramento do laço Z, o preenchimento se deu nas posições:

[0][0][0]
[1][0][0]
[2][0][0]

Com isso é retornado para o laço anterior, linha 09, que ainda não foi encerrado, fazendo com que "j" passe a valer um (1), repetindo-se o sistema de preenchimento na matriz tridimensional agora nas posições:

[0][0][1]
[1][0][1]
[2][0][1]

Ao término do laço da linha 11, retorna novamente para o laço anterior, onde "j" é novamente incrementado, tornando-se a condição falsa, pois como sabemos j<2. Com isso retorna para o laço anterior, linha 07, onde o contador "i" é incrementado, passando a valer um (1) e ao entrar no segundo laço o "j" voltará a valer zero (0), fazendo com que entre no laço do contador "z", que inicialmente valerá zero. Então o preenchimento dos valores se dará nas posições:

[0][1][0]
[1][1][0]
[2][1][0]

Que ao retornar ao laço anterior, fará com que o contador "j" passe a valer um (1) e retorne ao laço "z". Preenchendo as seguintes posições:

[0][1][1]
[1][1][1]
[2][1][1]

Ao término, todos os laços serão encerrados e você perceberá que todas as posições, tanto de matrizes, como linhas e colunas foram preenchidas, cuja primeira matriz ficou responsável em armazenar os nomes, a segunda as idades e a terceira o peso de cada um que foi cadastrado.

Ou seja, ele pega cada matriz de forma individual e armazena o nome, a idade e o peso, respectivamente. Sempre na posição em que se encontram a linha e coluna da matriz no laço.

Já na exibição, iniciamos pela matriz que estamos manipulando, se for a primeira (0) exibirá a frase "Matriz Nomes", se for a segunda (1) exibirá a frase "Matriz Idade" e se esta também não for, exibirá então a frase "Matriz peso". Lembrando que a linha 36 é um operador ternário, semelhante ao *if/else*, que irá aparecer determinada frase com base no valor do contador "z".

Então "passeamos" pelas linhas e colunas, mas antes do início de cada cabeçalho é inserido dois pulos de linha (linha 35). E a cada linha impressa, inserimos o pulo de linha (linha 39), como uma forma de organizar a saída.

A saída do programa será semelhante a:

```
Digite o nome:Romero
Digite o nome:João
Digite o nome:Martha
Digite o nome:Antônia

Matriz de Nomes
Romero     João
Martha     Antônia

Matriz de Idade
83         37
33         56

Matriz de peso
166        145
115        72
```

Determinando o tamanho da matriz

Digamos que eu criei um código extenso e que o mesmo manipula diversos vetores e matrizes diferentes e que eu criei uma função só para ficar exibindo o conteúdo de vetores, por exemplo. Mas, por ter vetores de tamanhos diferentes no código, nunca terei a certeza de quantas posições um vetor possui para exibir todo o seu conteúdo. A solução seria criar um laço individual para cada vetor? Não necessariamente.

A função *sizeof* nos ajuda nesta questão, já que nos retorna o tamanho em *bytes,* normalmente associamos este valor a *size_t* que é usado para representar o tamanho dos objetos em *bytes* e, portanto, usado como tipo de retorno pelo operador *sizeof.*

Mas como você sabe, há as conversões implícitas, ou seja, você pode associar normalmente esse valor em *bytes* a uma variável do tipo inteiro. Ex:

```
01 #include <stdio.h>
02
03 int main(void)
04 {
05    int p, m[]= {2, 4, 6, 8, 10};
06    size_t tam;
07
08    tam = sizeof(m);
09    p = sizeof(m)/sizeof(m[0]);
10    printf("Tamanho em bytes do vetor: %d\n", tam);
11    printf("Quantidade de posições: %d", p);
12 }
```

Na linha 05 criamos duas variáveis inteiras, onde a segunda é um vetor já com os valores definidos. Na linha 06 criamos uma variável de nome "tam" do tipo *size_t.*

Pegamos o tamanho do vetor e atribuímos à variável "tam", linha 08. Já na linha 09 informo a quantidade de linhas do vetor, para isso, pego o tamanho total de *bytes* do mesmo e divido pela quantidade individual de *bytes* de cada elemento.

Na linha 10 exibo o total de *bytes* e na linha 11 a quantidade de posições.

Saída do programa será:

```
Tamanho em bytes do vetor: 20
Quantidade de posições: 5
```

Digamos que ocorra o mesmo com matrizes. Onde haja várias matrizes presentes no código, o ideal é criar uma estrutura universal que exiba o conteúdo delas, independente da quantidade de linhas e colunas, justamente para não ficar criando diversos laços duplos para atender a quantidade de linhas e colunas de cada matriz de forma individual, estendendo desnecessariamente o código.

Mais uma vez se faz o uso de *sizeof,* segue-se o exemplo.

```
#include <stdio.h>

int main(void)
{
        int l, c, lin, col;
        size_t TB, b;
        while(lin!=-1)
        {
                printf("Digite a quantidade de linhas ou -1 para sair: ");
                scanf("%d", &lin);
                if(lin==-1)
```

```
12              break;
13          printf("Digite a quantidade de colunas: ");
14          scanf("%d", &col);
15          int m[lin][col];
16
17          TB = sizeof(m);
18          b = sizeof(m[0][0]);
19          l = sizeof(m)/sizeof(m[0]);
20          c = TB/(b*l);
21
22          printf("\nTamanho total de bytes da matriz: %d\n", TB);
23          printf("Tamanho em bytes de cada elemento: %d\n", b);
24          printf("É uma matriz %dx%d.\n\n", l, c);
25      }
26 }
```

As linhas 05 e 06 são as criações das variáveis que iremos utilizar no código. Na linha 07 criamos um laço indefinido *while* que irá se encerrar quando a variável "lin" for -1. Na linha 09 pedimos a quantidade de linhas e capturamos esse dado para a variável "lin" (linha 10). Caso a variável "lin" seja igual a -1 (linha 11), o comando break é executado, linha 12; encerrando automaticamente o laço.

Também pedimos a quantidade de colunas (linha 13) e guardamos esse valor em "col" (linha 14), com isso criamos a matriz com os valores passados (linha 15).

Sem utilizar as variáveis "lin" e "col", suponhamos que não temos esses dados em "mãos", realizamos os cálculos (linhas 17 a 20).oNa linha 17 pegamos o total de *bytes* da matriz.

Na linha 18 pegamos a quantidade de *bytes* de um único elemento da matriz. Já na linha 19 pegamos o número de linhas, cálculo semelhante ao que fizemos com vetores, onde pegamos o total de *bytes* e dividimos pela quantidade de *bytes* associada à linha.

Por fim, para saber a quantidade de colunas pegamos o total de *bytes* e dividimos pela quantidade de *bytes* individual de cada elemento, multiplicado pela quantidade de linhas.

Das linhas 22 a 24 exibimos os resultados. A saída do programa será equivalente a essa:

```
Digite a quantidade de linhas ou -1 para sair: 67
Digite a quantidade de colunas: 9

Tamanho total de bytes da matriz: 2412
Tamanho em bytes de cada elemento: 4
É uma matriz 67x9.

Digite a quantidade de linhas ou -1 para sair: 16
Digite a quantidade de colunas: 38
```

```
Tamanho total de bytes da matriz: 2432
Tamanho em bytes de cada elemento: 4
É uma matriz 16x38.

Digite a quantidade de linhas ou -1 para sair: -1
```

Passagem por valor, por referência e ponteiro

As variáveis primitivas (*int, float, double* e *char* do tipo caractere) são passagens por valor, onde adquirimos uma cópia do conteúdo da variável e a manipulamos. Já passagem por referência, nós pegamos a referência da variável, que ao alterar o seu valor estará também alterando o conteúdo da variável original. Todo *array*, por exemplo, é considerado passagem de referência por questões de desempenho, ou seja, variáveis do tipo texto passam a sua referência ao invés de uma cópia de seu conteúdo.

Digamos que eu tenha uma função chamada dobro, onde possui dois parâmetros, no primeiro uma matriz de inteiros de nome "a" e no segundo uma variável do tipo inteiro de nome "b". Ao passar argumentos para essa função, o primeiro argumento funcionará como referência à matriz original, ou seja, ao alterar os dados desta variável estarei também alterando o valor do *array* original passado. Diferente do segundo argumento, onde pegamos simplesmente uma cópia do valor, por justamente ser uma variável do tipo primitivo.

```
#include <stdio.h>

void dobro(int a[5], int b);

int main(void)
{
   int n=22, m[]= {2, 4, 6, 8, 10};
   printf("Valor original de n:%d\n", n);
   printf("Valor original da matriz m:%d %d %d %d %d\n\n",
   m[0], m[1], m[2], m[3], m[4]);
   dobro(m, n);
   printf("Fora da função\n");
   printf("Valor original de n:%d\n", n);
   printf("Valor original da matriz m:%d %d %d %d %d ",
   m[0], m[1], m[2], m[3], m[4]);
}

void dobro(int a[5], int b)
{
   b *=2;
   printf("Dentro da função\n");
   printf("Valor modificado de n:%d\n", b);
   printf("Valor modificado de m:");
   for(int i=0; i<5; i++)
   {
      a[i]*=2;
      printf("%d ", a[i]);
```

```
28     }
29     printf("\n\n");
30 }
```

Na linha 03 foi criado o protótipo da função dobro, que não possui valor de retorno, já que o termo "void" (vazio) foi utilizado, além disso, possui dois parâmetros, uma matriz de inteiros e uma variável do tipo inteira, respectivamente.

Na linha 05 iniciamos a função principal (*main*). E na linha 07 criamos as variáveis, já com valores atribuídos.

Nas linhas 08 e 09 exibimos os dados originais destas variáveis, depois chamamos a função dobro (linha 11), após o chamado desta função exibimos novamente os dados das variáveis, para demonstrar a diferença ocorrida no *array* "m".

A função dobro, linhas 18 a 31, simplesmente dobra os valores resgatados, onde pegamos o segundo parâmetro e dobramos o seu valor (linha 20) e, logo em seguida, o exibimos (linha 22), da mesma forma ocorre com o primeiro parâmetro, por se tratar de um *array,* "passeamos" sobre o mesmo, multiplicando valor por valor através de um laço (linhas 24 a 28). Assim como o segundo parâmetro, atribuímos à multiplicação (linha 27) e. logo em seguida. exibimos (linha 28) sempre pegando a posição pelo contador "i", que inicia na posição zero(0) e a cada laço é incrementado em um (1).

A saída deste programa será:
Valor original de n:22
Valor original da matriz m:2 4 6 8 10
Dentro da função
Valor modificado de n:44
Valor modificado de m:4 8 12 16 20

Fora da função
Valor original de n:22
Valor original da matriz m:4 8 12 16 20

Definição de ponteiro
Uma variável pode conter um dado específico, enquanto um ponteiro pode conter o endereço de memória desta variável.

Mas pra que serve um ponteiro?
Um ponteiro serve para simular passagem por referência nas variáveis primitivas, listas vinculadas, filas, pilhas, árvores, etc.

Para definirmos um ponteiro, utilizamos asterisco após a definição do tipo de dado da variável, que chamamos de operador unário. Ex:

```
int* pont;
```

Neste caso "pont" pode guardar o endereço de memória para um objeto do tipo int. No ponteiro, além de variáveis, podem ser atribuídos dados como NULL (nada) que é uma constante simbólica definida no cabeçalho <stddef.h>, ou o número zero (`0`), que é o único número que o ponteiro pode ser atribuído diretamente, por ser equivalente a NULL, mas sempre dê preferência a atribuições do tipo NULL quando desejar atribuir nada ao mesmo.

Se eu desejar guardar o endereço de memória de uma variável, terei que utilizar o e comercial (&), como fazemos com *scanf*, pois como sabemos, o e comercial (&) aponta para o endereço de memória da variável no sistema e com ele podemos atribuir este endereço ao ponteiro. Ex:

```
01 #include <stdio.h>
02
03 int main(void)
04 {
05     int* pontX;
06     int x=22;
07     pontX = &x;
08     printf("%d\n", *pontX);
09     printf("%p\n", pontX);
10 }
```

Na linha 05 criamos um ponteiro, na linha 06 uma variável inteira já atribuindo o valor 22, na linha 07 pegamos o endereço de memória da variável "x" e guardamos este endereço em "pontX".

Na linha 08 exibimos o valor e na linha 09 exibimos o endereço de memória da variável. O %p é um especificador de formato usado se quisermos imprimir dados do tipo ponteiro, a saída é exibida em valor hexadecimal. A saída deste programa será:

```
22
000000000065FE14
```

Com isso, podemos fazer com que variáveis primitivas sofram também passagem por referência como ocorre com *arrays*, por exemplo. Como demonstração, vamos criar uma função que divide o valor original da variável do tipo primitivo. Ex:

```
#include <stdio.h>

void div(int*);
int main(void)
{
    int n;
    printf("Digite um número: ");
    scanf("%d", &n);
    div(&n);
    printf("Após a chamada da função: %d", n);
}
```

```
12
13 void div(int *pont)
14 {
15     *pont/=2;
16 }
```

Na linha 03 criei a função sem retorno (*void*) de nome "div", que possui como parâmetro um ponteiro. Na linha 04 temos a função principal *main*, onde na linha 06 criamos uma variável do tipo inteiro e pedimos que o usuário digite algo (linha 07), para que possamos guardar esse valor com o uso de *scanf* (linha 08).

Por se tratar de uma variável inteira a formatação passada no primeiro argumento é %d, enquanto o segundo argumento é a própria variável, sempre acompanhada do e comercial (&), para fazer referência à mesma, através do endereço de memória.

Após chamarmos a função (linha 09) e exibirmos novamente o conteúdo de "n" (linha 10), perceberás que a mesma sofreu alteração por referência e não por valor.

Na linha 17 temos a função propriamente dita, onde manipulamos o ponteiro, dividindo por dois (linha 19) o seu valor e não o endereço de memória, devido ao uso do asterisco, como explicado anteriormente.
A saída do programa será algo como:

```
Número original: 40
Após a chamada da função: 20
```

Mas digamos que desejamos que o ponteiro não referencie outro endereço de memória por acidente, poderemos utilizar o termo *const* também, antes do identificador da variável. Com isso, nós podemos alterar o valor da variável, por exemplo, mas não podemos atribuir um novo endereço de memória ao mesmo. Ex:

```
int* const pont = &n;
*pont = 17; // Permitido
pont = &y; // Negado
```

Supondo que "y" seja uma variável qualquer do tipo inteiro.

Criando estruturas

Estruturas são utilizadas como registros, pois nos permite ter variáveis de dados diferentes. O que diferem de matrizes, que são vários campos de um mesmo tipo de dado. Uma estrutura é composta pelo termo *struct*, acompanhado ou não de etiqueta, onde é utilizado o limitador de bloco ({}) para declarar as variáveis, sempre encerrando com ponto e vírgula (;). Há várias formas de declarar uma estrutura, por exemplo:

Com o uso de etiqueta

Podemos criar uma estrutura e "etiquetar" a mesma:

```
struct <etiqueta>{
       //declaração da variável 1;
       //declaração das variável n;
};
```

A etiqueta não pode ser considerada um identificador da estrutura, em que utilizamos este nome para manipulá--la, como ocorre comumente com variáveis, ela está mais para especificador de dados; algo parecido como um *int, double, char* ou *float*, por exemplo. Em outras palavras, utilizamos a etiqueta para referenciar a estrutura que criamos e desta criar identificadores para a mesma, leia-se variáveis. A mesma deverá ser ainda precedida pelo termo *struct*. Ex:

```
struct <etiqueta> <variável 1>[, <variável n>];
```

Também podemos colocar a etiqueta no final da estrutura se *typedef* for declarado antes *de struct*. Ex:

```
typedef struct{
        //declaração da variável 1;
        //declaração das variável n;
}<etiqueta>;
```

Da mesma forma que o anterior, devemos criar variáveis desta estrutura. Para isso utilizamos *struct* a sua etiqueta e, logo em seguida, o identificador da(s) variáve(l|is). Ex:

```
struct <etiqueta> <variável 1>[, <variável n>];
```

Nada impede que as variáveis declaradas sejam vetores (*arrays*).

Sem uso de etiqueta

Neste caso, só utilizamos o termo *struct* e abrimos o limitador de bloco ({}) para inserir as variáveis, e no fechamento do bloco colocamos então a(s) variável(l|is) que irá(ão) se utilizar da estrutura.

```
struct{
        //declaração da variável 1;
        //declaração das variável n;
}<identificadore(s)>;
```

Estruturas não podem ser comparadas usando operadores == e != , pois não são armazenados em *bytes* consecutivos de memória. Às vezes, existem "buracos" em uma estrutura, devido a determinados limites de memória.

Vamos criar um pequeno exemplo de estrutura:

```
struct{
      char nome[20];
      int idade;
      float sal;
} func_feminino, func_masculino;
```

Neste caso, criei uma estrutura que possui as variáveis: nome, idade e sal (que é abreviatura de salário). Logo em seguida, criei duas variáveis da estrutura: func_feminino e func_masculino.

Se eu desejar atribuir algum dado à estrutura, devo informar o identificador da estrutura, junto com o identificador da variável. Ex:

```
func_feminino.idade = 38;
```

Para exibir o conteúdo, segue-se a mesma lógica. Ex:

```
printf("Idade: %d", func_feminino.idade);
```

No caso irá exibir:

```
Idade: 38
```

Para armazenar entradas provindas do usuário é da mesma forma, contudo, no argumento de formatação de *scanf* devemos inserir a formatação de um ponteiro para que *scanf* entenda que a captura não será referente à estrutura, mas à variável que pertence a mesma, da seguinte forma:

```
scanf("%19s%*c", &func_masculino.nome);
scanf("%d%*c", &func_masculino.idade);
scanf("%f%*c", &func_masculino.sal);
```

Vamos a um exemplo:

```
#include <stdio.h>

int main(void)
{
        int n, i;
        printf("Digite a quantidade de registros: ");
        scanf("%d", &n);
        struct
        {
             char nome[20];
             int idade;
             float sal;
        } func[n];

        for(i=0; i<n; i++)
        {
             printf("Digite o nome do %d funcionário: ", i+1);
             scanf("%19s%*c", &func[i].nome);
             printf("Digite a idade do %d funcionário: ", i+1);
             scanf("%d%*c", &func[i].idade);
             printf("Digite o salário do %d funcionário: ", i+1);
             scanf("%f%*c", &func[i].sal);
        }

        while(i>=0)
```

```
26          {
27                 printf("Há %d funcionário(s) cadastrados.\n", n);
28                 printf("Digite o número do funcionário ou 0 para sair: ");
29                 scanf("%d", &i);
30                 --i;
31                 if(i>=0)
32                 {
33                        printf("Nome: %s\n", func[i].nome);
34                        printf("Idade: %d\n", func[i].idade);
35                        printf("Salário: %.2f\n", func[i].sal);
36                 }
37          }
38 }
```

Na linha 05 foram criadas duas variáveis inteiras. Onde perguntamos a quantidade de registros que o usuário deseja (linha 06) e guardado esse dado na variável "n", com o uso de *scanf* (linha 07).

Feito isso, criamos uma estrutura de registro, linhas 08 a 13, com três variáveis: nome, idade e sal (abreviatura de salário), que terá um *array* de nome "func", cujo tamanho é baseado no valor digitado pelo usuário, linha 13.

Criamos um laço, com base no valor "n" (linha 15), onde o contador "i" é utilizado para pegar cada registro.

Por fim, criamos um sistema simples de busca com o uso do *while* (linha 25 a 37), onde perguntamos o número do registro que deseja pesquisa ou zero (`0`) para sair, que será nossa entrada *flag*.

Lembrando que todo vetor ou matriz inicia na posição zero (`0`), então se o usuário deseja ver o primeiro registro, ele irá digitar o número um (1), por isso decrementamos a variável "i" para acessar a posição correta. Se a entrada for zero, então a variável "i" será -1, devido ao decremento. Não satisfazendo a condição do *if* (linha 31) e também saindo do laço.

A saída relativa a esse programa será:

```
Digite a quantidade de registros: 3
Digite o nome do 1 funcionário: Carlos
Digite a idade do 1 funcionário: 33
Digite o salário do 1 funcionário: 1400.17
Digite o nome do 2 funcionário: Amanda
Digite a idade do 2 funcionário: 28
Digite o salário do 2 funcionário: 1690.43
Digite o nome do 3 funcionário: Roberto
Digite a idade do 3 funcionário: 50
Digite o salário do 3 funcionário: 3200
Há 3 funcionário(s) cadastrados.
Digite o número do funcionário ou 0 para sair: 2
Nome: Amanda
Idade: 28
```

```
Salário: 1690.43
Há 3 funcionário(s) cadastrados.
Digite o número do funcionário ou 0 para sair: 0
```

Manipulando Arquivos

Antes de qualquer coisa, há três passos que precisam ser seguidos, seja para gravar dados em um arquivo ou simplesmente ler esses dados:

1. Devemos abrir o arquivo. Se o arquivo não existir, ele precisará ser criado.
2. Gravar | ler os dados de um arquivo.
3. Fechar o arquivo.

Primeiro passo - Abrir um arquivo

A função fopen( ) abre o arquivo. O mesmo possui a seguinte sintaxe:
FILE *<ponteiro de arquivo> = **fopen**("<arquivo>", "<modo>");

- <ponteiro de arquivo>: Responsável em guardar a referência do arquivo.
- <arquivo>: É o endereço do arquivo que será aberto/criado, junto com o seu tipo de extensão: .dll, .txt, .bin, etc.
- <modo>: Especifica o modo como esse arquivo será manipulado. A tabela abaixo lista os tipos de modos.

Modo	Significado
r	Abre o arquivo para a leitura começando no início do arquivo.
r+	Abre o arquivo para a leitura e a gravação, começando no início do arquivo.
w	Abre o arquivo para a gravação, começando no início do arquivo. Se o arquivo já existir, exclui o conteúdo existente. Se não existir, tenta criá-lo.
w+ ou x	Abre o arquivo para a gravação, começando no início do arquivo. Se o arquivo já existir, descarte o conteúdo atual.
a	Abre o arquivo somente para acrescentar (gravação), começando no final do conteúdo existente, se houver algum. Se não existir, tentará criá-lo.
a+	Abre o arquivo para gravação e leitura, começando no final do conteúdo existente, se houver algum. Se não existir, tentará criá-lo.
rb	Abra um arquivo existente para leitura no modo binário.
wb	Crie um arquivo para escrever no modo binário. Se o arquivo já existir, descarte o conteúdo atual.
ab	Abra ou crie um arquivo para gravação no final do arquivo no modo binário.
rb+	Abra um arquivo existente para atualização (leitura e gravação) no modo binário.
wb+	Crie um arquivo para atualização no modo binário. Se o arquivo já existir, descarte o conteúdo atual.
ab+	Abra ou crie um arquivo para atualização no modo binário, a escrita é feita no final do arquivo.

Ao consultar a tabela, você deve ter percebido que há alguns modos, que se o arquivo não existir, ele irá criá-lo. Esses tipos de modos, os programadores normalmente não fazem a verificação da abertura de arquivo. Enquanto há outros que são responsáveis em só abrir o arquivo; torna-se obrigatório fazer uma verificação, antes de manipular o mesmo.

Todo ponteiro para um arquivo será NULL, se a abertura do arquivo não for bem sucedida, a forma então de verificar se a abertura do arquivo foi bem sucedida é:

```
if (arq!= NULL)
{
        //linhas de comandos
}
```

Supondo que "arq" é o ponteiro de um arquivo.

Gravar os dados em um arquivo

Após o arquivo aberto poderemos gravar dados dentro dele. As seguintes funções de gravação são:

- ***fputc()*** Escreve um caractere em um arquivo. Sua sintaxe é:
  int fputc (<caractere ACSII>, <ponteiro de arquivo>);
  Há uma função equivalente, que é o *putc*, mas, normalmente, implementada como macro.

- ***fprintf()*** Efetua impressão formatada em um arquivo. É a que mais gosto de utilizar, pois com ela posso organizar melhor a entrada dos dados em um arquivo. Sua sintaxe é semelhante ao *sprintf*, mas, ao invés de ser uma variável como primeiro parâmetro, será o ponteiro do arquivo.
  Ex:
  int fprintf(<ponteiro de arquivo>, <formatação>, <variável(l/is>);
  As variáveis passadas serão responsáveis em armazenar esses dados no arquivo, com base na formatação que foi configurada.

- ***fwrite()*** Escreve tipos maiores que 1 *byte* em um arquivo.
  size_t fwrite(<conteúdo>, <quantidade de bytes>, <tamanho>, <ponteiro de arquivo>);
  <conteúdo>: O conteúdo em si que iremos inserir no arquivo.
  <quantidade de bytes>: Determina o tamanho em *bytes* de cada elemento.
  <tamanho>: O tamanho do conteúdo, normalmente utilizamos *sizeof* para se obter o tamanho do conteúdo.
  <ponteiro de arquivo>: A referência do arquivo.

Ler os dados em um arquivo

- ***fgetc()*** Lê um caractere de um arquivo
  int fgetc (<ponteiro de arquivo>);
  Há uma função equivalente, que é o *getc*, mas, normalmente implementada como macro.

- ***fscanf()*** Efetua leitura formatada em um arquivo. Semelhante ao *fprintf.*
  int fscanf(<ponteiro de arquivo>, <formatação>, &<variável(l/is>);
  A diferença básica para o *fprintf(),* além de gravar. É que *fscanf* precisa que todas as variáveis sejam passadas como o endereço de memória (&). E estas que irão capturar os dados provindos do arquivo.

- ***feof()*** Verifica o final de um arquivo, normalmente utilizado em conjunto com um laço *while.*
  feof(<ponteiro de arquivo>);

- ***fread()*** Lê tipos maiores que 1 *byte* de um arquivo. Semelhante ao *fwrite*.
  size_t fread(<dados>, <quantidade de bytes>, <tamanho>, <ponteiro de arquivo>);
  <dados>: Onde irá armazenar os dados resgatados, tem que ser equivalente ao <tamanho>.
  <quantidade de *bytes*>: Determina o tamanho em *bytes* de cada elemento.
  <tamanho>: O tamanho do conteúdo a ser resgatado.
  <ponteiro de arquivo>: A referência do arquivo.

- ***fseek()*** Posiciona o cursor em um registro de um arquivo.
  int fseek (<ponteiro de arquivo>, <deslocamento>, <local>);
  O deslocamento nos diz em que posição se encontrará em relação ao local. O local pode ser:

SEEK_SET	Começo do arquivo
SEEK_CUR	Posição atual do fluxo
SEEK_END	Fim do arquivo

Fechar o arquivo
O comando de fechar o arquivo é o *fclose(),* cujo argumento é o próprio ponteiro de arquivo. O mesmo deve ser utilizado sempre que finalizar as operações no arquivo, seja ao término de uma gravação ou leitura.

int fclose (<ponteiro de arquivo>);

Há ainda outras funções como:
Ftell()*:* Retorna o tamanho do arquivo, com base na posição do ponteiro de arquivo. É útil quando você quer saber se há algo escrito no arquivo. Normalmente utilizado com *fseek(),* já que podemos nos localizar no final do arquivo com esta função e com *ftell()* nos retorna o tamanho do arquivo. Ex:

```
fseek(arq, 0, SEEK_END);
printf("Tamanho do arquivo %d\n",ftell(arq));
```

Supondo que "arq" é o ponteiro de arquivo, que colocamos na posição zero (0) e no final do arquivo (SEEK_END). Ao pegarmos *ftell()* ele irá nos passar o total de *bytes* percorridos. Que no nosso exemplo foi colocado para imprimir a saída de *ftell()*.

Remove(): Exclui o arquivo de ponteiro passado. Seu retorno é zero (0), quando houver sucesso. Sintaxe:

Int remove(<ponteiro de arquivo>);

Vamos a um exemplo que englobe a maioria das funções. Um pequeno projeto de manipulação de um arquivo em bloco de notas.

```
#include <stdio.h>
#include <stdlib.h>
#include <ctype.h>
#include <string.h>

#define ARQ "cadastro.txt"
```

```

void gravaArq(void);
void lerArq(char[30]);

int main(void)
{
        int op;
        char nome[30];
        while(op!=4)
        {
            system("clear");
            printf("Escolha a opção\n"
            "[1] - Gravar dados.\n"
            "[2] - Listagem dos dados.\n"
            "[3] - Busca por nome\n"
            "[4] - Sair\n");
            scanf("%d", &op);
            if(op==1)
                  gravaArq();
            else if(op==2)
                  lerArq("0");
            else if(op==3)
            {
                  printf("Digite o nome ou uma letra:");
                  scanf("%s", &nome);
                  lerArq(nome);
            }
        }
}

void gravaArq(void)
{
     FILE *arq;
     char nome[30], op='s';
     int idade;
     float sal;
     unsigned long int tamanho=0;
     arq = fopen(ARQ, "a+");
     fseek(arq, 0, SEEK_END);
     tamanho = ftell(arq);
     if(tamanho>0)
           fprintf(arq, "\n");
     while(op=='s')
     {
           printf("Digite o nome do funcionário: ");
           scanf(" %29[^\n]", &nome);
```

```c
        printf("Digite a idade: ");
        scanf("%d", &idade);
        printf("Digite o seu salário: ");
        scanf("%f", &sal);
        fprintf(arq, "%s %d %.2f", nome, idade, sal);
        printf("Deseja realizar outro cadastro [S/N]? ");
        scanf(" %c", &op);
        op = tolower(op);
        if(op=='s')
            fprintf(arq, "\n");
    }
    fclose(arq);
}

void lerArq(char buscaNome[30])
{
    FILE *arq;
    char nome[30], compara[30]="", opcao, tidade[3], tsal[7];
    int idade, truefalse=0, tam=strlen(buscaNome), i, tamApagado;
    float sal;
    arq = fopen(ARQ, "r+");

    while(!feof(arq))
    {
        fscanf(arq," %[^0-9] %d %f", &nome, &idade, &sal);
        if(strcasecmp(buscaNome, "0")!=0)
        {
            strncpy(compara, nome, tam);
            if(strcasecmp(compara, buscaNome)==0)
            {
                printf("Nome: %s\nIdade: %d\nSalário: %.2f\n", nome, idade, sal);
                truefalse=1;
                printf("Deseja excluir [S/N]: ");
                scanf(" %c", &opcao);
                opcao = tolower(opcao);
                if(opcao=='s')
                {
                    sprintf(tidade, "%d", idade);
                    sprintf(tsal, "%.2f", sal);
                    tamApagado = strlen(nome) + strlen(tidade) + strlen(tsal) +5;
                    fseek(arq, -tamApagado, SEEK_CUR);
                    for(i=1; i<=tamApagado; i++)
                        fputc(' ', arq);
                    break;
                }
            }
```

```
99              }
100             else
101                     printf("Nome: %s\nIdade: %d\nSalário: %.2f\n", nome, idade, sal);
102             }
103     if(strcasecmp(buscaNome, "0")!=0 && truefalse==0)
104             printf("Nome não localizado.\n");
105     fclose(arq);
106     system("cmd /c pause");
107 }
```

A função *system* será utilizada, por isso que a biblioteca *stdlib.h* (linha 02) foi acrescentada, da mesma forma será utilizada a função de manipulação de caractere e, por isso, *ctype.h* (linha 03) foi acrescentada, como também textos e por isso *string.h* (linha 04) foi adicionado.

A função *system* da linha 106 faz com que o programa receba uma pequena pausa antes de continuar com o comando "cmd /c pause", se estivéssemos em um ambiente *Windows* ao invés de um ambiente simulado em *Shell*, um simples comando "pause" seria suficiente.

Importante

Lembre-se que você deve utilizar o escape pulo de linha (\n) para forçar a liberação do fluxo de saída. Do contrário, poderá ocorrer de sair a frase: "Pressione qualquer tecla para continuar... " e só depois aparecerá a listagem dos dados resgatados do arquivo de bloco de notas após pressionar qualquer tecla.

Isso é um tipo de erro que pode ocorrer em ambiente Linux, já que o *Windows* chama de forma implícita e não padronizada a liberação do fluxo de saída.

Foi criada uma constante "ARQ" para definir o nome do arquivo e a extensão que iremos trabalhar, no nosso caso um simples bloco de notas. E nas linhas 08 e 09 criamos protótipos de funções sem retorno (*void*), um responsável em gravar dados e outro em ler os dados, neste último acrescentamos um parâmetro para realizar uma busca por nome.

Da linha 11 a 35 temos os limitadores de bloco da função principal *main,* onde além de duas variáveis "op" e "nome", linhas 13 e 14, respectivamente. Criamos um laço de repetição (linha 15), onde só será encerrado se o conteúdo da variável "op" for igual a quatro (4), ou seja, enquanto essa opção não for escolhida, o laço irá se repetir indefinidamente, definindo então o valor quatro como a entrada *flag* de nosso laço.

Limpamos a tela (linha 17) e exibimos um leque de opções (linhas 18 a 22), onde capturamos a opção com *scanf* (linha 23). Lembrando que se não fosse um ambiente simulado em *shell* o comando cls é que seria utilizado ao invés de *clear.*

Se for uma busca pelo nome, pediremos que o usuário informe um nome, onde capturamos pela variável nome, linha 31, e o passaremos como argumento para a função *lerArq(),* se for para simplesmente listar o que está cadastrado no bloco de notas, passamos um caractere qualquer, por ser uma busca de nomes, achei mais conveniente passar o número zero(`0`), quando tiver nada a ser pesquisado (linha 27).

Verificamos o conteúdo da variável "op", com base em condições *if/else if* (linhas 24 a 33), poderíamos ter acrescentado um *else if* ainda, quando um número inválido fosse escolhido, para avisar que aquela opção não existe no leque de opções, mas o código passou de 100 linhas, então resolvi não adicionar mais nada, já está deveras extenso.

Na linha 37, temos a função *gravaArq(),* onde criamos um ponteiro de arquivo (linha 39) e algumas variáveis que serão utilizadas no código (linhasa 40 a 43).

Na linha 44 abrimos o arquivo, com a função *fopen(),* passando como argumento o nome do arquivo, no nosso caso a variável constante que criamos e o modo de gravação, que foi "a+", este tipo de modo, que particularmente gosto, nos permite criar o arquivo se ele não existir, ler ou continuar a gravação de onde parou.

Na linha 45, posicionamos o ponteiro no final do arquivo com *fseek,* em que passamos o ponteiro de arquivo à posição inicial zero (0) e afirmamos que vá até o final do arquivo (SEEK_END), e logo em seguida, utilizamos a função *ftell(),* linha 46, para podermos pegar o tamanho total deste arquivo, com base no ponteiro de arquivo.

Se o tamanho for maior do que zero (linha 47), nos indica que já existem dados gravados no arquivo e com isso adicionamos um pulo de linha com o uso da função *fprintf,* em que passamos como argumento o ponteiro de arquivo e o escape de pulo de linha. Isso é feito para cada registro ser gravado separadamente em cada linha, de forma individual. Só para ficar mais organizado.

Na linha 49 criamos um laço, que irá continuar enquanto a variável «op» for igual a «s». Lembre-se que este tipo de comparação é possível por ser uma variável do tipo caractere e não texto e, por isso, é utilizado aspas simples e não duplas, tome nota.

Da linha 51 a 56 pegamos as informações do registro que registraremos em nosso bloco de notas. Só para lembrar, o argumento (%29[^\n]) nos afirma que é para pegar todo conteúdo, devido ao uso de lista, menos o pulo de linha, para que possa ser feita a entrada, limitado a 29 caracteres, para deixarmos o último caractere de final de linha (\0) intacto. Lembre-se que se o texto for maior que a capacidade de armazenamento de uma variável do tipo texto, um erro será retornado e, por isso, que limitamos a entrada para 29 caracteres, já que a variável possui 30 caracteres. O espaço em branco antes de % é para desconsiderar espaços em branco, tabulações ou outro tipo de dado como uma nova entrada.

Na linha 57 gravamos os dados capturados, passando como argumento o ponteiro de arquivo, a formatação de como serão registradas a entrada e as variáveis que possuem os dados. E na linha seguinte, pergunto se o usuário deseja realizar um novo cadastro, onde capturamos a entrada (linha 59) e tornamos esse caractere em minúsculo, se não estiver com o uso da função *tolower* (linha 60). E verificamos se a opção é "s" (linha 61) se for, adicionamos um pulo de linha ao arquivo, antes de iniciar um novo cadastro. Fechando o arquivo na linha 64.

Temos agora a função *lerArq(),* que é bem mais complexa, pois inclui listagem de dados cadastrados, consulta e exclusão. Declaramos as variáveis nas linhas 69 a 72, algumas como a variável compara tem atribuição vazia, pois o seu valor lixo poderia atrapalhar a comparação que iremos fazer com a variável no código. E "truefalse" é uma variável que precisei atribuir o valor zero (0), pois este será útil na verificação durante o código.

Abrimos para leitura e gravação "r+", começando no início do arquivo (linha 73) e "passeamos" pelos dados do arquivo com *while* (linha 75), enquanto não for final de arquivo *!feof(arq)*.

Pegamos os dados de forma formatada com *fscanf*, por usar listagem, lembre-se que ela pega tudo, a linha toda, se desejar. Neste caso pedi que tudo fosse capturado e posto na variável nome, enquanto não for encontrado nenhum número %[^0-9]. O restante atribui as variáveis idade e sal (salário) com base nos seus formatos presentes no segundo argumento de *fscanf*, já que o primeiro é o próprio ponteiro do arquivo.

Na linha 78 verifico que é uma busca específica ou não, se o argumento *buscanome* for diferente de "`0`". Lembre-se não dá para comparar textos diretamente, como variáveis do tipo caractere, por isso a função *strcmpi()* foi utilizada onde compara dois textos, se forem iguais o retorno será zero (`0`), ou seja, se buscanome for diferente do texto "`0`", então seu retorno será diferente de zero (`0`).

Neste caso pego a variável de nome compara e atribuo a ela o conteúdo da variável nome, que foi resgatado do registro, com base no tamanho do texto digitado pelo usuário (tam).

Não sei se percebeu, mas, "tam" é o tamanho do texto a ser pesquisado (linha 71), onde tam = strlen(buscaNome), linha 71.

Pois o usuário pode digitar Carlos e tentar comparar com Carlos Augusto, Carlos Afonso, Carlos Lisboa, etc. E sempre será retornado como falso, já que Carlos é diferente de Carlos Afonso, por exemplo. Por isso que não pegamos todo conteúdo do nome, mas até a parte que o usuário digitou, ou seja, se o usuário digitou "c" na busca ele deve pegar o primeiro caractere de cada nome contido no registro e não o nome completo e comparar. Se for um único caractere, como citei como exemplo, então a variável "tam" será um (1), então *strncpy* (linha 80) irá atribuir o primeiro caractere de nome resgatado do arquivo à variável compara.

E o *if* na linha 81 irá comparar o buscaNome que o usuário havia digitado com a parte do nome que pegamos do arquivo de mesmo tamanho. Se forem idênticos o retorno será zero (`0`). Com isso exibimos o conteúdo encontrado (linha 83), alteramos o conteúdo de *truefalse* para um (1). E ainda perguntamos se deseja excluir esse primeiro registro encontrado, linhas 85 e 86.

Onde pegamos a opção (linha 86), tornamos o caractere resgatado em minúsculo (linha 87) e realizamos a comparação. Se o conteúdo da variável "opcao" for "s" então vamos pegar e converter idade e salário para textos e colocar em variáveis do tipo texto (linhas 90 e 91) e na linha 92 vemos quantos caracteres têm ao total para ser apagado só e exatamente só aquele registro, acrescentando espaço em branco e escape de pulo de linha ao cálculo.

Com isso pegamos a posição atual (SEEK_CUR), linha 93, e retornamos exatamente na posição do registro (-tamApagado), para criarmos um laço *for* e sair "apagando" caractere por caractere. Na realidade substituímos por espaços em branco, tentei até utilizar o caractere *del* da tabela ASCII, mas não obtive resultado. Enfim não há como criar um sistema de banco de dados eficiente utilizando um simples bloco de notas para armazenamento de dados.

E na linha 96 interrompo o laço mais externo com *break* e o *else* na linha 100 é quando a comparação do texto "0" for zero (`0`), então neste caso é só listar todos registros presentes no bloco de notas (linha 101).

Ao terminar o laço while com o seu limitador de bloco na linha 102. Verificamos que a varredura pelos registros do bloco de notas foi uma busca específica ou não; para isso é que verificamos se "buscanome" é diferente de "`0`", linha 103, que passamos quando só queremos a listagem completa (linha 27), se for, então verificamos também se *truefalse* não foi alterado, ou seja, se ainda vale zero (0), o que nos indica que nada foi encontrado na busca e por isso avisamos ao usuário (linha 104).

Por fim, fechamos o arquivo (linha 105), como fizemos com a gravação de dados (linha 64). E damos uma pausa (linha 106) para que o comando de limpeza de tela não seja ativado em *main* (linha 17), antes de o usuário ver os resultados.

A saída do programa será algo relativo a:

```
Escolha a opção
[1] - Gravar dados.
[2] - Listagem dos dados.
[3] - Busca por nome
[4] - Sair
1
Digite o nome do funcionário: Antonio Barroso
Digite a idade: 32
Digite o seu salário: 1960
Deseja realizar outro cadastro [S/N]? s
Digite o nome do funcionário: Carla Boris
Digite a idade: 28
Digite o seu salário: 2200
Deseja realizar outro cadastro [S/N]? s
Digite o nome do funcionário: Sergio Gonzaga
Digite a idade: 50
Digite o seu salário: 5000
Deseja realizar outro cadastro [S/N]? s
Digite o nome do funcionário: Clara Amorim
Digite a idade: 44
Digite o seu salário: 4400
Deseja realizar outro cadastro [S/N]? n
```

Já que tem dois cadastros que começam com a letra "c", se eu simplesmente realizar uma busca por essa letra serão exibidos dois cadastros e em cada um deles será perguntado se deseja excluir ou não.

```
[1] - Gravar dados.
[2] - Listagem dos dados.
[3] - Busca por nome
[4] - Sair
3
Digite um nome ou uma letra: c
Nome: Carla Boris
Idade: 28
```

```
Salário: 2200.00
Deseja excluir [S/N]: n
Nome: Clara Amorim
Idade: 44
Salário: 4400.00
Deseja excluir [S/N]: s
Pressione qualquer tecla para continuar. . .
```

Ao abrir o bloco de notas, será mostrado
Antônio Barroso 32 1960.00
Carla Boris 28 2200.00
Sergio Gonzaga 50 5000.00

O que destaquei com fundo cinza são os caracteres de espaço em branco que foram gravados em cima, no antigo registro, como uma forma de apagar o mesmo, incluindo o seu pulo de linha.

Diretivas de compilação e criando uma biblioteca

Diretivas de compilação são executadas pelo compilador antes da execução do processo de compilação propriamente dito. Durante o percurso do livro vimos algumas como #include e #define. Vamos ver com um pouco mais de atenção essas diretivas de compilação.

#include

Como já vimos, serve para incluir as bibliotecas padrões da linguagem, como também aquelas bibliotecas que criamos. Ex:

```
#include <stdio.h>
```

Qualquer biblioteca padrão é declarada entre sinais (<>). Já, bibliotecas locais, ao invés de sinais, utilizamos aspas duplas. Ex:

```
#include "MinhaBiblioteca.h"
```

Com isso, estamos dizendo que o arquivo está incluído na mesma pasta onde se encontra o nosso arquivo principal.

#define

Como vimos, nos serve para declarar variáveis constantes. Ex:

```
#define LIMITE 50;
```

Onde o exemplo acima criou uma variável constante de nome LIMITE e que possui um valor 50, que nunca poderá ser alterado já que não aceita uma nova atribuição, só podendo ser acessado o seu dado e muito menos convertido o mesmo para outro tipo de dado.

Mas, *define* nos possibilita também criar funções, mais comumente chamadas de macro cuja sintaxe é:

```
#define <nome do macro>(<parâmetros>) (<definição de substituição>);
```

Digamos que eu queira criar uma macro que calcula o cubo de um número e outra que nos informa a área do círculo, com base no valor do raio. Ficaria da seguinte forma:

```
01 #include <stdio.h>
02
03 #define cubo(a) (a*a*a)
04 #define ac(r) (r*r*3.14)
05
06 int main()
07 {
08      int n, rn;
09      float r, rr;
10      printf("Digite um número: ");
11      scanf("%d", &n);
12      rn = cubo(n);
13      printf("O cubo deste número é: %d\n", rn);
14      printf("Digite o raio da circunferência: ");
15      scanf("%f", &r);
16      rr = ac(r);
17      printf("A área dessa circunferência é: %.2f", rr);
18 }
```

A primeira de nome "cubo" (linha 03) tem um único parâmetro e a sua definição de substituição é pegar o argumento passado e multiplicar por ele mesmo três vezes, o que irá nos retornar o cubo.

Já o segundo de nome "ac", também só criei com um único parâmetro que calcula a área do círculo, ou seja, r^2x π. Criamos uma estrutura simples em *main*, para pegar um número e armazenar em "n" (linha 11), onde utilizamos a macro do cubo, linha 12, cujo seu retorno é atribuído a "rn" e logo em seguida exibido (linha 13).

Também pedimos um valor de um raio (linha 14), que armazenamos esse dado na variável "r" (linha 15), logo em seguida utilizamos a macro "ac" (linha 16), passando como argumento o valor de "r" e o retorno do cálculo de "ac" será atribuído à variável "rr", que por fim exibimos o conteúdo de "rr" (linha 17).

A saída desse programa será algo como:

```
Digite um número: 3
O cubo deste número é: 27
Digite o raio da circunferência: 5
A área dessa circunferência é: 78.50
```

O *define* também poderá ser utilizado como uma diretiva de condição com #ifdef, que veremos em maiores detalhes quando criarmos uma biblioteca.

#undef
Apaga uma definição criada, seja uma constante ou macro, por exemplo, com base no nome passado. Ex:

```
#define ac(r)  (r*r*3.14)
#undef ac
```

No caso acima foi criado uma macro de nome "ac" e, logo em seguida, foi apagada com o uso de #undef, o que faz com que "ac" não esteja mais disponível.

#if, #elif, #else e #endif
São diretivas de condições, relativos a *if, else if, else*, enquanto o último representa o fechamento do *if*, respectivamente. Elas servem para controlar a compilação de partes do código ou de um arquivo completo, dependendo de como você os maneja.

Toda diretiva *#if* deve ser fechada por um *#endif,* podendo ter quantos *else if (#elif)* forem necessários e um único *else (#else)* que deverá ser posto no final. Da mesma forma que funciona a estrutura *if/else if/else* que vimos anteriormente.

Poderíamos utilizá-las para definir qual comando de *system* utilizaríamos para pausar o código com base no sistema operacional, por exemplo.

```
#include <stdio.h>
#include <stdlib.h>

int main(void)
{
    printf("Olá mundo\n");

#if defined _WIN32
    system("pause");
#else
    system("cmd /c pause");
#endif
}
```

#ifndef
Serve para executar o código se o símbolo não tiver sido definido. É utilizado juntamente com #define para definição. E é com ele que definimos o nome da biblioteca. Ex

```
#ifndef <NOME_H>
#define <NOME_H>
//Comandos
#endif
```

No exemplo acima estamos verificando se NOME_H não foi definido, caso afirmativo, ele é definido com o uso de #define e dentro de #ifndef e #endif colocamos a estrutura da biblioteca que estamos criando.

Também poderíamos ter feito da seguinte forma:

```
01 #if !defined(NOME_H)
02 #define NOME_H
03       //Comandos
04 #endif
```

O termo *defined* significa definido, mas com o uso da exclamação, que é de negação, nos apresenta o comando como não definido. Desta forma a linha 01 seria basicamente se não estiver definido NOME_H, defina-o (linha 02).

O termo NOME_H nos afirma que estamos criando uma biblioteca nome.h, que seu arquivo de extensão h (.h) deverá ser salvo com o mesmo nome, ou seja, *nome.h*. Como deve ter percebido damos um nome à biblioteca e, logo em seguida, utilizamos sublinhado ou traço baixo (_), como alguns falam, para se referir a sua extensão.

Com base nisso vamos criar um pequeno exemplo com o uso de diretivas de compilação ou compilação condicional, como alguns livros citam, para evitar várias inclusões do mesmo arquivo de cabeçalho e desta forma evitar erros. Ela só é utilizada para este tipo de propósito, poderíamos ter criado sem o uso da diretiva, porém, ela é altamente recomendada, já que serve para dizer ao compilador que o cabeçalho só deve ser carregado uma única vez, desta forma, evitando confrontos de inclusão.

Lembra que temos uma função que copia um texto para outro, o *strcyp*(). E se criarmos uma função semelhante que inverte o texto? Poderíamos fazer da seguinte forma:

```
01 #ifndef MBIB_H
02 #define MBIB_H
03 #include <string.h>
04 void inverte(char textoOrig[], char textoInvert[])
05 {
06       int i1, i2=0;
07       int tam=strlen(textoOrig);
08       for(i1=tam-1; i1>=0; i1--)
09       {
10             textoInvert[i2]=textoOrig[i1];
11             ++i2;
12       }
13 }
14 #endif
```

Definimos o nome da nossa biblioteca de MBIB (minha biblioteca), se definimos desta forma devemos então salvar o arquivo com mesmo nome: MBIB.h

Incluímos a biblioteca *string.h* (linha 03), por usarmos a função *strlen()*. Podemos incluir qualquer biblioteca em nossa biblioteca, logicamente se precisarmos.

Criamos uma função sem retorno (*void*) que possui dois parâmetros. Note que neste caso é possível criar variáveis do tipo texto sem a necessidade de determinar o seu tamanho, o que é muito útil, já que não sabemos quais tamanhos de texto iremos lidar com a função.

Na linha 06 criamos variáveis inteiras e na linha 07 guardamos o tamanho do texto original na variável "tam", com isso dizemos que "i1" vale tam-1, para não pegarmos o caractere nulo, que toda variável do tipo texto possui. E dizemos que o laço irá continuar enquanto "i1" for maior ou igual a zero (`0`), sempre decrementando em um (1) a cada final de laço.

A variável "i2" foi declarada como zero (`0`). O que faz com que a variável "textoInvert" pegue a sua primeira posição e atribua o caractere que tiver na variável "textoOrig" de sua última posição, já que "i1" é o número total de caracteres menos um (tam-1), não incluir o caractere nulo, o que é recomendado.

E a cada interação "i2" vai subindo de valor e "i1" vai decrescendo, pegando desta forma as posições invertidas. E finalizamos o #ifndef com #endif na linha 14.

Agora vamos a um exemplo, utilizando esta função que acabamos de criar em nossa biblioteca teste de nome MBIB.

```
01 #include <stdio.h>
02 #include "mbib.h"
03
04 int main(void)
05 {
06     char texto[50], novoTexto[50]="";
07     printf("Digite uma palavra ou frase: ");
08     scanf(" %49[^\n]", &texto);
09     inverte(texto, novoTexto);
10     printf("%s", novoTexto);
11 }
```

O uso de aspas ao invés dos sinais (<>) é porque nossa biblioteca não faz parte da biblioteca padrão de C. Basicamente criamos duas variáveis de mesmo tamanho, onde uma será responsável em guardar o texto provindo do usuário e a outra guardar o inverso deste texto, que ocorre ao chamarmos a função inverte (linha 09), pertencente à biblioteca *mbib.h* (linha 02) que criamos.

Por variáveis do tipo texto serem *arrays*, elas funcionam como passagem por referência, ou seja, ao alterar a referência da variável "novoTexto", estarei, na realidade, alterando-a. Na linha 10 exibe-se o resultado.

A saída será algo como:

```
Digite uma palavra ou frase: Rato Roeu a Roupa do Rei de Roma
amoR ed ieR od apuoR a ueoR otaR
```

Capítulo 4

Trabalhando com a linguagem C++

Deste tópico em diante deixaremos de lado a *Cygwin* e começaremos a criar os exemplos pelo Visual Studio, por isso, recomendo que leia o apêndice B, se ainda não o fez, para mais detalhes de como criar e depurar seus exemplos pela IDE. Detalhes mais aprofundados de como trabalhar com interface gráfica ou bando de dados pela IDE, será tratado em um tópico em separado.

A diferença mais marcante entre C e C++ está em sua estrutura de programação, enquanto C é um PE (programa estruturado) o C++ consiste em uma estrutura POO (programa orientado a objeto), que explicamos logo de início neste livro. Por isso que veremos assuntos complementares como classe, encapsulamento, sobrecarga de operador, herança, polimorfismo e obviamente as bibliotecas próprias da linguagem.

O C++ ele herda a estrutura de C e, por isso, você poderá utilizar as particularidades de ambas as linguagens C e C++ em um mesmo código, se assim desejar. Normalmente com o uso de C++ alteramos a chamada das bibliotecas em C que agora deve ser precedida de "c" e sem o uso de sua extensão. Eis alguns exemplos de como ficaria:

C	Conversão	C++
<ctype.h>	Tornar-se	<cctype>
<math.h>	Tornar-se	<cmath>
<stdlib.h>	Tornar-se	<cstdlib>
<stdio.h>	Tornar-se	<cstdio>
<string.h>	Tornar-se	<cstring>

Porém, até o presente momento, o Visual Studio (ferramenta que estamos utilizando) aceita ambos os critérios, ou seja, com ou sem conversão.

A conversão em C ++ nos garante que sejam criados grupos lógicos, conforme explicado no site da Microsoft, os grupos lógicos servem "...para evitar colisões de nomes que podem ocorrer especialmente quando sua base de código inclui várias bibliotecas".

Contudo, mesmo com o uso da conversão, talvez haja alguma poluição no espaço global, ao utilizar as bibliotecas em C, conforme explicado no site da https://gcc.gnu.org/, por isso, acredito que o Visual Studio ainda se permita incluir a antiga biblioteca em C. Já que cabeçalhos convertidos com o intuito de se criar grupos lógicos ainda se permitem poluir de alguma forma o espaço global.

Já com esses detalhes, podemos afirmar de forma alguma que esse tipo de conversão deve ser considerado uma simples estética de código, como alguns erroneamente chegam a afirmar, já que segundo o site de https://gcc.gnu.org/, no tópico de "The C Headers and namespace std", que nos diz que:

> O uso de cabeçalhos no estilo C ++ é recomendado, pois os nomes de ligação C podem ser desambiguados por qualificação explícita, como por std::abort. Além disso, os cabeçalhos no estilo C ++ podem usar sobrecarga de funções para fornecer uma interface mais simples para determinadas famílias de funções C.

Sobrecarga de funções veremos mais à frente. Agora vamos a um pequeno exemplo utilizando-se da biblioteca C em C++, com a conversão cabeçalhos em C ++. Onde ao mesmo tempo citarei algumas particularidades que o Visual Studio nos traz.

```
01 #include <cstdio>
02 int main()
03 {
04       int n, i;
05       printf_s("Digite um número para a tabuada:");
06       scanf_s("%d", &n);
07               for (i = 1; i <= 10; i++)
08                       printf_s("%d x %d = %d\n", n, i, n * i);
09 }
```

A saída deste programa será algo como:

```
Digite um número para a tabuada:8
8 x 1 = 8
8 x 2 = 16
8 x 3 = 24
8 x 4 = 32
8 x 5 = 40
8 x 6 = 48
8 x 7 = 56
8 x 8 = 64
8 x 9 = 72
8 x 10 = 80
```

Em *main* (linha 02) não é mais obrigado passar void como argumento, pois em C++ o compilador interpretará que você passou um parâmetro nulo para *main*, quando nada for passado.

Apesar de o Visual Studio, ferramenta que estamos trabalhando, que se encontra no Apêndice B deste livro, aceitar o *printf()*, não é mais recomendável. Diferentemente do *scanf()*, que nem é mais aceito, leia-se obsoleto.

O sufixo "s" quer dizer *secure* (seguro) e foi criado para corrigir algumas falhas de segurança. A Microsoft implementou suas próprias versões de *printf_s* e *scanf_s* antes da publicação de certificação do padrão C11 e começou a emitir avisos para *scanf*. Alertando que se encontrava obsoleto e isso já tem algum tempo.

O *scanf_s*, por exemplo, possui um parâmetro adicional que pode ser opcional o seu uso ou não. Já que para variáveis do tipo texto, o mesmo exige que você especifique o tamanho de buffer, exemplo:

```
char nome[30];
scanf_s("%29s", nome, (unsigned)_countof(nome));
```

O _countof é uma macro, segundo o site da Microsoft, "que computa o número de elementos em uma matriz alocada estaticamente". E o seu valor de retorno é *size_t*, ou seja, ele retorna em *bytes* o tamanho da variável.

Para utilizá-lo precisamos importar a biblioteca <cstdlib>.

Se este argumento não for passado para *scanf_s*, uma exceção será lançada durante a execução do programa.

O C++ possui sua própria biblioteca de entrada e saída de informações. A classe *ios* é a principal classe na hierarquia de classes de fluxo. É a classe base para as classes *istream, ostream e streambuf.*

A *istream* é usada para entrada e *ostream* para a saída, que servem de base para a classe *iostream*. E será esta que iremos trabalhar preferencialmente de agora em diante.

```
01 #include <iostream>
02 int main()
03 {
04      int n, i;
05      std::cout<<"Digite um número para a tabuada:";
06      std::cin>>n;
07      for (i = 1; i <= 10; i++)
08              std::cout <<n<<"x"<<i<<"="<<(n * i)<<std::endl;
09 }
```

Na linha 02 usamos o mesmo *main*, que é responsável pela execução do programa, sendo que desta vez não é obrigado mais passar *void* como argumento, pois em C++ o compilador interpretará que você passou um parâmetro nulo para *main*, quando nada for passado.

Na linha 04 criamos variáveis, da mesma forma que fazemos em C. Já na linha 05 utilizamos o std (abreviatura de standard – padrão), que por definição, na linguagem C++ serve para acessar os métodos da biblioteca padrão.

Lembre-se, funções passam a ser chamadas de métodos por pertencer a uma classe, apesar de ser simples não é tão simples em C++, diferente em Java que podemos afirmar com segurança que manipulamos unicamente métodos. A biblioteca *iostream* é nada mais do que uma classe que possui métodos de entrada e saída de dados herdados de outras classes.

O *cout*, como deve ter percebido, seria o nosso *printf* em C. O fluxo direcionado a *cout* (<<) simboliza que o texto está sendo passado como argumento.

Já o *cin*, linha 06, ele captura a entrada de teclado provinda do usuário e atribui o dado a variável "n". Por isso que o fluxo (>>) está apontado para a variável "n". Não é algo difícil de entender, certo? E você não precisa especificar mais o formato, como fazíamos anteriormente em C, ou acrescentar o endereço de memória da variável (&), para que a captura seja feita de forma correta.

Criamos um laço da mesma forma em C. Onde em *cout* (linha 08) atribuímos passo a passo cada conteúdo ao método de saída *cout*. Separando variáveis e texto pelo uso do fluxo de saída (<<). O primeiro atribuímos o conteúdo da variável "n", depois o caractere "x", depois o conteúdo da variável "i", o caractere igual "=", depois a multiplicação do contador "i" pelo conteúdo de "n", que resultará em um valor qualquer. Por fim, utilizamos *std :: endl*, que é uma abreviação para *end line* ou fim de linha, que sempre gera uma nova linha, mas, o mais importante é que ela libera o fluxo de saída. É como se fosse um substituto do escape pulo de linha (\n), que fazia função semelhante em C.

O Windows, normalmente gera um fluxo implícito de saída, que não é considerado um comportamento padrão. Por isso, que em outros sistemas operacionais um simples comando como este:

```
std::cout<<"Olá mundo!";
```

corre o risco de que nada seja impresso. Por isso que *endl* é recomendado, pois força a liberação do buffer de saída.

A saída deste programa será algo relativo a:

```
Digite um número para a tabuada:8
8 x 1 = 8
8 x 2 = 16
8 x 3 = 24
8 x 4 = 32
8 x 5 = 40
8 x 6 = 48
8 x 7 = 56
8 x 8 = 64
8 x 9 = 72
8 x 10 = 80
```

"Removendo" STD

Como você deve ter percebido o uso de *std* (abreviatura de *standard* – padrão) é constante, para toda vez que você for exibir algum conteúdo ou captura de algum dado provindo do teclado. Mas há uma forma de eliminar esta repetição, com o comando using. Ex:

```
#include <iostream>
using std::cout;
using std::cin;

int main()
{
    int n, i;
    cout<<"Digite um número para a tabuada:";
    cin>>n;
    for (i = 1; i <= 10; i++)
        cout << n << "x" << i << "=" <<(n * i) << std::endl;
}
```

Com isso eliminamos o uso de *std*, para *cout* e *cin*, já que associamos *std* a *cout* e *cin*, mas não para *endl* e por isso o uso de *std* ainda é obrigatório.

Em pequenos exercícios, como este, *using* chega a ser desnecessário e em conteúdos maiores a listagem pode vir a ser demasiadamente grande. Então não chega a ser considerado uma boa solução.

Contudo, há uma forma mais simplificada de se resolver a questão, pegando diretamente o *namespace std* da biblioteca *iostream*. Ex:

```
#include <iostream>
using namespace std;

int main()
{
     int n, i;
     cout<<"Digite um número para a tabuada:";
     cin>>n;
     for (i = 1; i <= 10; i++)
          cout << n << "x" << i << "=" <<(n * i) << endl;
}
```

Desta forma pode-se acessar os objetos, métodos e variáveis que houver, contidos neste *namespace* diretamente, sem necessidade de referenciar o nome std.

Mas o que seria especificamente um *namespace*? O *namespace* (espaço de nomes) é um ambiente de nomes que são utilizados para evitar conflitos de escopo, ou seja, quando o escopo de uma variável "penetra" no escopo de outra variável de mesmo nome, por exemplo.

Já que *namespaces* são ambientes de nomes onde eu posso definir variáveis do próprio ambiente, assim como métodos e objetos. Ex:

```
01 #include <iostream>
02
03 using namespace std;
04
05 int n = 10;
06 namespace ex
07 {
08      int n = 20;
09 }
10
11 int main()
12 {
13      cout<<"Valor de n:"<< n<<". Outro valor de n:"<<ex::n<< std::endl;;
14 }
```

No nosso exemplo temos duas variáveis globais "n" de mesmo nome, porém com o uso do ambiente de nome (*namespace*) as duas podem existir sem nenhum problema. Mas ao acessar o conteúdo da variável "n" em *namespace*, devo me referir ao nome dado ao espaço de nomes ex::n; como ocorreu na linha 13.

O **using namespace**, como vimos, se refere a um conjunto de nomes de *std;* alguns programadores consideram o seu uso uma prática ruim, pois você pode criar uma biblioteca, em algum dado momento, que poderá ter, mesmo que remota, uma definição de nomes que acidentalmente é do mesmo tipo da biblioteca padrão da linguagem, ao qual você incluiu em seu código, o que poderia gerar conflito, leia-se erro, ao utilizar o termo **using namespace** para sua biblioteca que acidentalmente referencie algo proveniente da própria linguagem C/C++.

Só estou citando esta questão por algumas pessoas tratar deste problema em alguns fóruns como algo perigoso.

Na minha visão, para isso ocorrer com *namespace std*, que estamos utilizando, só se eu forçar ao erro, simples assim. Ou seja, criar um *namespace std* e acabar por incluir alguma variável, método ou objeto de nome idêntico ao de alguma biblioteca padrão de C++. Ex:

```
namespace std
{
        int cout;
}
```

Agora, se eu crio uma biblioteca "x" e crio um *namescape* de nome *"reverse"* onde insiro métodos, objetos ou variáveis, e eu deseje utilizar o comando para resumir a manipulação:

```
using namespace reverse;
```

E por infelicidade alguma das bibliotecas padrões de C++ possua um *namescape* de mesmo nome, no nosso caso *"reverse"*, e eu tinha dado um nome a uma variável, objeto ou método dentro do *namespace* de forma idêntica ao da biblioteca padrão C++. Neste caso irá gerar conflito, leia-se erro, pois o compilador não saberá a qual termo se referir, se é da biblioteca "x" que criamos ou da biblioteca padrão do C++.

Perceba que é um erro muito específico de ser criado, mesmo com o mesmo nome do *namespace* da biblioteca padrão, ainda precisaria que algum conteúdo presente nele que seja de mesmo nome da biblioteca padrão. Sabendo disso, acredito que você não deva se preocupar.

Diferenças de C++ em relação a C

Substituição de char por string de C++ e conversões

Como já vimos e reforço, o padrão *iostream* de C++ não é mais necessário especificar o formato da variável (%c, %f, %i...) e o endereço de memória (&). Seja na captura ou exibição bastando para isso utilizar só o nome da variável.

A *string* em C++ é uma estrutura muito flexível, pois possui uma sobrecarga de operadores que permite atribuir (=) e concatenar (+) textos de forma simples e prática com a sobrecarga de operadores, assunto que veremos com mais detalhes à frente, sem a necessidade de se utilizar funções para isso.

A variável do tipo *string* de C++ pode se comportar tanto como uma variável do tipo texto, como um *char;* não de forma idêntica, mas ela atende a todos os critérios, como se fosse uma variável do tipo *char*. Confesso que quando o assunto é capturar um único caractere, muitas vezes prefiro utilizar o *char*, mas isso é questão de gosto.

Sinta-se livre para utilizar a *string*, se assim desejar.

Antes de entrarmos em mais detalhes desta classe, vamos relembrar como fazíamos em C para pegarmos um único caractere. Nós utilizávamos *scanf* e precisávamos informar o tipo de formato de dado, espaçar para poder pegar o caractere correto e não a tecla <ENTER> ou qualquer outro tipo de saída indesejável, como vimos, além de termos de passar o endereço de memória (&) junto à variável. Ex:

```
01 #include <stdio.h>
02
03 int main()
04 {
05      char op;
06      scanf(" %c", &op);
07      if(op=='n')
08              printf("Você digitou n");
09 }
```

O que anteriormente falei parecia complicado, mas como já vimos, é só o acréscimo de um simples espaço em branco, linha 06, antes do especificador de formato. Com o uso de *iostream*, este tipo de estrutura não é mais necessária,; basta tão somente passar a variável. Ex:

```
01 #include <iostream>
02 using namespace std;
03 int main()
04 {
05      char op;
06      cin >> op;
07      if(op=='n')
08              cout<<"Você digitou n";
09 }
```

Mas como havia falado a mesma estrutura também poderá ser feita com *string* agora.

```
01 #include <iostream>
02 using namespace std;
03 int main()
04 {
05      string op;
06      cin >> op;
07      op.resize(1);
08      if(op=="n")
09              cout<<"Você digitou n";
10 }
```

Na linha 07 eu ajustei a *string* para o tamanho um (1), para se comportar como se fosse realmente uma variável do tipo *char*. Porém, como deve ter percebido as comparações (linha 08) são feitas com aspas duplas ao invés de simples como ocorria. Isso se desejar utilizar desta forma. Fica ao seu critério.

Já uma simples palavra composta como Graveyard Keeper, um *game indie* maravilhoso, que por ser um nome composto nós deveríamos criar um sistema de metacaracteres para o *char*[] para podermos capturar este conteúdo corretamente.

```
char nome[20];
scanf(" %[^\n]", &nome);
```

Já com o uso de *iostream* em C++, ele foi substituído por um simples comando:

```
string nome;
getline(cin, nome);
```

Porém, há uma pegadinha. Sempre há, pelo visto, na linguagem C/C++. O problema de *getline* é que cada vez que você usa um *cin* para armazenar algo em uma variável, ele deixa uma nova linha armazenada em buffer. Fazendo com que o *getline* seja "pulado", já que este comando pega o conteúdo digitado até que o pulo de linha seja inserido. Para evitar este tipo de problema utilize *cin.ignore*.

Porém se o primeiro comando relativo a *cin* for um *getline*, esse tipo de comando não será necessário. Ex:

```
#include <iostream>
#include <string>
using namespace std;
int main()
{
    string nome, idade;
    cout << "Digite o nome: ";
    getline(cin, nome);
    cout << "Digite a idade: ";
    cin >> idade;
    cout << "Nome: " << nome << " - Idade: " << idade << endl;
}
```

A saída desse programa será algo como:
Digite o nome: Rodrigo
Digite a idade: 39
Nome: Rodrigo - Idade: 39

Mas se vir algo que gere um *buffer* de pulo de linha, como um *cin*, o comando ignore deverá ser utilizado antes de chamar o *getline*, para que buffer seja ignorado, evitando desta forma o "pulo". Ex:

```
#include <iostream>
#include <string>
using namespace std;
int main()
```

```
{
    string nome, idade, n;
    cin >> n;
    cout << "Digite o nome: ";
    cin.ignore();
    getline(cin, nome);
    cout << "Digite a idade: ";
    cin >> idade;
    cout << "Nome: " << nome << " - Idade: " << idade << endl;
}
```

Mas qual seria a real vantagem da *string*? Eis algumas opções que podem ser feitas com *string*:

1. Podemos criar uma *string* vazia e posteriormente atribuir algum texto à mesma.
2. Podemos atribuir a uma variável *string* a outra variável do tipo texto.
3. Podemos concatenar *strings*.
4. Podemos comparar *strings*, como já vimos um pequeno exemplo na substituição de *char*.

Além disso, uma variável do tipo *string* se comporta como *array*, assim como um *char* do tipo *array*. No qual podemos saber o tamanho do mesmo com o uso de ***lenght*** ou ***size***. Ex:

```
01 #include <iostream>
02 #include <string>
03 using namespace std;
04 int main()
05 {
06     string texto;
07     cout << "Digite algo: ";
08     getline(cin, texto);
09     cout << "O tamanho do texto: " << texto.size() << endl;
10     cout << "invertido: ";
11     for (int i = texto.length()-1; i >= 0; i--)
12         cout << texto[i];
13     cout << endl;
14 }
```

Por utilizarmos *getline* se faz necessário a inclusão da biblioteca *string*, linha 02, na linha 09 informamos o tamanho do texto, que foi digitado pelo usuário, com o uso de *size*(). Já na linha 10 criamos um laço decrescente para inverter o conteúdo digitado; onde utilizamos *length*(), para saber o tamanho do texto, menos o último caractere, que indica final de *string* (`\0`).

A saída do programa será algo como:

```
Digite algo: Wakanda Forever Chadwick Boseman
O tamanho do texto: 32
invertido: namesoB kciwdahC reveroF adnakaW
```

Neste pequeno exemplo presto minhas condolências a *Chadwick Boseman*, que faleceu no final de agosto de 2020.

Uma variável do tipo *string* pode ser concatenada com textos com o simples uso do sinal de mais (+). Se houver outros tipos de dados, simplesmente utilizamos *to_string*(), como conversão, através da classe *sstream*. Porém, com valores do tipo ponto flutuante, ele apresentou problemas com relação a casas decimais.

Por isso utilizo *o stringstream*, que trabalha com sistema de fluxo (<< >>), também presente em *sstream*. A princípio ele converte um texto em um número, como também podemos criar um objeto *stringstream* e atribuir um número a ele, e com o uso de *str()*, converter este número para um texto.

Torna-se uma estrutura um pouco mais complicada do que um simples uso de *to_string()*, porém, resolve o problema das casas decimais, que veremos no exemplo:

```
01 #include <iostream>
02 #include <string>
03 #include <sstream>
04 using namespace std;
05
06 int main()
07 {
08     int n = 9;
09     float f = 35.67;
10     double d;
11     string nt = "99.90";
12     string t, t1 = "Mangá:", t2 = "Gunnm", t3="";
13
14     t = t1 + " " + t2 + " - " + to_string(n) + " volumes. R$:" + to_string(f) + " cada.";
15     cout << t << endl;
16
17     stringstream valorCorreto;
18     valorCorreto << f;
19     t = t1 + " " + t2 + " - " + to_string(n) + " volumes. R$:" + valorCorreto.str() + " cada.";
20     cout << t << endl;
21
22     stringstream(nt) >> d;
23     cout << "\nValor de \"d\" com stringstream R$: " << d << endl;
24 }
```

Da linha 01 a 03 foram incluídas as bibliotecas necessárias para o exemplo. Foi utilizado o *namespace std* (linha 04), para evitar o seu uso no código.

Criamos a função principal *main* (linha 06) e atribuímos algumas variáveis (linhas 08 a 12). Feito isso pegamos a variável *string* "t" e saímos concatenando (adicionando) os textos de "t1", mais um caractere de espaço em branco e depois o texto de "t2", logo em seguida, o texto de um hífen e depois a conversão de "n" (int) para texto, com a utilização de *to_string*, depois concatenamos um outro texto para finalmente concatenar a variável "f" (*float*) para texto, com a utilização de *to_string* e encerrando com a concatenação de outro texto. Tudo isso atribuído à variável *string* "t". Que na linha 15, peço que seu conteúdo seja exibido, com o comando *cout*. Em outras palavras a concatenação textual com *string* se faz com um simples sinal de mais (+).

Na linha 17 crio o objeto "valorCorreto" de *stringstream* e adiciono o conteúdo de "f" (linha 18). E na linha 19 faço todo procedimento, mas desta vez eu passo o conteúdo da variável "valorCorreto" em forma de texto, com o uso de *str*; e exibo todo o conteúdo de *"t"* na linha 20.

Para comprovar que *stringstream* pode fazer o inverso, pego o conteúdo do texto de "nt" e adiciono na variável "d" que é do tipo *double* e o exibo com o uso de *cout* na linha 23.

A saída desse programa será:

```
Mangá: Gunnm - 9 volumes. R$:35.669998 cada.
Mangá: Gunnm - 9 volumes. R$:35.67 cada.
Valor de "d" com stringstream R$: 99.9
```

Como pode perceber com o uso de *to_string* fez o valor de ponto flutuante sair 35.669998. Já na outra linha com o uso de *stringstream*, o valor saiu corretamente que é 35.67.

Já a conversão de uma *string* para número devemos utilizar sistemas de conversão, assim como ocorria para caracteres presentes em um *array* do tipo *char*. Com uma certa diferença, pois estas novas estruturas fazem parte da biblioteca *string* do C++, que deverá estar incluído no código:

Função	Converte
stoi	Int
stof	float
stod	Double
stol	Long int
stold	Long double
stoll	Long long int
stoul	Unsigned long int
stoull	Unsigned long long int

Vamos ver um pequeno exemplo, que servirá de base para os demais:

```
#include <iostream>
#include <string>
using namespace std;

int main()
{
    string t="42";
    int n;
```

```
09      n = stoi(t);
10      cout <<"Resposta para a Vida, o Universo e Tudo Mais é "<< n << endl;
11 }
```

A saída deste programa será:

```
Resposta para a Vida, o Universo e Tudo Mais é 42
```

Frase famosa entre os *nerds* e *geeks*, relacionada ao livro Guia do Mochileiro das Galáxias, que acredito que todo *nerd* já tenha lido. Uma geração mais antiga, como a minha, ainda mergulhou em livros mais memoráveis, por alguns esquecidos, como: Dom Quixote, a Divina Comédia de Dante ou o Mundo de Sofia.

Mas, enfim... Na linha 02 incluímos a biblioteca *string* para que *stoi*, que converte uma *string* em número inteiro, pudesse ser utilizado. Essa conversão de texto para número inteiro, linha 09, é atribuído o resultado à variável inteira "n", onde *cout*, da linha 10, exibe uma fase junto com o valor de "n" para comprovar que a conversão foi realizada com sucesso.

Além de *getline* e *length* que vimos de *string*. Há outros recursos presentes, vamos conhecer mais alguns:

- *push_back* (): É utilizada para inserir um caractere no final da *string*.
- *pop_back* (): Deleta o último caractere da *string*.
- *capacity* (): Retorna a alocação destinada para *string*.
- *resize* (): Altera o tamanho da *string*.
- *shrink_to_fit* (): Faz com que ocupe só o tamanho necessário, eliminando espaços desnecessários, se houver.
- *find*(): Localiza a primeira *substring* de uma *string*, retornando um número da posição inicial ou -1 se nada for encontrado.
- *replace(pos, tamString, novaString)*: *Replace* serve para substituir um determinado conteúdo de um texto, com base na sua posição inicial (*pos*) e a quantidade de caracteres (*tamString*) que o texto original ocupava, para dá lugar ao novo conteúdo (*novaString*), independente de este ser maior ou menor que o texto anterior, *replace* irá se ajustar ao novo conteúdo, sem comer o restante do texto, se houver.

Vamos a um exemplo, utilizando alguns destes recursos:

```
#include <iostream>
using namespace std;
int main()
{
    string t1, t2, t3;
    int pos;
    t1 = "Roma";
    t2 = "Gumball";
    t3 = "\"Devemos julgar um homem mais pelas suas perguntas que pelas respostas.\" Voltaire";

    cout << "T1: " + t1 << endl;
    t1.push_back('r');
    t1.push_back('i');
```

```
14      t1.push_back('a');
15      cout << "push_back (r) (i) (a) T1: " + t1 << endl;
16      t1.resize(3);
17      cout << "Resize(3) em T1: " + t1 << endl << endl;
18
19
20      cout << "T2: " + t2 << endl;
21      t2.pop_back();
22      t2.pop_back();
23      t2.pop_back();
24      t2.pop_back();
25      cout << "pop_back 4 vezes T2: " + t2 << endl;
26      cout << "Tamanho de T2: " << t2.capacity() << endl << endl;
27
28      cout << "Frase T3: " + t3 << endl;
29      pos = t3.find("homem");
30      cout << "Homem localizado em T3 na pos: " << pos << endl;
31      t3.replace(pos, 5, "humano");
32      cout << "Nova frase T3: " + t3 << endl;
33      pos = t3.find("perguntas");
34      cout << "Perguntas localizado em T3 na pos: " << pos << endl;
35      t3.replace(pos, 9, "incertezas");
36      cout << "Nova frase T3: " + t3 << endl;
37 }
```

Da linha 05 a 09 criamos algumas variáveis e atribuímos algum conteúdo para servir de exemplo, onde na linha 11 exibimos o conteúdo da variável t1 e, logo em seguida, utilizamos *push_back* para acrescentar os caracteres "r", "i" e "a" no final da *string* t1 e na linha 15 exibimos o resultado. Depois redimensionamos t1, linha 16, exibimos o conteúdo atual de t1 com o redimensionamento.

Na linha 20 exibimos o conteúdo da variável t2 e com *pop_back* é removido a cada uso um caractere de t2, nos resultando como saída, linha 25, a palavra *Gum*. Na linha 26 exibimos o espaço atual ocupado por t2.

Já na linha 28 exibimos o conteúdo de t3, procuramos pela palavra homem, linha 29, e armazenamos a posição na variável do tipo inteiro de nome *pos*; na linha seguinte, linha 30, exibimos o número da posição que foi encontrada, utilizaremos este valor em *replace* para determinar a posição inicial onde esta palavra foi localizada, por ela possuir o tamanho de cinco caracteres e não querendo diminuir o restante da frase, passo então exatamente o seu tamanho no segundo parâmetro de *replace*, logo em seguida, a nova palavra que desejo que seja inclusa e exibo a nova frase, linha 32.

Já na linha 33, ocorre algo semelhante, onde localizamos a palavra perguntas, na linha seguinte exibimos a localização e na linha 35 substituímos a mesma por "incertezas geradas", passando a posição inicial da palavra localizada e a quantidade exata de caracteres que o mesmo possui, para não substituir o restante do texto. E na linha seguinte, linha 36, exibimos a nova frase.

A saída do programa será:

```
T1: Roma
push_back (r) (i) (a) T1: Romaria
Resize(3) em T1: Rom

T2: Gumball
pop_back 4 vezes T2: Gum
Tamanho de T2: 15
Frase T3: "Devemos julgar um homem mais pelas suas perguntas que pelas respostas." Voltaire
Homem localizado em T3 na pos: 19
Nova frase T3: "Devemos julgar um humano mais pelas suas perguntas que pelas respostas." Voltaire
Perguntas localizado em T3 na pos: 42
Nova frase T3: "Devemos julgar um humano mais pelas suas incertezas geradas que pelas respostas."
Voltaire
```

O ideal é verificar antes se o valor de *"pos"* é maior do que -1, do contrário, a palavra em questão não foi localizada e utilizar este valor em *replace* acabará lançando uma exceção *out_of_range* (fora do intervalo). Ex:

```
pos = t3.find("perguntas");
if (pos != -1)
{
        cout << "Perguntas localizado em T3 na pos: " << pos << endl;
        t3.replace(pos, 9, "incertezas");
        cout << "Nova frase T3: " + t3 << endl;
}
```

Acesso à variável global e local de mesmo nome

Em C uma variável global de mesmo nome que a local tornava-se indisponível. Já que a linguagem dá prioridade à variável local e não havia nem um meio de acessar a variável global, enquanto a variável local de mesmo nome existisse na função.

Já em C++ é possível acessar tanto uma variável global quanto local de mesmo nome com o uso do escopo unário (::). Ex:

```
#include <iostream>
using namespace std;

int n = 100;

int main()
{
    int n = 10;
    cout << "N local:" << n << ". N global:" << ::n << endl;
}
```

A saída deste exemplo será:

```
N local:10. N global:100
```

Como vemos com o uso do escopo unário (::) é possível acessar o conteúdo da variável global de mesmo nome que a local. Mas, como eu poderia utilizá-la em meus cálculos? Da mesma maneira, utilizando-se do escopo unário (::). Ex:

```
01 #include <iostream>
02 using namespace std;
03
04 int n = 100;
05
06 int main()
07 {
08       int n = 10, soma;
09       soma = n + ::n;
10       cout << "A soma de n local, com n global é:" << soma << endl;
11 }
```

Onde na linha 09 a variável local "n" é somada à variável global "n", com o uso do escopo unário (::). E o resultado desta soma é atribuído à variável "soma", onde exibimos o resultado com o comando *cout* na linha 10.

A saída deste programa será:

```
A soma de n local com n global é: 110
```

Passagem de valor e referência (&)

Como vimos em C, passagem por valor nós pegamos uma cópia do conteúdo da variável, que ao alterar este conteúdo, estarei simplesmente alterando a cópia e não o conteúdo da variável original.

Porém, passagem por referência, o programa pega a referência do objeto passado, ou seja, aoalterar o conteúdo, estarei também alterando o conteúdo da variável original. Como ocorre com matrizes, por questão de desempenho.

As variáveis primitivas (*int, float, double e char* do tipo caractere) são passagens por valor e para tornarmos passagem por referência em C precisaríamos criar uma variável do tipo ponteiro, para se utilizar da mesma e assim poder modificar a variável original por uso de sua referência. Porém em C++ basta que você utilize o e comercial (&), que estará sendo feita uma passagem por referência. Ex:

```
#include <iostream>
using namespace std;

void dobro(int&);

int main()
{
      int x=20;
      cout << "valor de X:" << x << " - antes da chamada da função" << endl;
```

```
10        dobro(x);
11        cout << "valor de X:" << x << " - depois da chamada da função" << endl;
12 }
13
14 void dobro(int& d)
15 {
16        d *= 2;
17 }
```

A saída deste programa será:

```
valor de X:20 - antes da chamada da função
valor de X:40 - depois da chamada da função
```

Na linha 01 está sendo incluída a biblioteca *iostream*, para que comandos de entrada (*cin*) e saída de dados (*cout*) possam ser utilizados. E na linha 02 faz com que o comando *std* torne-se desnecessário ao se utilizar de *cout* ou *endl* (que força a saída de fluxo).

Na linha 04 criamos um protótipo da função dobro sem retorno (*void*) e que possui um único parâmetro do tipo inteiro que pega a referência da variável, já que e (&) comercial está sendo utilizado.

Criamos uma variável "x" do tipo inteiro e atribuímos o valor 20 (linha 08). E exibimos o seu valor logo em seguida (linha 09), feito isso, chamamos a função dobro (linha 10) passando a variável "x" como argumento.

A função dobro (linhas 14 a 17) pega a referência da variável e multiplica o seu próprio valor por dois (linha 16), que ao exibir novamente o conteúdo da variável em *main* (linha 11) o valor original de "x" foi alterado definitivamente.

Funções com parâmetros opcionais

Com C++ é possível criar parâmetros com valores predefinidos e esses devem ser definidos no protótipo da função e nunca na função em si, do contrário, um erro será gerado. E tendo um protótipo da função com argumentos opcionais, poderei chamar a função e passar só argumentos obrigatórios ou todos, se eu assim desejar.

Parâmetros opcionais devem ser declarados como últimos parâmetros e nunca no início do protótipo da função. Ex:

```
#include <iostream>
using namespace std;

int soma(int n1, int n2, int n3 = 0, int n4 = 0);
int main()
{
       cout << "Passando dois parâmetros (10,20)........:" << soma(10, 20) << endl;
       cout << "Passando três parâmetros (10,20,30).....:" << soma(10, 20, 30) << endl;
       cout << "Passando quatro parâmetros (10,20,30,40):" << soma(10, 20, 30, 40) << endl;
}

```

```
12 int soma(int n1, int n2, int n3, int n4)
13 {
14     return (n1+n2+n3+n4);
15 }
```

A saída será:

```
Passando dois parâmetros (10,20)........:30
Passando três parâmetros (10,20,30).....:60
Passando quatro parâmetros (10,20,30,40):100
```

Na linha 04 criei o protótipo da função soma com quatro parâmetros, sendo dois obrigatórios e dois opcionais, já que em "n3" e "n4" passei valores opcionais, no caso o valor zero (0), com isso se eu passar só dois argumentos para a função soma (linha 07), "n3" e "n4" assumirão os seus valores opcionais, ou seja, zero (`0`).

Caso eu passe um terceiro argumento (linha 08), o parâmetro "n3" substituirá o seu valor opcional pelo valor passado como parâmetro. Da mesma forma ocorrerá que se eu passar o quarto e último argumento suportado pela função soma (linha 09) onde irá substituir o valor opcional de "n4" pelo argumento que foi passado.

A função soma, linhas 12 a 15, simplesmente nos retorna a soma de todos os valores repassados, que caso não tenha sido passado nada para "n3" e "n4" seus valores é que serão utilizados na soma, e por serem zero (`0`) não irão influenciar no resultado.

Se fosse uma função de divisão, então eu teria que verificar os valores de "n3" e "n4", antes mesmo de incluir um ou ambos no cálculo ou alterar seu valor padrão para um (1) ou algum outro tipo de valor que não influencie o cálculo ou invalide o mesmo.

Sobrecarga de funções

Em C++ agora é possível ter várias funções de mesmo nome, contanto que seus parâmetros sejam diferentes. Com isso, podemos criar uma sobrecarga de funções que atenda com base no argumento passado. Por exemplo, podemos criar uma função que dobra o valor, e que possa atender a números inteiros, reais ou até mesmo caractere. Para isso, vamos criar três funções de mesmo nome e cada um com um parâmetro de tipo diferente, para atender aos três critérios desejados. Ex:

```
#include <iostream>
using namespace std;

int dobro(int);
float dobro(float);
char dobro(char);
int main()
{
    int n1 = 20, n2;
    float f1 = 7.14, f2;
    char c1 = 'a', c2;
    n2 = dobro(n1);
    f2 = dobro(f1);
```

```
    c2 = dobro(c1);
    cout << "valor de n1:" << n1 << " - dobro de n1:" << n2 << endl;
    cout << "valor de f1:" << n1 << " - dobro de f1:" << f2 << endl;
    cout << "Caractere ACSII de c1:" << c1 << endl;
    cout << "Depois de pecorrer o dobro de posições na tabela ACSII:" << c2 << endl;
}

int dobro(int i)
{
    return i*2;
}

float dobro(float f)
{
    return f*2;
}

char dobro(char c)
{
    return c*2;
}
```

Saída do programa

```
valor de n1:20 - dobro de n1:40
valor de f1:20 - dobro de f1:14.28
Caractere ACSII de c1:a
Depois de percorrer o dobro de posições na tabela ACSII:┬
```

Como vimos, o programa irá chamar a função dobro que corresponda ao argumento passado, no caso *int, float ou char*, já que temos uma função para cada tipo.

Criando vetores dinâmicos

A criação de vetores e matrizes permanecem a mesma, porém, existe agora a possibilidade de se criar um vetor dinâmico, que nos possibilita aumentar ou diminuir o seu espaço dinamicamente, coisa que era impossível de ser feita. Mas, um vetor dinâmico não só se limita a isso, ele possui várias funções, conforme a tabela abaixo:

Função	Descrição
assign()	Atribui novo valor aos elementos vetoriais, substituindo os antigos.
at(x)	Retorna uma referência ao elemento na posição "x" no vetor.
back()	Retorna uma referência ao último elemento no vetor.
begin()	Retorna um iterador apontando para o primeiro elemento no vetor.
capacity()	Retorna o tamanho do espaço de armazenamento atualmente alocado para o vetor.

cbegin()	Retorna um iterador constante apontando para o primeiro elemento no vetor.
cend()	Retorna um iterador constante apontando para o último elemento no vetor. Se o vetor estiver vazio ele retornará o mesmo que *cbegin*() .
clear()	É usado para remover todos os elementos do vetor.
crbegin()	Retorna um iterador reverso constante apontando para o último elemento do vetor. No caso *move* do último para o primeiro elemento.
crend()	Retorna um iterador reverso constante apontando para o primeiro elemento no vetor.
data()	Retorna um ponteiro de memória usada internamente pelo vetor para armazenar seus elementos de propriedade.
emplace()	Estende o contêiner inserindo um novo elemento na posição.
emplace_ back()	É usado para inserir um novo elemento no contêiner do vetor, o novo elemento é adicionado ao final do vetor.
empty()	Retorna *true* se o contêiner estiver vazio.
end()	Retorna um iterador apontando para o último elemento no vetor.
erase()	É usado para remover elementos de um contêiner da posição ou intervalo especificado por um iterador.
front()	Retorna uma referência ao primeiro elemento no vetor.
insert()	insere novos elementos antes do elemento na posição especificada
max_size()	Retorna o número máximo de elementos que o vetor pode conter.
pop_back()	É usado para remover elementos de um vetor da parte traseira.
push_ back()	Empurra os elementos de um vetor para trás.
rbegin()	Retorna um iterador reverso apontando para o último elemento do vetor (início reverso). Move do último para o primeiro elemento.
rend()	Retorna um iterador reverso apontando para o elemento teórico que precede o primeiro elemento no vetor (considerado como extremidade reversa).
reserve(n)	solicita que a capacidade do vetor seja pelo menos suficiente para conter "n" elementos.
resize(n)	Redimensiona o contêiner para que ele contenha elementos "n".
shrink_to_ fit()	reduz a capacidade do contêiner para caber em seu tamanho e destrói todos os elementos além da capacidade.
size()	Retorna o número de elementos no vetor.
swap()	É usado para trocar o conteúdo de um vetor por outro vetor do mesmo tipo. E os tamanhos podem diferir.

Iterador é o mecanismo usado para "andar", elemento por elemento, em uma coleção de dados. É uma forma abstrata e genérica de tratar o avanço entre os elementos do vetor.

Para criarmos um vetor dinâmico precisaremos incluir a biblioteca <vector>. Além disso, a sua sintaxe é:

vector < <tipo de dado> > <identificador> ([quantidade]);

Se quisermos declarar um vetor de nome idades, com dez posições e que aceita números inteiros. Escreveríamos:

```
vector <int> idades(10);
```

Para atribuir um elemento ao vetor ou exibi-lo, o conceito permanece o mesmo. Vamos agora ver um exemplo que englobe uma parte do que foi demonstrado em tabela.

```
#include <iostream>
#include <vector>
#include <cstdlib>

using namespace std;

void populaVetor(vector<int> &);
void exibeVetor(vector<int>);

int main()
{
    vector <int> idades(5);
    int op1=0, op2=0, n;
    while (op1 != 7)
    {
            system("cls");
            cout << "[1] - Popular vetor" << endl;
            cout << "[2] - Exibir vetor" << endl;
            cout << "[3] - Redimencionar o vetor" << endl;
            cout << "[4] - Exibir a quantidade de elementos" << endl;
            cout << "[5] - Remover um elemento" << endl;
            cout << "[6] - Apagar vetor" << endl;
            cout << "[7] - Sair" << endl;
            cin >> op1;

            switch (op1)
            {
                    case 1:
                            populaVetor(idades);
                            break;
                    case 2:
                            exibeVetor(idades);
                            break;
                    case 3:
                            cout << "Digite o novo tamanho" << endl;
                            cin >> n;
                            idades.resize(n);
                            break;
```

```
39                          case 4:
40                          cout << "Total de posições:" << idades.size() << endl;
41                          break;
42                          case 5:
43                          cout << "Digite o número da posição que deseja remover" << endl;
44                          cin >> op2;
45                          --op2;
46                          if (op2 <= idades.size())
47                                  idades.erase(idades.begin()+op2);
48                          else
49                                  cout << "Error! A posição excede o tamanho do vetor." << endl;
50                          break;
51                  case 6:
52                          idades.clear();
53                          if(idades.empty())
54                                  cout << "Vetor apagado." << endl;
55                          break;
56                  case 7:
57                          cout << "Programa encerrado." << endl;
58                          break;
59                  default:
60                          cout << "Opção inválida!" << endl;
61          }
62          system("pause");
63
64      }
65 }
66
67 void populaVetor(vector<int> &n)
68 {
69      size_t i;
70      for (i = 0; i < n.size(); i++)
71              n[i] = i+1;
72      cout << "Vetor populado" << endl;
73 }
74
75 void exibeVetor(vector<int> n)
76 {
77      size_t i;
78      for (i = 0; i < n.size(); i++)
79              cout << n[i]<< " ";
80      cout << endl;
81 }
```

Na linha 01 requisitamos a biblioteca *iostream* para podermos utilizar comandos de entrada e saída de dados. Incluímos também a biblioteca *vector* e a biblioteca *stdlib de C (cstdlib)* para utilizarmos o comando *system* para pausar ou simplesmente limpar a tela, como uma forma de organizar a apresentação dos dados.

Lembrando que o comando *"cls"* e *"pause"* desta vez foi utilizado por estarmos em ambiente 100% *Windows*, diferente de *Cygwin* em que precisaríamos dos comandos *"clear"* e *"cmd /c pause"* já que é um ambiente simulado em *shell* do *Unix*.

Na linha 05 utilizamos o *namescape* para *std*, para que não precise ser utilizado quando usar comandos como *cout, cin* ou *vector*, por exemplo.

Nas linhas 07 e 08 foram criados dois protótipos de funções, um para popular e outro para exibir o conteúdo do *vector*. O *populaVetor* foi passado em forma de referência ao seu parâmetro, pois se não for desta forma o *vector* não poderá ser manipulado diretamente, ou seja, vetores criados desta forma são por passagem por valor e não por referência como ocorre com vetores e matrizes criados convencionalmente.

Na linha 10, iniciamos a função principal *main* e na linha 12 criamos um vetor dinâmico, inicialmente com cinco posições e na linha 13 algumas variáveis do tipo inteiro foram criadas para auxiliar.

Na linha 14 criamos um laço indefinido (*while*), que só irá encerrar quando o valor de "op1" for sete (7). Na linha 16 utilizamos o comando que limpa a tela e exibimos nas linhas 17 a 23 uma espécie de *menu*.

Na linha 24, capturamos a opção digitada e avaliamos com o uso de *switch* (linha 26). Que caso o valor seja um (1), linhas 28 a 30, ele chama a função *populaVetor,* passando como argumento o próprio vetor.

Caso o valor contido em "op1" seja dois (2), linhas 31 a 33, ele chama a função *exibeVetor*, passando como argumento o próprio vetor.

Caso o valor contido em "op1" seja três (3), linhas 34 a 38, solicitamos um novo tamanho (linha 35) e capturamos esse novo valor (linha 36) e com isso redimensionamos o vetor com base neste novo valor com a utilização de *resize* (linha 37).

Caso o valor contido em "op1" seja quatro (4), linhas 39 a 41, ele exibe o total de posições do vetor com o uso de *size* (linha 40).

Caso o valor contido em "op1" seja cinco (5), linhas 42 a 50, nós perguntamos que posição do vetor deseja remover (linha 43), capturamos essa informação na variável "op2" (linha 44) e decrementamos em um (linha 45), já que quando se deseja remover o terceiro elemento do contêiner o usuário irá informar a posição três (3), que no caso do vetor seria a posição dois (2), já o primeiro elemento de todo *array* se inicia na posição zero (0).

Antes de apagar verificamos se o número resgatado não ultrapassa o tamanho do vetor (linha 46) e com isso utilizamos *erase* (linha 47) e por precisar de um iterador, pegamos então o iterador na posição inicial com o uso de *begin* e adicionamos a posição passada. Do contrário, linha 48, caso o valor de op2 exceda o limite do vetor um aviso será dado (linha 49).

Caso o valor contido em "op1" seja seis (6), linhas 51 a 55, ele irá apagar o conteúdo da variável idades completamente com o uso de *clear* (linha 52); e antes de dar um aviso que foi apagado, verificamos com a utilização de *empty* (linha 53), que nos retorna *true* se for verdadeiro, exibindo assim a mensagem (linha 54).

Caso o valor contido em "op1" seja sete (7), linhas 56 a 58, só damos um aviso (linha 57), que o programa foi encerrado, do contrário, se o número armazenado em "op1" não se encaixar em nenhum desses casos (linha 59) um aviso de opção inválida será dado (linha 60).

A linha 61 fecha *switch* e na linha 62, damos uma pequena pausa com o uso de *system*. A linha 64 fecha o *while* e a linha 65 fecha a função *main*.

As funções simplesmente utilizam de laço, seja para popular com base no contador (linha 71) ou exibir o seu dado (linha 79).

Vetores dinâmicos ainda nos permite realizar comparações entre eles para ver se são iguais (==) ou diferentes (!=).

```
01 #include <vector>
02 #include <iostream>
03
04 using namespace std;
05 void verifica(const vector <int>&, const vector <int>&);
06
07 int main()
08 {
09      vector <int> vet1(5);
10      vector <int> vet2(5);
11      verifica(vet1, vet2);
12      cout << "Alterado um elemento de vet1" << endl;
13      vet1[0] = 1;
14      verifica(vet1, vet2);
15 }
16
17 void verifica(const vector <int>& v1, const vector <int>& v2)
18 {
19      if (v1 == v2)
20              cout << "Os vetores são iguais" << endl;
21      else if (v1 != v2)
22              cout << "Aviso! Os vetores são diferentes!" << endl;
23 }
```

Na linha 01 incluímos a biblioteca para criação de vetores dinâmicos e na linha 02 para poder utilizar captura e exibição de dados.

Na linha 04 utilizamos o *namespace std*, para não haver a necessidade de ficar incluindo para *cout*, *cin* ou *vector*, por exemplo. E na linha 05 criamos um protótipo de função, onde ela servirá para comparar e ver se os dois vetores são iguais ou não.

Na linha 07 criamos a função principal e nas linhas 09 e 10 foram criados dois vetores e logo em seguida (linha 11), chamamos a função verifica, passando como argumento os dois vetores recém-criados, depois disso alteramos o valor de um elemento do primeiro vetor (linha 13) e chamamos novamente a função verifica (linha 14), para ver se ainda podem ser considerados iguais.

A função verifica (linhas 17 a 23) pega a referência dos dois vetores passados e os compara se são iguais (linha 19) ou se são diferentes (linha 21), alertando com uma mensagem de texto correspondente.

A saída será:

```
Os vetores são iguais
Alterado um elemento de vet1
Aviso! Os vetores são diferentes!
```

Criação e manuseio de Classes

Classe, assim como funções, nos permite a reutilização do código. Além disso, classe nos permite separar o seu conteúdo do arquivo principal, tornando o código mais limpo. E como já havia falado, uma função criada dentro de uma classe, damos por nome de método da classe.

Mas nada o impede de criar uma classe junto ao seu código principal. Ex:

```
#include <iostream>
#include <string>
using namespace std;
class BoasVindas
{
private:
    string mensagem;
public:
    void setMensagem(string t)
    {
            mensagem=t;
    }
public:
    string getMensagem()
    {
            return mensagem;
    }
};
int main()
{
    string resp;
    BoasVindas bv;
```

```
29      bv.setMensagem("Olá Mundo");
30      resp = bv.getMensagem();
31      cout<<resp<<endl;
32 }
```

Criamos uma classe com o uso do comando *class* (linha 06), de nome "BoasVindas", criamos uma variável do tipo *string* de nome mensagem (linha 09) do tipo privado (linha 08), com isso a variável mensagem só poderá ser manipulada dentro da classe que a criou e nunca fora dela, também foram criados dois métodos públicos (linhas 12 e 17), já que ambos foram declarados como públicos (public), onde um pega o argumento passado *setMensagem* e atribui este argumento à mensagem (linha 14), e o outro método *getMensagem* (linha 17), simplesmente retorna o conteúdo presente em mensagem (linha 19).

Logo em seguida, criamos uma função principal (linha 24), onde declaramos uma *string* de nome "resp" (linha 26) e um objeto da nossa classe "BoasVindas" de nome "bv" e através dele é que poderemos acessar os métodos da nossa classe recém-construída.

Na linha 29 utilizamos o objeto de classe "bv" e um de seus métodos, no caso serMensagem; passando como argumento uma simples mensagem de "Olá Mundo".

Já na linha 30, pegamos essa mensagem passada a atribuímos a variável "resp"; para isso pegamos o objeto de classe "bv" e utilizamos o método getMensagem presente na mesma.

Com o uso de *cout* (linha 31) exibimos o conteúdo que foi resgatado e atribuído à variável "resp".

A saída desse programa será:

```
Olá mundo
```

Todos os métodos da classe, assim como variáveis, são por padrão privados (*private*). Por isso para acessar um método da classe, você deverá declarar o mesmo como pública (*public*). Há três tipos de acessos:

- ***public***: Poderá ser acessada livremente.
- ***protected***: Só poderá ser acessado no próprio local em que foi criado por meio de herança, polimorfismo ou uso de classe | método amigo.
- ***private***: Só poderá ser acessado no próprio local em que foi criado.

Uma das principais razões para se usar técnicas de programação orientada a objetos é o isolamento de dados dentro de classes. Quando você declara variáveis na classe, os deixando como privados, apenas métodos da classe é que podem obter acesso a essas variáveis ou modificá-los, impedindo que sejam modificados diretamente como uma forma de adquirir o controle e isolamento desses dados, para que não sejam acessados ou alterados indevidamente, mas sua alteração seja realizada de forma controlada.

Por padrão, como boa prática de programação, toda classe deve ser iniciada com letra maiúscula e nomes compostos devem seguir o sistema camelo, onde cada palavra após a primeira, deve iniciar com a letra maiúscula, ex: CalculaSoma.

Diferente de funções ou métodos, que devem iniciar em minúsculo, e demais palavras que vierem a compor esta palavra deverão iniciar em maiúsculo, conforme o sistema camelo que é comumente adotado.

Os métodos sem retorno de uma classe nós iniciamos com a palavra *set* acompanhada de seu nome e os métodos que possuem retorno nós iniciamos com *get* acompanhada de seu nome. Ex:

```
void setSoma(float n1, float n2)
float getSoma()
```

O uso dos termos *get* ou *set* não é obrigatório, é só uma forma de facilitar o entendimento e saber qual ou quais são ou não métodos de retorno, por exemplo, recomenda-se usá-los como boa prática de programação.

Como falei anteriormente, o objetivo da classe é separar o código, por isso, no próximo exemplo vamos criar um arquivo h (.h), para isso você deve ir ao *Visual Studio* e na barra principal de menu ir em projeto>Adicionar novo item... E selecionar *Arquivo de cabeçalho (.h)*

A princípio não iremos nos utilizar da ferramenta de criação de classe, pois não seguiremos, ainda, todos os princípios que são adotados. Chame o nome do arquivo de "Calcula" e insira o seguinte código:

Calcula.h

```
class Calcula
{
      float total = 0;
public:
      void setSoma(float f1, float f2)
      {
            total = f1 + f2;
      }
public:
      void setSoma(float f1, float f2, float f3)
      {
            total = f1 + f2 + f3;
      }
public:
      void setSoma(float f1, float f2, float f3, float f4)
      {
            total = f1 + f2 + f3 + f4;
      }
public:
      float getSoma()
      {
            return total;
      }
};
```

Criamos uma classe de nome "Calcula", linha 01, e uma variável privada de nome "total" declarar como privado (*private*), como no exemplo anterior, torna-se opcional, pois como havia falado por padrão a linguagem C++ torna todos os métodos, objetos e variáveis em acesso privado, salvo se você alterar o seu tipo de acesso, como fizemos com os métodos ao declararem como públicos (*public*).

Como pode perceber, criamos uma sobrecarga de métodos sem retorno (*void)* e de nome setSoma (linhas 05, 10 e 15), cada um com dois, três ou quatro parâmetros, respectivamente. Logicamente poderíamos resumir tudo com um único de quatro parâmetros, onde os dois primeiros seriam opcionais, como já vimos, mas neste caso devemos fazê-lo com o protótipo da função, que não se encaixa neste exemplo. Todos os métodos pegam os seus parâmetros e somam ao total (linhas 07, 12 e 17).

Temos também outro método getSoma (linha 20) que nos retorna o conteúdo de total.

Agora vamos criar um arquivo padrão cpp (.cpp) para manipulá-lo.

```
01 #include <iostream>
02 #include "Calcula.h"
03
04 using namespace std;
05
06 int main()
07 {
08      Calcula cal;
09      cal.setSoma(12, 18);
10      cout << cal.getSoma() << endl;
11      cal.setSoma(10, 10, 30);
12      cout << cal.getSoma() << endl;
13      cal.setSoma(20, 30, 25, 25);
14      cout << cal.getSoma() << endl;
15 }
```

Neste exemplo incluímos a classe calcula (linha 02), para poder, desta forma, utilizá-la.

Na função principal (linha 06) nós declaramos um objeto da classe calcula (linha 08) de nome "cal" e com ele utilizamos os métodos setSoma (linhas 09, 11 e 13), onde a quantidade de argumentos varia entre dois, três ou quatro argumentos e com isso irá chamar cada método correspondente à classe, ou seja, chamará o método que possua o mesmo número de argumentos para tratar de somar os valores. E sempre depois de chamado, o método setSoma é utilizado, logo em seguida, o método getSoma (linhas 10, 12 e 14) para exibir o conteúdo de total, já que todos foram incluídos diretamente em *cout,* que como vimos é o comando responsável pela saída de informações.

A saída desse código será:

```
30
50
100
```

Construtores

Construtores devem possuir obrigatoriamente o mesmo nome da classe, com isso ao instanciar um objeto de classe posso passar argumentos para o construtor diretamente, sem a necessidade de citar algum método para isso. Também é possível criar uma sobrecarga de construtores, se assim desejar.

Por padrão, uma classe é separada em dois módulos, onde o primeiro será a classe e seus protótipos, junto com variáveis ou outro tipo de objeto, se houver. E o segundo, a estrutura propriamente dita dos mesmos.

Crie um projeto vazio no Visual Studio e na barra de menu principal vá em projeto>adicionar classe...
Uma janela como essa será exibida:

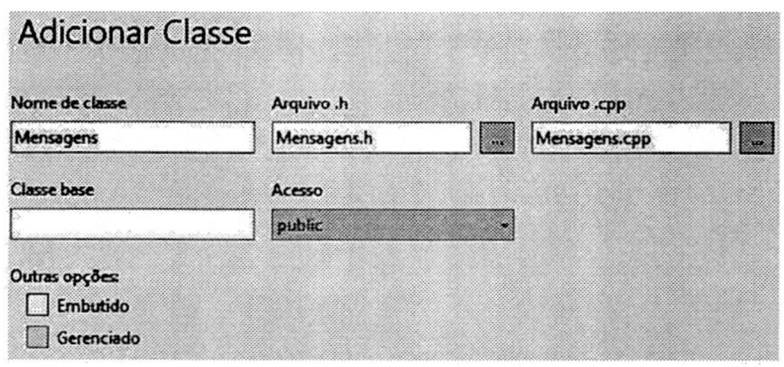

Nomeie a classe como «Mensagens», ao fazer isso todos serão nomeados com o mesmo nome automaticamente. Ao clicar em «ok», dois arquivos serão criados: Mensagens.h e Mensagens.cpp.

Em Mensagens.h só iremos declarar variáveis, protótipos de construtores e métodos de nosso exemplo.

```
#pragma once
#include <string>
using namespace std;

class Mensagens
{
private:
            string mensagem;
public:
    Mensagens();
    Mensagens(string, int);
    Mensagens(string, int, int);
    void setMensagem(string);
    string getMensagem();
    void exibeMensagem();
};
```

A diretiva #pragma once, que o próprio Visual Studio acrescenta, serve para dizer ao compilador que o cabeçalho só deve ser carregado uma única vez, desta forma, evitando confrontos de inclusão. Ele foi incluído para substituir o antigo sistema de diretivas de compilação que vimos em C:

```
#ifndef MENSAGENS_H
#define MENSAGENS_H
```

```
//Comandos
#endif
```

Na linha 02, foi incluída a biblioteca *string* e utilizado o *using namespace std*, para evitar o uso do *std* em *string*, no caso.

Criamos uma classe de nome "Mensagens", que possui uma variável privada (linha 07) do tipo *string* de nome mensagem (linha 08). E criamos protótipos de construtores e métodos, todos públicos (linha 09-15).

Agora devemos selecionar na janela de gerenciador de solução o arquivo Mensagem.cpp, para dar "corpo" aos métodos e construtores que declaramos no arquivo Mensagem.h.

```
#include <iostream>
#include "Mensagens.h"
#include <string>

using namespace std;

string texto;

Mensagens::Mensagens() {}

Mensagens::Mensagens(string t, int n1)
{
    texto = t + to_string(n1) + "\n";
    mensagem = texto;
}

Mensagens::Mensagens(string t, int n1, int n2)
{
    texto = t + to_string(n1) + "|" + to_string(n2) + "\n";
    mensagem = texto;
}

void Mensagens::setMensagem(string t)
{
    mensagem = t;
}

string Mensagens::getMensagem()
{
    return mensagem;
}

void Mensagens::exibeMensagem()
{
```

```
35      cout << mensagem << endl;
36 }
```

Neste arquivo incluímos a classe mensagens, linha 02, como também *iostream* e *string*, pois iremos utilizar os seus recursos.

Como sempre para evitar o uso de *std*, o *using namespace* foi incluído, linha 05. Criamos uma variável do tipo *string* (linha 07), que irá nos auxiliar.

Todo construtor ou método em que damos corpo está vinculado ao nome da classe seguido pelo escopo unário (::). Este vínculo nos permite não só dá corpo aos protótipos da classe, como também manipular a variável privada da classe "Mensagem", sendo só possível dentro dos construtores e métodos em que estamos dando "corpo". Tentar utilizar a variável privada fora de um método, por exemplo, resultaria em erro.

Na linha 09 criamos um construtor vazio e sem argumentos, que como havia falado: construtores devem possuir o mesmo nome da classe. São métodos especiais, já que quando criamos um objeto da classe, para poder manipular seus métodos, como vimos no exemplo anterior, podemos passar algum argumento diretamente ao objeto, se houver, obviamente, algum construtor desta classe que requeira algum argumento.

Se um construtor se assemelha a um método, então podemos sobrecarregar também o construtor, se assim desejar. O primeiro construtor foi criado vazio e sem parâmetros, linha 09, o que desobriga criar um objeto da classe em que necessite passar algum argumento ao mesmo.

Na linha 11 temos o construtor com dois parâmetros, onde pegamos os argumentos e concatenamos na variável texto, lembrando que a conversão *to_string* foi utilizada por "n1" se tratar de uma variável do tipo inteiro. Feito isso atribuímos a variável privada mensagem da classe.

No próximo construtor (linhas 17 a 21), fazemos algo relativo, sendo que desta vez se tratando de três parâmetros.

Já na linha 23 damos corpo ao método *setMensagem*, onde captura o argumento e passa direto a variável mensagem. O seu tipo de retorno é *void*. Em *getMensagem* (linha 28 a 31) só é responsável em retornar o conteúdo da variável privada mensagem, onde o tipo de retorno do método é do tipo *string*.

Por fim damos corpo ao método *exibeMensagem*, sem retorno *void*, que nos exibe a mensagem contida na variável privada mensagem.

Agora vamos criar um arquivo de extensão cpp, que manipule essa classe, para entendermos melhor.

```
#include <iostream>
#include "Mensagens.h"

using namespace std;

int main()
{
    Mensagens m1;
```

```
09       m1.setMensagem("Olá mundo\n");
10       cout << m1.getMensagem() << endl;
11
12       Mensagens m2("Tate No Yuusha. Temporada(s): ", 1);
13       m2.exibeMensagem();
14       Mensagens m3("Shingeki no Kyojin. (Temporada(s)|Episódios) - ", 3, 59);
15       m3.exibeMensagem();
16 }
```

Na linha 02, incluímos a classe mensagens e declaramos um objeto da mesma (linha 08), já que para manusear métodos de uma classe precisaremos criar um objeto que referencie o mesmo. Neste caso, o objeto da classe é de nome "m1" sem nenhum tipo de argumento, onde utilizamos o método *setMensagem* (linha 09), para incluirmos algum texto à variável privada da classe e o *getMensagem* (linha 10) nos exibe o seu conteúdo através do comando *cout*, como vimos anteriormente.
Já na linha 12 criamos outro objeto de classe "m2", onde passamos dois argumentos e em seguida na linha 13, pedimos que seja exibida a mensagem com o uso do método *exibeMensagem*.

Já na linha 14 criamos um objeto de classe m3, onde passamos três argumentos ao seu construtor; que logo em seguida solicitamos a exibição da mensagem (linha 15), com o uso do método exibeMensagem.

Isso só é possível porque temos construtores na classe com zero, dois ou três argumentos. A saída desse programa será:

```
Olá mundo
Tate No Yuusha. Temporada(s): 1
Shingeki no Kyojin. (Temporada(s)|Episódios) - 3|59
```

Objetos de classe, métodos e parâmetros constantes

Como vimos na criação de variáveis constantes é possível declarar variáveis comuns como constantes com o uso de *const*, também para variáveis estáticas, ponteiros, objetos de classes, parâmetros e até métodos que não haja alteração das variáveis ou objetos pertencentes à classe, pois ao declarar como uma constante nenhuma alteração será aceita com relação ao conteúdo da classe. Por exemplo, caso eu declare um objeto de classe como constante no exemplo anterior que vimos. Ex:

```
const Mensagens m("One Punch Man: " , 2);
```

E se chamar o método setMensagem que altera o conteúdo:

```
m.setMensagem("BNA\n");
```

O programa iria nos retornar a seguinte mensagem de erro ao ser compilado.

```
ex.cpp:17:23: error: passing 'const Mensagens' as 'this' argument discards qualifiers [-fpermissive]
   17 |   m.setMensagem("BNA\n");
      |                        ^
In file included from ex.cpp:3:
Mensagens.cpp:23:6: note:   in call to 'void Mensagens::setMensagem(std::string)'
```

```
23 | void Mensagens::setMensagem(string t)
```

Impedindo assim que o argumento passado ao construtor seja alterado pelo método *setMensagem*; já que o objeto de classe foi declarado como constante.

Como havia falado é possível declarar também métodos, que não haja alterações de dados declarados pela classe. Ex:

```
string Mensagens::getMensagem()const
{
        return mensagem;
}
```

Caso, acidentalmente, fôssemos incluir algum conteúdo de alteração dentro deste método como uma concatenação à variável pertencente de classe. Ex:

```
string Mensagens::getMensagem()const
{
        mensagem +="!";
        return mensagem;
}
```

Um erro similar nos seria retornado, durante a compilação, já que o método por ser constante não irá aceitar alteração de dados. Lembrando que o protótipo deve ser declarado também como constante e não só o corpo do método, já que o protótipo deve ser idêntico ao cabeçalho do corpo de seu método, com exceção da declaração dos nomes de variáveis, pois é um requisito opcional ao declarar um protótipo.

Agora se criássemos uma variável local dentro do método e atribuíssemos dados ao mesmo, nenhum erro nos retornaria, já que não estamos manipulando a variável da classe e sim uma variável local criada dentro do método. Ex:

```
string Mensagens::getMensagem()const
{
        int d=10;
        d+=30;
        return mensagem;
}
```

E ao declarar parâmetros constantes, isso evitaria que os argumentos passados sejam alterados acidentalmente dentro do método. Ex:

```
void Mensagens::setMensagem(const string t)
{
        //linhas de comando
}
```

Neste caso não poderei alterar de forma alguma o conteúdo do argumento "t" do tipo *string* dentro do método, devido a ser um dado do tipo constante (*const*); do contrário, um erro seria retornado. Lembre-se, constantes só são utilizadas quando você deseja que algum determinado conteúdo impeça de ser alterado.

Criando um ponteiro para um objeto de classe

É possível criar um ponteiro para um objeto de classe, você deverá substituir o acesso aos métodos habitualmente separados por ponto (.) pelo operador de ponteiro (->). Digamos que eu tenha uma classe de nome Calcula e com um método de nome *setSoma*, que precisa de dois argumentos. Ex:

```
Calcula cal;
cal.setSoma(12, 18);
```

Eu poderia criar um ponteiro desta classe e depois fazer referência ao objeto da classe que criamos (cal). Ex:

```
Calcula *calPont = &cal;
calPont->setSoma(42, 27);
```

Por se tratar de um ponteiro precisamos da referência (&) do objeto e o chamado do método passa a ser utilizado com o operador de ponteiro (->).
Que ao alterar utilizando-se do ponteiro, estará alterando o objeto de classe. Vamos a um exemplo, para um melhor esclarecimento:

Mensagem.h

```
01 #pragma once
02 #include <string>
03
04 using namespace std;
05
06 class Mensagens
07 {
08      private:
09              string mensagem;
10
11      public:
12              void setMensagem(string);
13              void exibeMensagem();
14              string getMensagem();
15 };
```

No exemplo acima criamos uma variável *string* privada de nome "mensagem" e três métodos públicos, dois sem retorno do tipo *void*, linhas 12 e 13, e outro que nos retorna uma *string* (linha 14). Agora vamos dar "corpo" aos métodos.

Mensagem.cpp

```
#include "Mensagens.h"
#include <iostream>
```

```
03 #include <string>
04
05 using namespace std;
06
07 void Mensagens::setMensagem(string t)
08 {
09     mensagem=t;
10 }
11 void Mensagens::exibeMensagem()
12 {
13     cout<<mensagem<<endl;
14 }
15 string Mensagens::getMensagem()
16 {
17     return mensagem;
18 }
```

Incluímos a biblioteca *iostream* e *string* (linhas 02 e 03), além da estrutura de protótipos da classe que criamos anteriormente, linha 01.

Na linha 07 damos corpo ao método *setMensagem,* indicando que é sem retorno (*void*) e que está vinculado à classe Mensagens, onde possui um parâmetro. Cujo argumento passado ao método será atribuído à variável privada mensagem (linha 09).

Na linha 11 temos o método *exibeMensagem*, sem retorno (void) e vinculado à classe Mensagens, que simplesmente exibimos o conteúdo da variável privada mensagem.

Por fim, damos corpo ao método *getMensagem* (linha 15), que afirmamos que seu retorno é do tipo *string* e está vinculado à classe Mensagens. Que nos retorna o conteúdo da variável privada mensagem (linha 17).

Agora veremos um exemplo utilizando desta classe, onde criaremos um objeto de classe e depois um ponteiro de objeto de classe em que referenciará o objeto de classe que criamos, que ao alterar o conteúdo do mesmo, verá que o próprio objeto sofrerá alteração.

```
#include "Mensagens.h"

using namespace std;

int main()
{
    Mensagens bv;
    Mensagens *bvPonteiro = &bv;
    bv.setMensagem("Olá mundo");
    bv.exibeMensagem();

    bvPonteiro->setMensagem("Cyberpunk 2077");
```

```
13      bv.exibeMensagem();
14      cout<<bvPonteiro->getMensagem()<<endl;
15 }
```

Na linha 01 incluímos a classe mensagem. Criamos um objeto de classe "bv" (linha 07) e um ponteiro de objeto de classe (linha 08) que está atribuído à referência ao objeto de classe "bv".

Primeiramente, utilizamos o objeto de classe "bv", onde atribuímos uma mensagem (linha 09) e chamamos o método que exibe o conteúdo (linha 10).

Com o uso de ponteiro, para utilizar um método utilizamos o operador de ponteiro (->), onde passamos uma frase ao método *setMensagem* (linha 12) e depois solicitamos a sua exibição (linha 13) pelo objeto "bv", para comprovar que o conteúdo de sua mensagem foi alterado, sendo agora *Cyberpunk 2077*. Por conveniência, chamamos o *getMensagem* com o ponteiro de objeto de classe (linha 14), só para afirmar o seu conteúdo.

Pelo método *getMensagem* só nos retornar o conteúdo de uma *string*, precisaremos utilizar o comando *cout*, para que o conteúdo do mesmo seja exibido.

A saída desse programa será:

```
Olá mundo
Cyberpunk 2077
Cyberpunk 2077
```

Destruidores

Um destruidor é precedido de til (~) acompanhado do objeto que se deseja excluir. Ele é chamado implicitamente quando o programa deixa o escopo no qual o objeto foi instanciado.

Destruidores são chamados quando o objeto ao qual está atrelado se encerra ou quando o programa gera algum tipo de erro. Toda classe possui o seu destruidor, se não for declarado explicitamente o compilador criará um destruidor vazio.

Para a maioria das classes isso já é o suficiente, mas, quando há objetos de memória dinâmica, eles são utilizados para garantir a liberação da memória do sistema, quando finalizados. Um destruidor limpa o ambiente de trabalho de um objeto, o que implica liberar a memória alocada.

Um destruidor quando declarado, ele deverá ter o mesmo nome da classe precedido de til (~) e não deve conter tipo de retorno ou argumentos. Veja o exemplo:

Alunos.h

```
#pragma once
#include <string>

using namespace std;

class Alunos
{
    private:
```

```
09          string aluno;
10          float* notasAluno;
11          int qNotas;
12      public:
13          Alunos(string, float*, int);
14          ~Alunos();
15          void exibe();
16 };
```

A diretiva #pragma once, que o próprio *Visual Studio* acrescenta, serve para dizer ao compilador que o cabeçalho só deve ser carregado uma única vez, desta forma evitando confrontos de inclusão. Ele foi incluído para substituir o antigo sistema de diretivas de compilação que vimos em C:

```
#ifndef MENSAGENS_H
#define MENSAGENS_H
//Comandos
#endif
```

Incluímos a biblioteca que iremos utilizar neste exemplo (linha 02) e utilizamos *namespace* para que o vínculo *std* não seja necessário (linha 04).

Criamos a classe alunos (linha 06) onde possui uma *string* (linha 09), um ponteiro do tipo *float* (linha 10) e uma variável inteira (linha 11), explícito que o seu tipo de acesso é privado (linha 08), ou seja, só podendo ser manipulada na própria classe ou métodos vinculados.

Criamos um construtor (linha 14) de acesso público (linha 13), assim como seu destruidor (linha 14) e um método sem retorno (linha 15).

Agora vamos dar "corpo" ao método e construtor.

Alunos.cpp

```
#include <iostream>
#include <string>
#include "Alunos.h"
using namespace std;
Alunos::Alunos(string nome, float* notas, int tam)
{
    aluno = nome;
    notasAluno = notas;
    qNotas = tam;
}
Alunos::~Alunos()
{
    cout << "Objeto destruído: " << aluno << endl;
```

```
17 }
18
19 void Alunos::exibe()
20 {
21       cout<<"Nome: "<<aluno<<endl;
22       for(int i=0; i<qNotas; i++)
23             cout<<"Nota n°"<<i+1<<": "<<notasAluno[i]<<endl;
24 }
```

Foram incluídas as bibliotecas necessárias, assim como a classe alunos (linha 01 a 03). Mais uma vez *namespace std*, para evitar a digitação de vínculo de *std* no código (linha 05).

Dando corpo ao construtor alunos (linha 07), que simplesmente pega os argumentos passados e atribui às variáveis privadas da classe.

Criamos o construtor de destruição da classe (linha 14), onde avisamos quando o mesmo é chamado ao passar algum dado resgatado do próprio construtor. Mesmo que nada venha a ser utilizado é obrigatório que o construtor seja declarado, nem que abra e se feche os limitadores de bloco ({}).

Por fim, damos corpo ao método exibe, sem retorno (linha 19), que irá nos exibir os dados diretamente com o uso de *cout*. Um laço foi utilizado porque o ponteiro irá nos referenciar um vetor, que irá passear pelo mesmo com base no tamanho passado pelo construtor (int tam) que foi atribuído a "qNotas", linha 11.

Basicamente o construtor pega o nome do aluno no primeiro parâmetro, o *array* como ponteiro e no último parâmetro o tamanho desse *array*.

Agora você deve estar se perguntando, não poderia passar um vetor ao invés de um ponteiro? Sim, poderia.

E porque passar o tamanho desse vetor, não posso simplesmente pegar o seu tamanho com sizeof:

```
qNotas = (int)sizeof(notas)/sizeof(notas[0]);
```

A resposta é não. Quando você passa um *array* para uma função, ela se decompõe em um ponteiro para o primeiro elemento, momento em que o conhecimento de seu tamanho é perdido. Por isso que tem de haver um parâmetro para saber o tamanho do vetor passado. Diante disse tanto faz passar um ponteiro ou um *array* como parâmetro.

E agora um arquivo para executar nossa classe.

```
#include "Alunos.h"

#include <iostream>
#include <string>

using namespace std;
```

```
07
08 int main()
09 {
10      int qn;
11      string nomeAluno;
12      cout<<"Digite o nome do aluno: "<<endl;
13      cin>>nomeAluno;
14      cout<<"Digite a quantidade de notas: "<<endl;
15      cin>>qn;
16      float notas[qn];
17      for(int i=0; i<qn; i++)
18      {
19              cout<<"Digite a "<<i+1<<" nota: "<<endl;
20              cin>>notas[i];
21      }
22      system("cls");
23      Alunos aluno(nomeAluno, notas, qn);
24      aluno.exibe();
25 }
```

Incluímos a classe e bibliotecas necessárias para o exemplo, assim como a linha 06 para evitar a utilização de *std*. Criamos uma variável do tipo inteiro (linha 10) e do tipo texto (linha 11). Onde utilizamos *cout* e *cin* para informar e capturar as informações, atribuindo às variáveis. Uma delas (linha 14) nos pergunta a quantidade de notas, onde guardados esses dados na variável "qn" (linha 15), que nos servirá para criar um vetor do tipo ponto flutuante (linha 16).

Criamos um laço (linhas 17 a 21) para pegar e preencher esse vetor, onde o contador "i" nos servirá para "passear" pelo vetor e preencher com os valores passados pelo usuário.

Fazemos uma limpeza na tela (linha 22) e, finalmente, declaramos um objeto da classe alunos (linha 23), onde passamos o nome do aluno, o vetor com as notas e o tamanho do vetor (qn), para exibir esses dados, com o uso do método exibe (linha 24) da classe alunos.

A saída será algo como:

```
Nome: Roberto
Nota n°1: 10
Nota n°2: 7
Nota n°3: 8
Nota n°4: 5.5
Nota n°5: 6.5
Objeto destruído: Roberto
```

Classe e métodos amigos

Uma classe amiga permite que outra classe, ao qual nomeou como amiga, se utilize de suas variáveis e métodos de forma indiscriminada. O que quebra o conceito de restrição de acesso.

Se criarmos variáveis do tipo privado (*private*) para que só sejam manipuladas dentro da própria classe e nunca fora dela, essa regra não valeria para classes amigas. Muitos criticam o seu uso devido à violação de acesso privado.

Aqui foi incluído porque alguns preferem usá-la, pois esse tipo de descontrole só ocorre entre as classes e não fora delas.
Como exemplo, criarei três classes, sendo duas amigas, se levar o conceito de dividir para conquistar. Teríamos seis arquivos só dedicados a classes e um outro para executar o exemplo. Totalizando sete arquivos para um único exemplo. O que acabaria por tornar a estrutura extensa e de maior dificuldade de entendimento. Por isso, criarei um único arquivo para cada classe e não com os protótipos de métodos em um arquivo e a criação de corpo desses métodos em outro. Além disso, serão bem simples para entendimento.

Vamos criar uma classe "Soma", que tornará amiga da classe "Calcula" e com isso a classe "Calcula" poderá manipular os métodos e variáveis da classe "Soma" livremente de acesso.

```
Soma.h
01 class Soma
02 {
03     friend class Calcula;
04 private:
05     float total;
06 public:
07     void setSoma(float f1, float f2)
08     {
09         total = f1 + f2;
10     }
11 };
```

Criamos uma classe muito simples, de nome "Soma", com um único método de nome setSoma (linha 07), do tipo sem retorno (*void*), que possui dois parâmetros cuja a finalidade é somá-los e atribuí-los à variável privada "total".

Mas, por que não criar um método para que possa retornar o conteúdo da variável privada "total"? Porque como falei, classes amigas não respeitam o acesso privado e para comprovar isso pegaremos diretamente o conteúdo armazenado em "total", sem o uso de método.

E como deve ter percebido, afirmo que a classe "Soma" é amiga (friend) da classe "Calcula" e por isso a classe "Calcula" poderá se beneficiar de seu método e de sua variável, linha 03.

Foi criada outra classe de nome "Multiplica" que irá tornar-se, assim como a classe "Soma", amiga da classe "Calcula", com a diferença que esta classe terá um método que realizará a multiplicação.

```
Multiplica.h
01 class Multiplica
02 {
03     friend class Calcula;
```

```
private:
    float total;
public:
    void setMulti(float f1, float f2)
    {
            total = f1 * f2;
    }
};
```

Agora faremos a classe "Calcula" que irá manipular ambos os métodos das classes "Soma" e "Multiplica".

Calcula.h

```
01 #include "Soma.h"
02 #include "Multiplica.h"
03
04 class Calcula
05 {
06 private:
07     float op, resp;
08 protected:
09     Soma s;
10     Multiplica m;
11 public:
12     void setCal(float f1, float f2, float alternativa)
13     {
14             op = alternativa;
15             if(op==1)
16                     s.setSoma(f1, f2);
17             else if(op==2)
18                     m.setMulti(f1, f2);
19     }
20 public:
21     float getCal()
22     {
23             if(op==1)
24                     resp = s.total;
25             else if(op==2)
26                     resp = m.total;
27             return resp;
28     }
29 };
```

No código foram incluídas ambas as classes "Soma" e "Multiplica", linhas 01 e 02. Na classe "Calcula" foram criadas algumas variáveis privadas (linha 07) e objetos de classe das classes "Soma" e "Multiplica", linhas 09 e 10, respectivamente.

Criamos um método sem retorno (linha 12), onde os dois primeiros parâmetros são números que iremos multiplicar ou somar, com base no valor do terceiro argumento passado ao método.

Pegamos por sinal o conteúdo da variável "alternativa" e armazenamos na variável privada "op", que nos será útil para o método getCal(). Verificamos se o valor de "op" é um (1), linha 15, caso afirmativo, então chamamos o método *setSoma* da classe Soma (linha 16).

Do contrário, ocorrerá então uma multiplicação e usaremos o método *setMulti* da classe "Multiplica" para isso, linha 18, em ambos os casos utilizando o objeto de cada classe, para que possa através deles acessar o método de cada classe.

O método público *getCal*(), linha 21, nos retorna um valor do tipo flutuante (*float*). Por ambas as classes serem amigas de Calcula, poderei pegar diretamente o conteúdo da variável total de cada uma e atribuir à variável privada "resp", pertencente a classe "Calcula".

Isso é para provar que classes amigas não oferecem restrições, mesmo quando há declaração de acesso do tipo privado.

Se criássemos um método do tipo *getSoma*() e *getMulti*() para nos retornar o valor da variável privada "total" para as classes Soma e Multiplica, respectivamente, sem manipular diretamente esta variável, ao contrário do que fizemos em nosso exemplo. Nem precisaríamos declarar as classes "Soma" e "Multiplica" como amigas (*friend*). O programa iria compilar normalmente, já que não haveria violação de acesso à variável privada total de ambas as classes devido a manipulação desta variável por uso de métodos.

Por fim, criamos um pequeno programinha para se fazer uso da classe "Calcula".

```
#include <iostream>
#include "Calcula.h"

using namespace std;

int main()
{
    Calcula cal;
    float f1, f2, op;
    cout<<"Escolha a opção:"<<endl;
    cout<<"1 - Soma"<<endl;
    cout<<"2 - Multiplicação"<<endl;
    cin>>op;
    cout<<"Digite o primeiro número: ";
    cin>>f1;
    cout<<"Digite o segundo número: ";
    cin>>f2;
    cal.setCal(f1, f2, op);
    cout<<"Resultado: "<<cal.getCal()<<endl;
}
```

Foi incluída, obviamente, a classe "Calcula" (linha 02), além da biblioteca responsável pela entrada e saída de informações (linha 01).

Enfim, criamos um objeto da classe "Calcula" de nome "cal". E pedimos ao usuário para escolher entre duas opções (linhas 11 e 12), cuja opção digitada será armazenada na variável "op" (linha 13), também pegamos dois números com o usuário (linhas 14 a 17), que através disso passamos os argumentos capturados ao método *setCal* da classe "Calcula", usando para isso o objeto de classe, linha 18. E através de um *cout* (linha 19) imprimimos na tela o conteúdo de retorno do método *getCal*().

A saída desse programa será algo como:

```
Escolha a opção:
1 - Soma
2 - Multiplicação
2
Digite o primeiro número: 4
Digite o segundo número: 5
Resultado: 20
```

Mas, se desejasse criar só um método amigo ao invés da classe inteira? Poderíamos utilizar o mesmo sem o uso do objeto de classe, porém, nós teríamos que passar por argumento o objeto de classe, para poder manuseá-lo, em outras palavras, o objeto de classe ainda estaria presente mesmo que de forma indireta. Ex:

```
01 class Maior
02 {
03 private:
04      int resp;
05 public:
06      friend void setMaior(Maior &m, int n1, int n2)
07      {
08               n1>n2? m.resp = n1 : m.resp = n2;
09      }
10 public:
11      int getMaior()
12      {
13               return resp;
14      }
15 };
```

A classe "Maior" criada possui um método amigo (linha 06), que tem por argumento obrigatório uma referência a um objeto da classe, fora os demais argumentos que foram criados, com o objeto de saber qual é o maior valor entre dois números.

Para isso, utilizamos um operador ternário (linha 08), que caso "n1" seja maior do que "n2", o conteúdo da variável privada "resp" será atribuído ao valor de "n1", do contrário, "resp" terá o valor de "n2". Onde o método *getMaior*(), linha 11, nos retorna o conteúdo da variável privada "resp".

Usaríamos essa estrutura da seguinte forma:

```
01 #include "Maior.h"
02 #include <iostream>
03
04 using namespace std;
05
06 int main()
07 {
08       Maior maior;
09       setMaior(maior, 5, 7);
10       cout<<"O maior número é: "<<maior.getMaior()<<endl;
11 }
```

Ao invez de ser:

```
Maior maior;
Maior.setMaior(5, 7);
```

Ficou:

```
Maior maior;
setMaior(maior, 5, 7);
```

Pegamos e incluímos a classe "Maior" (linha 01), declaramos um objeto da classe "Maior" e chamamos *setMaior*, passando o objeto de classe criado e dois valores, no caso cinco e sete.

Que ao chamar o getMaior (linha 10) irá nos retornar o maior valor, no caso sete, que será impresso na tela devido ao uso do comando *cout*; que por não ser um método amigo, segue a estrutura padrão da manipulação de método através de um objeto de classe.

A saída desse programa será:

```
O maior número é: 7
```

Método estático

Um método estático nos permite reservar o conteúdo armazenado de uma variável, que esteja presente neste método, por exemplo, a todos os objetos de classe criados. Então um método estático torna único a todos os objetos de classe.

Digamos que eu tenha um sistema de cadastro de jogos, por exemplo, que utilize de vários objetos de classes diferentes por alguma razão, caso eu queira contar para saber a quantidade de jogos já cadastrados, eu, obrigatoriamente, teria de criar um método estático para saber qual o total registrado.

```
Cadastra.h
#pragma once
#include <string>

using namespace std;
```

```
05
06 class Cadastra
07 {
08 private:
09       string game;
10       static int total;
11 public:
12       void setCadastra(string);
13       static int getTotal();
14 };
```

A diretiva #pragma once (linha 01), que o próprio *Visual Studio* acrescenta, serve para dizer ao compilador que o cabeçalho só deve ser carregado uma única vez, desta forma evitando confrontos de inclusão. Na linha 06 criamos a classe "Cadastra", onde há duas variáveis, sendo "total" (linha 10) uma variável estática.

Além disso, foram criados dois protótipos de métodos públicos em que *getTotal*() é um método estático e, por isso, só manipula variáveis do tipo estático. Métodos estáticos só podem acessar estado estático já que eles valem para toda a aplicação só podem acessar dados que também valem para toda aplicação.

Agora vamos dar corpo aos nossos protótipos:

Cadastra.cpp

```
01 #include <string>
02 #include "Cadastra.h"
03
04 using namespace std;
05
06 int Cadastra::total=0;
07
08 void Cadastra::setCadastra(string nome)
09 {
10       game = nome;
11       ++total;
12 }
13
14 int Cadastra::getTotal()
15 {
16       return total;
17 }
```

Na linha 06 inicializamos a variável "total" como zero (0). Este tipo de declaração é possível, pois variáveis estáticas são variáveis que não são duplicadas nos objetos da classe, elas são atributos da própria classe. Esse tipo de declaração é obrigatória, como se estivéssemos dando corpo a um método.

Já na linha 08 criamos o corpo do método *setCadastra*, onde o nome passado é atribuído à variável privada "game" e incrementamos a variável estática total em um (linha 11).

Enquanto o método *getTotal*(), linha 14, só nos retorna o conteúdo da variável estática total.

Vamos criar um exemplo para se utilizar dessa classe

```
01 #include <iostream>
02 #include "Cadastra.h"
03
04 using namespace std;
05
06 int main()
07 {
08       Cadastra cad1, cad2, cad3;
09       cad1.setCadastra("Cyberpunck 2077");
10       cad2.setCadastra("Fallout 4");
11       cad3.setCadastra("Fallout 76");
12
13       cout<<"Total de games cadastrados: "<<Cadastra::getTotal()<<endl;
14 }
```

No exemplo acima criamos três objetos de classe (linha 08) e em cada objeto utilizamos o método *setCadastra*, linhas 09 a 11. Na linha 13 pegamos a quantidade total de jogos que foram cadastrados pelos objetos de classe, que no caso nos retornará três.
Já que o método estático *getTotal* não referencia um objeto de classe especificamente, ela então não pode ser puxada simplesmente com o uso do objeto de classe, como comumente fazemos. Já que é atrelada de forma exclusiva à classe e não ao objeto, devendo-se puxar esse método por vínculo de classe, como ocorreu na linha 13.

A saída desse programa será:

```
Total de games cadastrados: 3
```

Classe Proxy

Permite restringir o acesso às variáveis privadas em que mesmo com o uso de vínculo não seja possível manipulá-las diretamente. Isso nos garante uma maior segurança na preservação dos dados. Porém, a sua estrutura é um pouco mais complexa.

Para isso criamos uma classe "X", depois criamos outra classe "Y" com os protótipos de métodos idênticos à classe anteriormente criada e sem nenhuma variável, as variáveis serão utilizadas da classe "X" e não "Y". Onde dentro da estrutura "Y" declaramos a classe "X" como um ponteiro de referência à classe "X".

Quando formos dá corpo ao método da classe "Y" pegamos e passamos o argumento de "Y" para "X", através do ponteiro de referência, já que não existe nenhuma variável em "Y" e por isso deve-se repassar a "X" para que o mesmo trate dos argumentos.

Para que a variável privada de "X" possa ser enxergada em "Y", precisaremos declarar em um construtor, pois eles aceitam inicializadores de membros. E esse tipo de inicialização deve-se ter em "Y" atrelado à classe "X", para que se permaneça o vínculo.

Como sempre, para termos um melhor entendimento, vamos criar uma classe de nome "ProxyCubo" e outra "Cubo". Em "ProxyCubo" criaremos variáveis e métodos que forem necessários. Em "Cubo" só criaremos os métodos que sejam idênticos ao "ProxyCubo", além do construtor para inicializar a classe privada. Devemos também declarar "ProxyCubo" e um ponteiro de referência dentro da classe "Cubo". Desta forma quando formos dar corpo aos métodos de "Cubo" passaremos os métodos de "ProxyCubo" pelo ponteiro de referência, para que a variável seja inicializada pelo construtor. Evitando assim o acesso direto à variável privada por vínculo da classe cliente.

ProxyCubo.h

```
01 class ProxyCubo
02 {
03 private:
04       int cubo;
05 public:
06       ProxyCubo(int v)
07                :cubo(v)
08       {
09                setCubo(v);
10       }
11       void setCubo(int n)
12       {
13                cubo = n*n*n;
14       }
15       int getCubo()
16       {
17                return cubo;
18       }
19 };
```

Criamos a classe ProxyCubo, onde declaramos uma variável privada (linha 04) e a inicializamos pelo construtor (linhas 06 e 07), logo em seguida, pegamos o argumento passado ao construtor e passamos ao método setCubo, linha 09. Onde simplesmente multiplica o argumento passado, três vezes por ele mesmo atribui à variável privada "cubo" (linha 13).

Com isso, devemos declarar um objeto de classe passando obrigatoriamente um valor. E com setCubo poderemos alterar esse valor a qualquer hora que desejarmos. Por fim, getCubo nos retorna o conteúdo da variável cubo (linha 17).

Cubo.h

```
#pragma once
class ProxyCubo;

class Cubo
{
public:
```

```
07        Cubo(int v);
08        void setCubo(int);
09        int getCubo();
10 private:
11        ProxyCubo* pCubo;
12 };
```

A diretiva #pragma once, que o próprio *Visual Studio* acrescenta, serve para dizer ao compilador que o cabeçalho só deve ser carregado uma única vez, desta forma evitando confrontos de inclusão.

Na classe "Cubo" iremos declarar o nome dos mesmos métodos de "ProxyCubo" para não nos perdermos ao se utilizar de suas referências com o uso do ponteiro "pCubo" que foi declarado na linha 11.

Cubo.cpp

```
01 #include "ProxyCubo.h"
02 #include "Cubo.h"
03
04 Cubo::Cubo(int v)
05        :pCubo(new ProxyCubo(v))
06 {
07        setCubo(v);
08 }
09 void Cubo::setCubo(int n)
10 {
11        pCubo->setCubo(n);
12 }
13 int Cubo::getCubo()
14 {
15        return pCubo->getCubo();
16 }
```

Aqui daremos corpo aos métodos e classes. Incluímos a classe "ProxyCubo" e "Cubo" (linhas 01 e 02). Inicializamos o ponteiro pelo construtor da classe "Cubo", já que construtores aceitam inicializadores de membros, nos referindo à classe principal "ProxyCubo" (linha 05). E o argumento passado ao construtor mais uma vez é passado ao método "setCubo" (linha 07).

Qualquer um dos métodos utiliza-se do ponteiro que faz referência ao método de mesmo nome da classe "ProxyCubo", em que o argumento passado ao método "setCubo" (linha 09) irá para o método "setCubo" de "ProxyCubo" (linha 11), que possui a variável privada que irá tratar de calcular e atribuir o resultado a mesma.

Como "getCubo" (linha 13), que nos serve de ponte para a chamada de "getCubo" da classe "ProxyCubo", onde irá nos retornar o conteúdo da variável privada da classe, em que utilizamos o ponteiro "pCubo" referente à classe "ProxyCubo" para realizar essa chamada.

Para testarmos a classe, criaremos um pequeno exemplo.

```
01 #include <iostream>
02 #include "Cubo.h"
03
04 using namespace std;
05
06 int main()
07 {
08      int n;
09      cout<<"Digite um valor: ";
10      cin>>n;
11      Cubo cubo(n);
12      cout << "O cubo deste número é: " << cubo.getCubo() << endl;
13 }
```

Basicamente, o programa pede um valor ao usuário (linha 09), captura-se e atribui a variável "n" (linha 10) e cria-se um objeto da classe "Cubo", passando o valor. Onde exibimos o resultado com o uso de *cout* (linha 12), que exibe o conteúdo resgatado de "getCubo".

A saída desse programa será algo como:

```
Digite um valor: 5
O cubo deste número é: 125
```

Utilizando *Namespace*

O *namespace* éum grupo lógico criado para evitar colisões de nomes que podem vir a ocorrer quando há um número extenso de bibliotecas inclusas no código, há programadores que se utilizam desta ferramenta principalmente na criação de classes, mas que pode ser utilizado em funções e variáveis. Quando você nomeia uma classe, por exemplo, com o hábito de fazê-lo em inglês, torna-se recomendável se utilizar desta ferramenta, justamente para evitar qualquer tipo de colisão.

Quando se utiliza identificadores da nossa linguagem (português Brasil), a possibilidade de uma colisão com alguma biblioteca da linguagem é praticamente nula, contudo, há programadores que ainda se utilizam para garantir uma maior segurança, pois em uma manutenção de código ou atualização possa vir a utilizar de algum termo em inglês em algum dado momento ou siglas de um nome composto de um objeto qualquer, que venha a se assemelhar a um nome em inglês.

A utilização de *namespace* não é obrigatória, mas garante uma maior segurança quando o seu projeto for algo profissional, ou seja, extenso e repleto de bibliotecas. E por isso, será abordado este tema neste tópico.

Para criar este tipo de estrutura utilizamos o seu termo, *namespace*, junto com um identificador, o mesmo deverá vir acompanhado de limitadores de bloco. E para se utilizar que uma variável, função ou classe que estejam atreladas ao mesmo, precisaremos utilizar de seu identificador, junto com o identificador do objeto que desejamos manipular através de um vínculo ou operador de resolução de escopo. Vamos ver alguns exemplos rápidos de como ficaria cada exemplo.

Utilizando-se em variáveis e funções

```
01 #include <iostream>
02 using namespace std;
03 namespace variavel {
04       string nome;
05       int idade;
06 }
07
08 namespace encargo {
09       void verificaIdade();
10 }
11
12 int main()
13 {
14       cout << "Digite um nome: ";
15       cin >> variavel::nome;
16
17       cout << "Digite a idade: ";
18       cin >> variavel::idade;
19       cout << variavel::nome << " - " << variavel::idade << " ano(s)" << endl;
20       encargo::verificaIdade();
21 }
22
23 void encargo::verificaIdade()
24 {
25       variavel::idade >= 18 ? cout << "Maior de idade" : cout << "Menor de idade" << endl;
26 }
```

Na linha 03 foi criado um *namespace* de nome "variavel", para guardar duas variáveis globais, linhas 04 e 05. Quando utilizamos dessas, precisamos informar junto com o nome da variável o identificador do *namespace*, onde se utiliza o operador de vínculo (::), também conhecido como operador de resolução de escopo, como podemos ver nas linhas 15, 18, 19 e 25, como também na função sem retorno que criamos utiliza-se do seu *namespace* para que possa ser manipulada, linha 20.

Na linha 08 foi criado um protótipo de função, sem retorno e sem parâmetro com um *namespace* de nome encargo, que manipula diretamente a variável global idade com o uso do operador ternário para exibir uma mensagem afirmando que o usuário é ou não maior de idade, com base na sua estrutura, linha 25, que como vemos, que pra dá corpo a função é necessário vir acompanhado do seu *namespace* junto com o nome da função, linha 23.

Após atribuir valores às variáveis globais, linhas 15 e 18, a função "verificaIdade" é chamada com o vínculo do identificador de nosso *namespace*, no caso encargo, linha 25, que será sempre necessário a não ser que o declare, como fizemos para o *namespace std* da linha 02.

A saída deste programa será algo como:

```
Digite um nome: Rodrigo
```

```
Digite a idade: 39
Rodrigo - 39 ano(s)
Maior de idade
```

Utilizando-se em classe

Vamos criar uma classe bem simples com *namespace*, seguindo os critérios de separação recomendados, vá ao menu principal do *Visual Studio* em projeto > Adicionar Classe...

Crie uma classe de nome Contagem, conforme o exemplo da imagem:

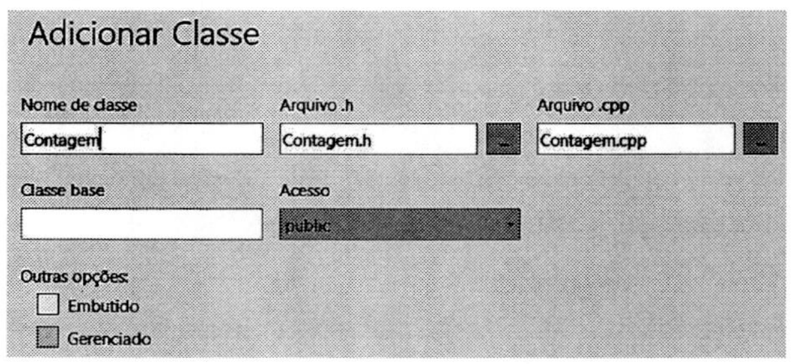

Vamos criar uma variável privada e dois métodos públicos simples, um que pega um valor e outro que retorna esse valor. Ex:

Contagem.h

```
#pragma once
namespace variavel {
    class Contagem {
    private:
            float valor;
    public:
            void setValor(float);
            float getValor();
    };
}
```

Perceba que há um *namespace* de nome "variavel", então se eu fosse dar corpo a esses métodos, além de fornecer o nome da classe, eu precisarei utilizar o nome do *namespace* junto com o operador de resolução de escopo ou vínculo. Ex:

Contagem.cpp

```
#include "Contagem.h"
void variavel::Contagem::setValor(float v)
{
    valor = v;
}
float variavel::Contagem::getValor()
{
    return valor;
}
```

Lembrando que na linha 01 foi incluída a estrutura que possui os protótipos dos métodos, para que possa dar corpo aos mesmos, através do vínculo do *namespace* mais o nome da classe. Que sem a inclusão da linha 01 esse vínculo não seria reconhecido.

Para se utilizar em um exemplo a lógica permanece a mesma, com a diferença agora que deve-se declarar o nome do namespace, no caso "variavel" quando for declarar um objeto desta classe, com ocorreu na linha 07 do nosso exemplo:

```
01 #include <iostream>
02 #include "Contagem.h"
03 using namespace std;
04
05 int main()
06 {
07       variavel::Contagem cont;
08       float v;
09       cout << "Digite um valor: ";
10       cin >> v;
11       cont.setValor(v);
12       cout << "Valor digitado: " << cont.getValor() << endl;
13 }
```

Mas, e se fosse uma herança, como ficaria? Da mesma forma, sempre incluindo o identificador do namespace atrelado a classe. Aproveitando nossa classe Contagem, recém-criada, vamos utilizá-la e criar uma classe de nome Juros a qual herda os métodos da classe Contagem. Para não perder muito tempo, vamos criar um único arquivo para esta estrutura. Ex:

```
Juros.h
#pragma once
#include "Contagem.h"
#include <iostream>

using namespace std;

namespace Contabiliza {
      class Juros: public variavel::Contagem {
      private:
            int op;
            float valor;
      public:
            void setOp(int op)
            {
                  this->op = op;
            }
            float getJuros()
            {
```

```
19                 switch (op)
20                 {
21                         case 1:
22                                 return getValor() * 1.7;
23                                 break;
24                         case 2:
25                                 return getValor() * 1.5;
26                                 break;
27                         case 3:
28                                 return getValor() * 1.30;
29                                 break;
30                         default:
31                                 cout << "Opção inválida!" << endl;
32                 }
33         }
34     };
35 }
```

A classe Juros também possui um *namespace* de nome Contabiliza, linha 07, e a única mudança visível em relação aos nossos exemplos anteriores está no fato da linha 08 utilizar o *namespace* junto com o nome da classe.

A classe juros basicamente resgata uma opção escolhida pelo usuário, em que se "op" for um (1), linha 21, o valor dos juros será de 70%, linha 22; 50% na linha 25, ou 30%, na linha 28. Perceba que em todas as três linhas se utiliza o método *getValor*() herdado da classe Contagem.

Vamos nos utilizar desta classe, em um pequeno exemplo:

```
#include <iostream>
#include "Juros.h"
using namespace std;
using namespace Contabiliza;
int main()
{
    Juros j;
    int op;
    float v;
    cout << "Escolha o tipo de produto:\n" <<
    "1 - Jogos Eletrônicos\n" <<
    "2 - Eletrodomésticos\n" <<
    "3 - Medicamentos\n";
    cin >> op;
    j.setOp(op);
    cout << "Digite o valor do produto: ";
    cin >> v;
    j.setValor(v);
    cout << "Novo valor com juros fica: " << j.getJuros() << endl;
```

```
20 }
```

Na linha 02 foi incluída a nossa classe, em que declaramos um objeto da mesma, linha 07, que graças à declaração de *using namespace,* da linha 04, não precisamos declarar um objeto desta classe como:

```
Contabiliza::Juros j;
```

Basta somente declarar a classe, como ocorreu na linha 07. Das linhas 08 e 09 foram criadas variáveis do tipo inteiro e de ponto flutuante, respectivamente. Enquanto na linha 10 mostra, com o uso de *cout*, uma pequena lista de opções. Cuja a opção escolhida é armazenada na variável "op", linha 14.

Na linha seguinte chamamos o método *setOp*, da classe juros, passando como argumento o conteúdo da variável "op". E na linha 16, informamos que precisamos de um valor, que será armazenado na variável "v", linha 17. Na linha 18 utilizamos o método *setValor* da classe Contagem, que foi herdada, passando este valor.

Para finalizar, na linha 19 exibimos o novo valor com os juros inclusos, através do método *geJuros*() da classe Juros.

A saída deste exemplo será algo como:

```
Escolha o tipo de produto:
1 - Jogos Eletrônicos
2 - Eletrodomésticos
3 - Medicamentos
1
Digite o valor do produto: 187
Novo valor com juros fica: 317.9
```

Criando modelos de funções e classes

Um modelo de função, também chamado de função genérica, nos permite definir uma função que aceite qualquer tipo de dado como parâmetro e retorno, com isso não será necessário reescrever o mesmo código para diferentes tipos de dados, como fazemos comumente na sobrecarga de funções.

Durante a compilação é como se o programa replicasse a estrutura genérica criada para diferentes tipos de dados para ter várias cópias da mesma função ou classe que trate de dados inteiros, ponto flutuante, caracteres ou outro dado em questão.

Para criar este tipo de função precisamos declarar como modelo de função, para isso fazemos o uso de um *template* (modelo) e nomeamos este modelo com o uso de *typename*, normalmente utilizamos uma abreviatura, já que o nome do *template* será utilizado diversas vezes durante o código. Ex:

```
template <typename S>
```

No lugar de *typename* também poderíamos utilizar o termo *class*. Ex:

```
template <class S>
```

No exemplo acima criamos um modelo de abreviatura "S", então se quisermos criar uma função genérica, agora podemos. Precisamos preceder abreviatura "S" do *template* se desejarmos que haja um retorno de dados do tipo genérico, assim como o mesmo "S" deverá ser utilizado para criar uma estrutura genérica para os seus parâmetros. Ex:

```
S exemplo(S v1, S v2)
```

Como percebe os parâmetros e o tipo de retorno foram definidos de forma genérica com o uso do *template* "S". Se eu desejar outra função genérica, novamente devo criar um modelo de função (*template*) e utilizá-lo.

Para este exemplo vamos salvar com a extensão (.h), pelo *Visual Studio* dei o nome de "Compara", dentro dela criei duas funções genéricas, uma que nos retorna o maior e outra que retorna o menor. Ex:

```
Compara.h
01 template <class M>
02 M maior(M v1, M v2)
03 {
04       return v1 > v2? v1 : v2;
05 }
06
07 template <typename M>
08 M menor(M v1, M v2)
09 {
10       return v1 < v2 ? v1 : v2;
11 }
```

Em ambos utilizamos o operador ternário que na linha 04 nos retorna "v1", se "v1" for maior do que "v2", do contrário, nos retorna "v2", que encontra-se na condição falsa. E este dado servirá de retorno para função, com o uso de *return*. De maneira semelhante, ocorre na linha 10, sendo que procurando o menor valor.

Mas como utilizá-lo? Simples, incluímos no código, como sempre, e nos utilizamos de suas funções. Ex:

```
#include <iostream>
#include "compara.h"
using namespace std;

int main()
{
      cout << "O maior entre eles (10, 20):" << maior(10, 20) << endl;
      cout << "O menor entre eles (10, 20):" << menor(10, 20) << endl;

      cout << "O maior entre eles (5.79, 2.12):" << maior(5.79, 2.12) << endl;
      cout << "O menor entre eles (5.79, 2.12):" << menor(5.79, 2.12) << endl;
```

```

    cout << "O maior entre eles ('a', 'A'):" << maior('a', 'A') << endl;
    cout << "O menor entre eles ('a', 'A'):" << menor('a', 'A') << endl;

    cout << "O maior entre eles ('Anime RPG', 'Konosuba'):" << maior("Anime RPG", "Konosuba") << endl;
    cout << "O menor entre eles ('Anime RPG', 'Konosuba'):" << menor("Anime RPG", "Konosuba") << endl;
}
```

A saída deste programa será:

```
O maior entre eles (10, 20):20
O menor entre eles (10, 20):10
O maior entre eles (5.79, 2.12):5.79
O menor entre eles (5.79, 2.12):2.12
O maior entre eles ('a', 'A'):a
O menor entre eles ('a', 'A'):A
O maior entre eles ('Anime RPG', 'Konosuba'):Anime RPG
O menor entre eles ('Anime RPG', 'Konosuba'):Konosuba
```

Lembre-se que na tabela ASCII o "a" equivale a 97, enquanto o "A" equivale a 65 na tabela. Já os modelos de classe são úteis quando uma classe define algo que é independente do tipo de dados. Digamos que eu necessite de uma classe que some valores, independentemente do tipo de dado. Seria feito da seguinte forma:

Calculos.h

```
template <typename C>
class Calculos
{
private:
    C c;
public:
    void setSoma(C x, C y);
    C getSoma();
};

template <typename C>
void Calculos<C>::setSoma(C x,C y)
{
    c = x+y;
}

template <typename C>
C Calculos<C>::getSoma()
{
    return c;
```

```
21 }
```

Foi criado um modelo de dado, de tipo indefinido, de nome "C", linha 01. A classe em si se inicia na linha 02. Onde pegamos o modelo de dados indefinido e declaramos um objeto do mesmo (linha 05).

Criamos dois métodos: um "setSoma" sem retorno (linha 07) que pega dois dados genéricos e um "getSoma" (linha 08) que retorna o dado genérico.

Na linha 12 damos corpo ao método "setSoma", que deve vincular a classe junto ao modelo, além do mais, o conceito é o mesmo. Neste caso, uma simples soma (linha 14) atribuída a um objeto genérico. Onde é retornado por "getSoma" (linhas 17 a 21).

Vamos criar um pequeno exemplo para lidar com essa estrutura.

```
01 #include <iostream>
02 #include "Calculos.h"
03 using namespace std;
04
05 int main()
06 {
07       Calculos<char> cal1;
08       cal1.setSoma('!', 'I');
09       cout<<cal1.getSoma()<<endl;
10
11       Calculos<int> cal2;
12       cal2.setSoma(22, 20);
13       cout<<cal2.getSoma()<<endl;
14
15       Calculos<float> cal3;
16       cal3.setSoma(11.33, 6.44);
17       cout<<cal3.getSoma()<<endl;
18 }
```

Incluímos a biblioteca *iostream*, responsável pela entrada e saída de informações (linha 01), além da classe (linha 02), e tornar a utilização do *std* desnecessária (linha 03).

Perceba que devemos sempre colocar o nome da classe junto com o tipo de dado que ela irá lidar para só depois declarar um objeto (linha 07).

Desta forma, criamos três objetos que lidam com caracteres (linha 07), inteiros (linha 11) e valores de ponto flutuante (linha 15), onde chamamos o método *setSoma* em todos eles, linhas 08, 12 e 16. Concluindo, pedimos para exibir o resultado com o uso do método *getSoma* (linhas 09, 13, 17), atrelado com *cout*, responsável pela saída de dados.

A saída desse programa será:

```
j
```

```
42
17.77
```

No caso dos caracteres, a exclamação (!) equivale ao número 33 na tabela ASCII e o "I" maiúsculo equivale ao número 73. Cuja soma nos resulta em 106, que equivale ao jota "j" minúsculo da tabela.

Vamos a outro exemplo com o uso de construtor em que é responsável em exibir um vetor independentemente do tipo de dado do mesmo.

Matriz.h

```
#include <iostream>

using namespace std;

template <typename M>
class Matriz
{
private:
     M *pmt;
     int tam;
public:
     Matriz(M[], int);
     ~Matriz();
     void exibe();
};

template <typename M>
Matriz<M>::Matriz(M vet[], int t)
{
     pmt = new M[t];
     tam = t;
     for(int i = 0; i < tam; i++)
               pmt[i] = vet[i];
}

template <typename M>
Matriz<M>::~Matriz()
{
     delete[] pmt;
}

template <typename M>
void Matriz<M>::exibe()
{
     for (int i = 0; i < tam; i++)
             cout<<pmt[i]<<" ";
```

```
37      cout<<endl;
38 }
```

Criamos um *template*, linha 05, para criar um ponteiro genérico, linha 09. Na linha 12 foi criado um construtor da classe Matriz em que temos um vetor genérico como primeiro parâmetro e uma variável do tipo inteiro no segundo.

Criamos um destruidor, linha 13, já que o ponteiro "pmt" será um objeto de memória dinâmica, onde o destruidor nos garantirá a liberação da memória do sistema, quando finalizado. E na linha seguinte um método sem retorno (*void*) de nome "exibe".

Por nosso construtor, linha 18, possuir um dado genérico, precisaremos associar um *template* ao mesmo, linha 17, ao qual utilizamos junto com o vínculo de classe, linha 18.

Na linha 20 definimos que nosso ponteiro será um vetor genérico, com base no valor passado ao segundo argumento deste método. Também o atribuímos à variável privada "tam", linha 21. E na linha 22 criamos um laço, com base no tamanho passado pelo segundo argumento do método, para pegar cada dado e atribuir ao nosso ponteiro, que é um vetor genérico, linha 23.

O nosso destruidor, linhas 26 a 30, destrói nosso ponteiro, para garantir a liberação de memória do sistema, quando finalizado.

O método "exibe", linhas 32 a 38, possui um laço, em que mostra o conteúdo de "pmt" com base no tamanho que foi resgatado e atribuído à variável privada de nome "tam", como uma forma de definir o limite do contador "i" declarado no laço *for*, linha 35. A utilização desta estrutura será:

```
#include "Matriz.h"

int main()
{
    char t[]="Vampyr";
    int tt = sizeof(t) / sizeof(t[0]);
    int i[]= {1,2,3,4,5};
    int ti = sizeof(i) / sizeof(i[0]);
    float f[]= {5.5, 9.8, 11.7, 213.4, 1.47};
    int tf = sizeof(f) / sizeof(f[0]);

    Matriz<char> mt1(t, tt);
    mt1.exibe();

    Matriz<int> mt2(i, ti);
    mt2.exibe();

    Matriz<float> mt3(f, tf);
    mt3.exibe();
}
```

Incluímos nossa classe "Matriz", linha 01, e criamos uma variável do tipo texto de nome "t", linha 05, onde na próxima linha calculamos a quantidade de posições que este vetor possui, com base no total de espaço ocupado, dividido pelo espaço que ocupada cada elemento deste vetor.

Fazemos de forma semelhante nas linhas 07 a 10, supondo que não temos a certeza do tamanho de posições que cada vetor possui, logo em seguida, criamos alguns objetos da classe "Matriz", linha 12, passando o tipo de dado que a mesma irá comportar em que o objeto de classe "mt1" passa para o construtor da classe as variáveis "t" e "tt" e, logo em seguida, chamamos o método exibe da classe, linha 13, para exibir o conteúdo.

Nas demais linhas, fazemos de forma semelhante, nos resultando na seguinte saída de dados:

```
V a m p y r
1 2 3 4 5
5.5 9.8 11.7 213.4 1.47
```

Sobrecarga de operadores

Sobrecarga de operadores nos permite expandir operadores unários e binários, além da sua utilização padrão, adicionando uma nova funcionalidade sobre classes e estruturas.

A lista a seguir nos demonstra alguns dos operadores unários e binários:

Operadores Unários				
!	--	~	++	( )

<table>
<tr><th colspan="5">Operadores Binários</th></tr>
<tr><td>,</td><td>*</td><td>/</td><td>=</td><td>^</td></tr>
<tr><td>!=</td><td>*=</td><td>/=</td><td>==</td><td>^=</td></tr>
<tr><td>%</td><td>+=</td><td><</td><td>></td><td>|</td></tr>
<tr><td>%=</td><td>-=</td><td><<</td><td>>=</td><td>|=</td></tr>
<tr><td>&&</td><td>-></td><td><<=</td><td>>></td><td>||</td></tr>
<tr><td>&=</td><td>->*</td><td><=</td><td>>>=</td><td></td></tr>
</table>

Operadores Unário e Binário			
&	+	-	*

Os únicos operadores que não podem ser sobrecarregados são: .*, :: e o operador ternário (?:).

Em classes, assim como em estruturas, operadores binários podem ter zero ou no máximo um parâmetro, que pode referenciar ou não o próprio objeto, já operadores unários, nenhum parâmetro é aceito.

Para adicionar novas funcionalidades em operadores unários ou binários, você precisará de métodos que manipule as variáveis da classe que existir ou tornar essas variáveis públicas na falta de métodos. No nosso caso, isso ocorre com estruturas, que possuam alguma variável para manipulação. Já que uma classe vazia de métodos ou variáveis públicas, assim como uma estrutura sem variáveis, torna-se inútil.

Em outras palavras, você criará uma classe normal, como você criaria para manipular algum tipo de dado. Sendo que obrigatoriamente deverá ser criado um construtor, mesmo que seu parâmetro não seja obrigatório, se deseja implantar a sobrecarga de operadores na classe em questão.

Para se referir a um operador, o comando "operator" deverá ser incluso junto com o operador. Ex:

```
Operator+
```

Digamos que eu tenha um método *setSoma*, que somo um valor passado como argumento a variável privada "total" presente na classe "Soma" e que a variável "total" foi inicializada por um construtor.

```
class Soma
{
private:
      int total;
public:
       Soma(int n=0)
       {
                    total = n;
       }
       void setSoma(int n)
       {
                    total+=n;
       }
};
```

Digamos que eu queira fazer uma sobrecarga do operador de mais (+) para acrescentar um número ao objeto diretamente. Ex:

```
Soma s(17);
s+25;
```

E o valor deveria ser agora 42 ao invés de 17, lógico que sem o acréscimo de sobrecarga do operador mais (+) para tratar desta questão resultaria em erro durante a compilação, mas como fazer?

Neste caso, devemos utilizar o operador binário, já que iremos manipular diretamente o objeto à esquerda, o objeto de classe "s", junto com um número à direita, no nosso caso 25. A estrutura ficará:

```
01 void operator+(int n)
02 {
03       this->setSoma(n);
04 }
```

O *this*, na linha 03, referencia o objeto da esquerda, no nosso caso o objeto de classe "s", em forma de ponteiro, por isso o uso da seta (->), onde requisitamos o método *setSoma* e passamos ao mesmo parâmetro passado ao operador de mais (+). Esse parâmetro é o número, já que todo parâmetro faz referência ao objeto da direita e por desejarmos manipular números é que o parâmetro é um número do tipo inteiro. E agora o comando: `s+25`, será aceito.

Já o operador unário só referencia o objeto se estiver à direita, que é o próprio objeto de classe. Já que utilizar em um número, por exemplo, não haveria como associar a classe e também não faria sentido, pois a sobrecarga de operador não sobrepõe os comandos do operador unário e, sim, acrescenta comandos em relação à classe ou estrutura em que estiver associado.

Vamos criar uma classe simples de nome "Soma" que possui um construtor para atender o critério de sobrecarga de operadores, além de métodos *getSoma, setSoma* e *setNT*. Os demais declarados serão operadores sobrecarregados, onde adicionaremos uma nova funcionalidade em relação à classe. Lembrando que as funcionalidades do operador não irão substituir e sim será acrescentada uma nova definição.

Soma.h

```
01 #pragma once
02 class Soma
03 {
04 private:
05     int total;
06 public:
07     Soma(int=0);
08     int getSoma();
09     void setSoma(int);
10     void setNT(int);
11     void operator!();
12     void operator+(int);
13     Soma operator+(Soma &);
14     void operator=(int);
15 };
```

Na linha 07 utilizamos o protótipo do construtor para podermos declarar o seu argumento como opcional, já que não poderá ser feito diretamente no corpo do método com o uso do Visual Studio.

Na linha 11 temos a manipulação do operador unário de negação (!) e, por isso, nenhum parâmetro do objeto de classe deve ser passado. Para nos referirmos a um operador, o comando "operator" obrigatoriamente deverá estar presente junto com o operador ao qual daremos uma nova funcionalidade.

Na linha 12 criamos um operador binário positivo, cujo parâmetro é um número inteiro. Enquanto na próxima linha temos o operador binário positivo (+) em que possuímos como parâmetro a própria classe, e cujo retorno será a classe. Já na linha 14 temos um operador binário de atribuição (=), que por não passarmos um objeto da própria classe, o seu retorno será void.

Vamos agora dar corpo aos métodos.

Soma.cpp

```
01 #include <iostream>
02 #include "Soma.h"
03 using namespace std;
04
05 Soma::Soma(int n)
06 {
07      total = n;
08 }
09
10 int Soma::getSoma()
11 {
12      return total;
13 }
14
15 void Soma::setSoma(int n)
16 {
17      total+=n;
18 }
19
20 void Soma::setNT(int n)
21 {
22      total=n;
23 }
24
25 void Soma::operator!()
26 {
27      cout<<"Total: "<<this->getSoma()<<endl;
28 }
29
30 void Soma::operator+(int n)
31 {
32      this->setSoma(n);
33 }
34
35 Soma Soma::operator+(Soma &c)
36 {
37      return Soma(this->getSoma()+c.getSoma());
38 }
39
40 void Soma::operator=(int n)
41 {
42      this->setNT(n);
43 }
```

Incluímos a biblioteca *iostream* (linha 01) e removemos o uso do *std* (linha 03); além de requisitar o protótipo da classe soma (linha 02). O construtor (linha 05) possui um parâmetro do tipo inteiro, cujo valor é atribuído à variável total, linha 07.

Temos o método *getSoma* (linha 10), que retorna o valor de total e o método *setSoma* (linha 15) que soma o valor de total ao argumento passado (linha 17). E para finalizar os métodos, foi ainda criado o *setNT* que atribuí o argumento passado a total.

Da linha 25 em diante são as sobrecargas de operadores, onde pegamos o operador unário de negação (!) e exibimos o valor de total, onde *this->getSoma()* pega o valor de total do objeto de classe que esteja atrelado ao operador de negação (!).

Na linha 30 pegamos o operador de mais (+) e fazemos com que seja adicionado o número, do tipo inteiro, que esteja atrelado ao símbolo de soma. O comando *this* faz referência ao objeto à direita, que pega o método e o parâmetro faz referência ao objeto à esquerda, no nosso caso um número inteiro (int n), que é passado a *setSoma*.

Há outro operador de mais (+), que pega a referência do objeto à esquerda (*this*) o valor de total, com *getSoma* e faz a mesma coisa com o objeto à direita, com base no parâmetro. Somam-se ambos e retorna em forma de objeto, com isso poderemos atribuir a soma dos dois objetos de classe a um outro objeto de classe. Já que a atribuição entre objetos de classes é permitida.

Já no último, temos a sobrercarga do operador de atribuição (=), em que pega o número à direita e passa esse argumento com base no objeto de classe à esquerda (this), com o uso do método *setNT*, em que irá atribuir um novo valor a total.

Agora vamos criar um pequeno exemplo para manipular essa classe:

```
#include "Soma.h"

int main()
{
     Soma s1(7), s2(8), s3;
     s3 = s1 + s2;
     !s3; // retorna 15
     s3+5;
     !s3; //retorna 20
     s3=32;
     !s3; //retorna -5
}
```

Criamos três objetos de classe e pelo parâmetro do construtor ser opcional foramcriados dois passando como argumento os números sete e oito, enquanto o terceiro nada foi passado, fazendo com que o conteúdo da variável privada total assumisse o valor zero (0).

Utilizamos a sobrecarga do operador mais (+) que manipula dois objetos de classe, como vimos na estrutura anterior da linha 35 a 38. Onde ele pega os valores dos objetos da direita (this) e da esquerda pelo parâmetro e soma, retornando como objeto o que permite que "s3" seja atribuído a ele, já que é o comportamento padrão de atribuição.

Exibimos o seu conteúdo com o uso do operador unário de negação (!) que fizemos (linhas 25 a 28 da classe Soma.cpp). Somamos diretamente o número cinco ao valor contido em "s3" (linha 08), já que temos uma estrutura para tratar disso (linhas 30 a 33 da classe Soma.cpp).

Exibimos novamente o conteúdo de "s3" (linha 09) e atribuímos um novo valor ao mesmo que é o 32 (linha 10), que irá substituir o seu antigo valor já que criamos uma estrutura para tratar deste tipo de sobrecarga (linhas 40 a 43 da classe Soma.cpp) e pedindo que o novo valor de "s3" seja exibido (linha 11).

A saída desse programa será:

```
Total: 15
Total: 20
Total: 32
```

Vamos agora criar um novo exemplo, sobrecarregando outros tipos de operadores, para tentar esclarecer melhor a sobrecarga e encerraremos com um exemplo no uso de estruturas.

Vamos criar uma classe que nos informa o maior e o menor número que foi passado como argumento para o construtor da classe com os métodos *getMaior* e *getMenor*. Utilizamos sobrecarga de operadores que nos retornam valores booleanos, inteiros ou até mesmo a própria estrutura de saída de dados, já que utilizamos *ostream* para formatar a saída do dado.

Compara.h

```
01 #pragma once
02 #include <iostream>
03
04 using namespace std;
05
06 class Compara
07 {
08 private:
09     int maior, menor;
10 public:
11     Compara(int=0, int=0);
12     int getMaior();
13     int getMenor();
14     bool operator <(Compara &);
15     bool operator >(Compara &);
16     int operator /(Compara &);
17     int operator %(Compara &);
18     friend ostream &operator<<(ostream &, Compara &);
19     Compara operator+(Compara &);
20 };
```

Criamos a classe "Compara" que possui duas variáveis privadas (linha 09), um construtor (linha 11) e dois métodos *getMaior*() e *getMenor*, linhas 12 e 13, que nos retornam o menor e maior valores passados ao construtor.

Onde o seu construtor possui os dois parâmetros como opcionais.
Temos o operador menor que (<) e outro maior que (>) que nos retorna um valor booleano com base na comparação da referência de objetos de classe.

Já os operadores de divisão (/) e resto da divisão inteira (%) nos retornam um número inteiro com base na referência dos objetos de classe.

Temos também um operador de soma, que retorna um objeto de classe e iremos também utilizar o operador de saída (linha 18), que a declaramos como amiga, para podermos pegar a referência de sua estrutura, o que nos permite colocá-la como parâmetro de referência.

Agora vamos dar corpo aos métodos, operadores sobrecarregados e construtor da classe.

Compara.cpp

```
#include <iostream>

using namespace std;

Compara::Compara(int n1, int n2)
{
      if(n1>=n2)
      {
             maior = n1;
             menor = n2;
      }
      else
      {
             maior = n2;
             menor = n1;
      }
}
int Compara::getMaior()
{
      return maior;
}
int Compara::getMenor()
{
      return menor;
}
bool Compara::operator <(Compara &c)
{
      if(this->getMenor()>=c.getMenor())
             return true;
      else
             return false;
}
```

```
33 bool Compara::operator >(Compara &c)
34 {
35      if(this->getMaior()>=c.getMaior())
36              return true;
37      else
38              return false;
39 }
40 int Compara::operator /(Compara &c)
41 {
42      return this->getMenor() + c.getMenor();
43 }
44 int Compara::operator %(Compara &c)
45 {
46      return this->getMaior() + c.getMaior();
47 }
48 ostream &operator<<(ostream &formatado, Compara &c)
49 {
50      formatado<<c.getMaior()<<" > "<<c.getMenor()<<endl;
51      return formatado;
52 }
53 Compara Compara::operator+(Compara &c)
54 {
55      return Compara(this->getMenor()+c.getMenor(), this->getMaior()+c.getMaior());
56 }
```

No construtor irá verificar quem é o maior e o menor valores e atribuir em suas respectivas variáveis de classe, com o uso de *if/else* (linhas 07 a 16).

O método *getMaior* (linhas 18 a 21) nos retorna o maior valor e o método *getMenor* (linhas 22 a 25) nos retorna o menor valor.

Se utilizado o operador de menor que (<), linha 26, ele compara os menores valores entre dois objetos para saber qual deles possui o maior valor. O retorno será *true* ou *false* dependendo dos dados entre os objetos. Algo relativo ocorre com o operador maior que (>), linha 33, que no caso verifica, entre os maiores valores, qual é o maior, retornando *true* ou *false*, dependendo do caso.

O operador de divisão (/), linha 40, está sendo utilizado para somar entre dois objetos os seus menores valores e retornar um inteiro dessa soma. Algo relativo ocorre com o operador de resto de divisão (%), linha 44, em que pega os maiores valores entre os objetos e a soma, retornando um número inteiro dessa soma.

O *ostream* de saída formata a saída do objeto mostrando o maior e o menor valor entre o símbolo maior que (linha 48 a 52).

E o operador de soma (linha 53) é nada mais do que somar o menor e o maior valor de dois objetos e retornar em forma de objeto.

Agora utilizaremos de um pequeno exemplo para que possamos manipular essa classe. Ex:

```
01 #include "Compara.h"
02 #include <iostream>
03
04 using namespace std;
05
06 int main()
07 {
08      Compara m1(2,7), m2(6,4), m3;
09
10      cout<<"Saída formatada de m1: "<<endl;
11      cout<<m1<<endl;
12      cout<<"Saída formatada de m2: "<<endl;
13      cout<<m2<<endl;
14
15      if(m1>m2)
16              cout<<"O maior valor de m1 é maior do que o maior valor de m2"<<endl;
17      else
18              cout<<"O maior valor de m2 é maior do que o maior valor de m1"<<endl;
19
20      if(m1<m2)
21              cout<<"O menor valor de m1 é maior do que o menor valor de m2"<<endl;
22      else
23              cout<<"O menor valor de m2 é maior do que o menor valor de m1"<<endl;
24
25      cout<<"Soma dos valores menores de m1 com m2: "<<m1/m2<<endl;
26      cout<<"Soma dos valores maiores de m1 com m2: "<<m1%m2<<endl;
27
28      cout<<"Realizando m3 = m1 + m2"<<endl;
29      m3 = m1 + m2;
30      cout<<m3<<endl;
31 }
```

Criamos três objetos da classe "Compara"(linha 08), sendo o último vazio, onde nas linhas 11 e 13 exibimos como ficaria a saída formatada, em que o operador *ostream* de fluxo (linha 48 de Compara.cpp) será responsável.

Na linha 15, verificamos qual dos dois possui o maior valor (linha 26 de Compara.cpp) e na linha 20, verificamos qual é o maior valor dentre os menores dos dois objetos (linha 33 de Compara.cpp).
Exibimos a soma dos menores valores de "m1" com "m2", linha 25 (linha 40 de Compara.cpp) e também a soma dos maiores valores de "m1" com "m2", linha 26 (linha 44 de Compara.cpp).

Por fim, pegamos e somamos o conteúdo de ambos os objetos (linha 53 de Compara.cpp), onde o resultado é atribuído ao objeto m3 e exibimos a sua saída formatada.

A saída será:

```
Saída formatada de m1:
7 > 2

Saída formatada de m2:
6 > 4

O maior valor de m1 é maior do que o maior valor de m2
O menor valor de m2 é maior do que o menor valor de m1
Soma dos valores menores de m1 com m2: 6
Soma dos valores maiores de m1 com m2: 13
Realizando m3 = m1 + m2
13 > 6
```

Para finalizar, vamos ver um pequeno exemplo com o uso de estrutura, mas para que isso seja possível, teremos que fazer o uso de etiqueta obrigatoriamente, para que possamos, desta forma, nos referir à estrutura em si e não ao seu objeto. Ex:

```
#include <iostream>

using namespace std;

struct soma
{
     int n1;
     int n2;
     soma operator+(soma &s);
     void operator=(int n);
     void operator|(int n);
     void operator!();
};

soma soma::operator+ (soma &s)
{
     soma obj;
     obj.n1 = s.n1 + n1;
     obj.n2 = s.n2 + n2;
     return obj;
}
void soma::operator= (int n)
{
     n1=n;
}
void soma::operator| (int n)
{
     n2=n;
}
```

```
30 void soma::operator!()
31 {
32     cout<<"("<<n1<<","<<n2<<")"<<endl;
33 }
34
35 int main()
36 {
37     struct soma s1 = {7, 8}, s2 = {11, 9}, s3;
38     !s1;
39     !s2;
40     s3 = s1 + s2;
41     !s3;
42     s3=3;
43     s3|5;
44     !s3;
45 }
```

Criamos uma estrutura cujo nome de sua etiqueta é soma (linha 05), que possui duas variáveis inteiras (linhas 07 e 08). Criamos uma sobrecarga do operador de mais (linha 09) que iremos somar o conteúdo de dois objetos de estrutura e atribuir a outro.

Também criamos sobrecarga de operadores igual(==), linha 10, de ou bit a bit(|), linha 11 e operador de negação(1), linha 12; que por ser unário, nenhum parâmetro deve ser passado.

No de soma (linha 15) criamos um objeto da estrutura soma (linha 17), onde atribuímos o valor de "n1" do objeto da direita com o objeto da esquerda (s.n1 + n1), linha 18, por ser uma variável e não um método a referência a *this,* torna-se opcional.

```
obj.n1 = s.n1 + n1;
ou
obj.n1 = s.n1 + this->n1;
```

Cujo retorno será o objeto que criamos e atribuímos os valores de ambos os objetos da direita e esquerda (linha 20).

O operador de igual (linha 22) só atribui o número à direita do objeto a variável "n1" do objeto (linha 24), enquanto o operador de ou bit a bit (|), linha 26; faz algo semelhante, mas para "n2", linha 28.

O operador de negação (linha 30) nos exibe o conteúdo de "n1" e "n2" do objeto, quando utilizado este operador.

Utilizamos o nome da etiqueta para criar três objetos, sendo um vazio, linha 37. Onde pedimos para exibir o conteúdo de "s1" e "s2", linhas 38 e 39. Pegamos o conteúdo desses dois objetos e somamos atribuindo o resultado ao objeto "s3", linha 40. Onde exibimos, linha 41.

Por fim, substituímos o valor de "n1" do objeto "s3", linha 42 e o valor de "n2" do objeto "s3", linha 43; para exibir os novos valores de "s3", linha 44.

A saída será:

```
(7,8)
(11,9)
(18,17)
(3,5)
```

Herança

Herança é nada mais do que herdar métodos e variáveis de outra classe que sejam públicas ou protegidas.

Públicas, como sabemos, todos terão acesso, já as protegidas só terão acesso entre as classes herdadas. E as privadas só a própria classe que a criou.

Uma classe que herda as características de outra classe chamamos de classe filha ou subclasse. A classe pai é aquela que foi utilizada na herança, ou superclasse.

Vamos criar uma classe de nome Banco, onde possuirá dois métodos e uma variável de acesso privado de nome "conta" onde o método "setAlteraConta" altera o valor da variável privada e "getSaldo" nos retorna esse valor.

Banco.h

```
#pragma once
class Banco {
private:
    float conta=0;
public:
    void setAlteraConta(float);
    float getSaldo();
};

void Banco::setAlteraConta(float valor)
{
    conta += valor;
}

float Banco::getSaldo()
{
    return conta;
}
```

Até aí nada de novo. Mas, digamos que eu deseje criar uma nova classe de nome "NovoBanco" e deseje herdar os métodos já existentes da classe "Banco" que irão me auxiliar nesta nova classe. O lance de herdar é bem simples, basta declarar o nome da classe junto com a classe que deseja herdá-la, você deve especificar o acesso desta classe primeiro e não esqueça de incluí-la (#include) no código. Ex:

```
#include "Banco.h"
class NovoBanco : public Banco {
//Demais linhas de código...
```

Nesta nova classe, além de herdar os métodos da classe "Banco", ela também terá seus métodos, um para sacar algum valor de sua conta e outro para verificar até quanto de empréstimo você poderá fazer. Que represente 25% de seu saldo, ou seja, se tiver 400 reais de saldo você poderá fazer um empréstimo de até R$ 1.600 reais.

NovoBanco.h

```
01 #pragma once
02 #include "Banco.h"
03 #include <iostream>
04
05 using namespace std;
06
07 class NovoBanco : public Banco {
08 public:
09      void saca(float);
10      float getEmprestimo();
11 };
12
13 void NovoBanco::saca(float valor)
14 {
15      float saldo = getSaldo();
16      if (valor <= saldo && valor>=2)
17      {
18              setAlteraConta(-valor);
19              cout << "Saque realizado com sucesso!" << endl;
20      }
21      else
22              cout << "Erro! Saldo insuficiente ou valor mínimo abaixo de dois reais!" << endl;
23 }
24
25 float NovoBanco::getEmprestimo()
26 {
27      float saldo = getSaldo();
28      float valorEmprestimo = saldo * (100 / 25);
29      return valorEmprestimo;
30 }
```

Na linha 02 incluímos a classe que iremos herdar e na linha 07 herdamos a mesma de forma pública. Nas linhas 09 e 10 criamos dois novos métodos para a classe "NovoBanco".

Em que o método "saca", linha 13 a 23, eu utilizo o método herdado da classe "Banco" que é "getSaldo", linha 15, para pegar o valor atual da conta do cliente e na linha 16 verifico se este valor que deseja sacar não excede o valor do saldo e que possui um valor de pelo menos dois.

Se atender esses critérios eu chamo o método herdado da classe "Banco" o "setAlteraConta", linha 18, para descontar o valor na conta, passando o conteúdo da variável como um valor negativo. E alerto ao usuário que a operação foi realizada com sucesso, linha 19. Do contrário, linha 21, alerto que o saldo é insuficiente ou o valor de saque está abaixo do mínimo, linha 22.

O método "getEmprestimo" da classe "NovoBanco" se utiliza do método "getSaldo" herdado da classe "Banco" para pegar o saldo da conta e realizar o cálculo para saber quanto de empréstimo pode ser realizado, linha 28, retornando esse valor 29.

Para vermos na prática criei um exemplo que inclui a classe filha ou subclasse "NovoBanco" que ao incluí-la implicitamente está também incluindo a classe pai ou super classe "Banco" ao código. Ex:

```
01 #include <iostream>
02 #include <iomanip>
03 #include "NovoBanco.h"
04
05 using namespace std;
06 int main()
07 {
08      NovoBanco nb;
09      nb.setAlteraConta(200);
10      cout << fixed << setprecision(2);
11      cout << "Saldo: " << nb.getSaldo() << endl;
12      cout << "Valor de Empréstimo: " << nb.getEmprestimo() << endl;
13      cout << "Tentando sacar 500 reais." << endl;
14      nb.saca(500);
15      cout << "Tentando sacar 70 reais." << endl;
16      nb.saca(70);
17      cout << "Saldo Atualizado: " << nb.getSaldo() << endl;
18 }
```

Na linha 02 foi incluído o iomanip para alterar a precisão das casas decimais, linha 11. Também incluímos a classe "NovoBanco", linha 03, para que desta forma possamos declarar um objeto desta classe e se utilizar de seus métodos.

Na linha 08 declaro um objeto "nb" da classe "NovoBanco", em que na linha 09 configuro o saldo da conta para 200 e peço que este saldo seja mostrado, linha 11. Ambos os métodos herdados da classe "Banco".
Na linha 12 ela irá retornar o valor possível de empréstimo, enquanto na linha 14 tento realizar um saque de 500 e depois tento realizar um saque de 70. Por fim, na linha 17 exibo o saldo atualizado da conta. A saída deste exemplo será:

```
Saldo: 200.00
Valor de Empréstimo: 800.00
Tentando sacar 500 reais.
```

```
Erro! Saldo insuficiente ou valor mínimo abaixo de dois reais!
Tentando sacar 70 reais.
Saque realizado com sucesso!
Saldo Atualizado: 130.00
```

Há a possibilidade de herdar uma classe que possua um construtor com argumentos. Mas para isso a classe filha ou subclasse, que herda da classe pai, deverá ter um construtor com a mesma quantidade de parâmetros, para que possa passar estes para a classe pai e assim declarar um objeto da classe sem problemas.

```
Soma.h
01 class Soma
02 {
03 private:
04     float total;
05 public:
06     Soma(float f1, float f2)
07     {
08             total=f1+f2;
09     }
10     float getSoma()
11             {
12                     return total;
13             }
14 };
```

Classe soma com um construtor de dois parâmetros, que se somam e atribui a variável privada total (linha 08). E o método getSoma (linha 10) que retorna o valor de total.

```
#include "Soma.h"

class Calcula: public Soma
{
private:
            float total;
public:
    Calcula(float f1, float f2) : Soma(f1, f2)
    {
            total = f1 - f2;
    }
    float getCalcula()
    {
        return total;
    }
};
```

Na linha 01 foi incluída a classe "Soma" e na linha 03 herdamos de forma pública a classe "Soma" para a classe "Calcula".

Criamos uma estrutura equivalente para subtração, onde *getCalcula* nos retorna o valor da variável privada de nome "total". Na linha 08 pegamos os mesmos parâmetros resgatados da classe "Calcula" e passamos ao construtor "Soma".
Se fôssemos utilizar essa classe, faríamos da seguinte forma:

```
01 #include <iostream>
02 #include <iomanip>
03 #include "Calcula.h"
04
05 using namespace std;
06
07 int main()
08 {
09       Calcula cal(9,7);
10       cout<<fixed<<setprecision(2);
11       cout<<"Soma de cal: "<<cal.getSoma()<<endl;
12       cout<<"Subtração cal: "<<cal.getCalcula()<<endl;
13 }
```

Incluímos a biblioteca de entrada e saída de informações (linha 01) e a biblioteca *iomanip* (linha 02) para controlar a precisão dos dados de ponto flutuante e incluímos a classe calcula na linha 03.

Criamos um objeto da classe "Calcula " (linha 09) e fixamos (fixed) a precisão das casas decimais em dois algarismos com *setprecision*(2), linha 10.

Para ver que a classe "Calcula" herdou o método de "Soma" nós o chamamos na linha 11 e também chamamos o método da própria classe (linha 12).

A saída desse programa será:

```
Soma de cal: 16.00
Subtração cal: 2.00
```

Polimorfismo

O termo polimorfismo é originário do grego, que significa muitas formas (poli = muitas, morphos = formas).

Ele permite que você sobrescreva métodos de classes herdadas, flexibilizando o código. É utilizando quando você precisa modificar algum método da classe herdade, sem ter que rescrever a classe inteira para isso.

Qualquer método que eu necessite rescrever, precisarei que o mesmo venha acompanhado do termo "virtual". Então se eu escrevo uma classe simples de nome "Calculo" e tenha um método *setCalculo*, que pega dois valores passados como argumento, onde soma e atribui a uma variável da classe e por alguma razão ao herdar essa classe

"Calculo" eu precise sobrescrever esse método. Então ele deverá vir acompanhado do termo "virtual", para que permita esse tipo de alteração, para qualquer classe que herdar, da seguinte forma:

```
Calculo.h
class Calculo
{
protected:
            float total;
public:
    virtual void setCalculo(float f1, float f2)
    {
            total=f1+f2;
    }
    float getCalculo()
    {
            return total;
    }
};
```

Com isso o método setCalculo poderá ser sobrescrito em uma outra classe que o herdar, para sobrescrever esse método em uma classe herdada, terei que repetir o cabeçalho desse método acompanhado do comando "override", que em inglês significa sobrepor, para sobrepor o método padrão da classe Cálculo. Outras subclasses que herdarem a classe "Calculo" terão o método *setCalculo* sem alteração, já que o comando de sobrepor um método de classe só ocorre na subclasse que o fizer e não na super classe.

Vamos criar uma classe que herda a classe "Calculo" e sobrescrever o método "setCalculo" para multiplicar, por exemplo, ao invés de somar. E vamos ver como fica:

```
Calculadora.h
#include "Calculo.h"
#include <iostream>

using namespace std;

class Calculadora : public Calculo
{
private:
    float total;
public:
    void setCalculadora(float f1, float f2)
    {
            total = f1 - f2;
    }

    void setCalculo(float f1, float f2) override
    {
            Calculo::total = f1*f2;
```

```
19      }
20
21      float getCalculadora()
22      {
23              return total;
24      }
25 };
```

Incluímos a classe "Calculo", linha 01. Além da biblioteca de entrada e saída de informações (linha 03) e na linha 04 utilizamos o namespace std para que não seja necessário incluí-lo no código (linha 04).

Na linha 06 declaramos a classe "Calculadora" que herda métodos e variáveis públicas ou protegidas da classe "Calculo".

Criamos uma variável privada (linha 09). Um método "setCalculadora" que tem dois parâmetros, que quando passados os argumentos ao método, subtrai os dois valores e atribui a variável privada total (linha 13).
E na linha 16 sobrescrevemos o método "setCalculo" da classe "Calculo" passando o cabeçalho do método junto com o comando *override*.

Pegamos a variável "total" da classe "Calculo" e atribuímos os dois argumentos passados ao método por uma multiplicação. Isso só é possível porque a variável "total" da classe "Calculo" não é do tipo privado, mas sim protegido.
E por fim, temos o método da classe "Calculadora" em que retorna o valor do total, linha 21.

Agora, vamos nos utilizar da classe, com o uso de um exemplo.

```
01 #include <iostream>
02 #include <iomanip>
03 #include "Calculadora.h"
04
05 using namespace std;
06
07 int main()
08 {
09      Calculadora cal;
10      cal.setCalculadora(5,4);
11      cal.setCalculo(5,4);
12      cout<<fixed<<setprecision(2);
13      cout<<"setCalculo de cal...: "<<cal.getCalculo()<<endl;
14      cout<<"setCalculadora de cal: "<<cal.getCalculadora()<<endl;
15 }
```

Requisitamos a biblioteca de entrada e saída de informações (linha 01) e o *iomanip* para fixar a precisão do valor de ponto flutuante em duas casas decimais, conforme feito na linha 12.

Incluímos, obviamente, a classe que iremos manipular (linha 03) e removemos o uso de *std* (linha 05).

Criamos um objeto da classe "Calculadora", declarando o nome da classe e, logo em seguida, dando um nome ao objeto dessa classe, no caso "cal".

Utilizamos ele para dispor de métodos da própria classe (linha 10), que é de subtração. Além de se utilizar métodos da classe herdada (linha 11).

Utilizamos o método de cada classe (linhas 13 e 14) para exibir o resultado. Lembrando que o método *setCalculo* foi sobrescrito então ao invés de soma, irá multiplicar os valores.

A saída desse programa será:

```
setCalculo de cal....: 20.00
setCalculadora de cal: 1.00
```

Contornando e tratando de exceções

Um novo recurso incluído em C++ nos permite capturar os erros ocorridos durante a execução do programa para tentar tratá-los de forma personalizada, com o uso de *try* e *catch*; onde incluímos o código em *try* e caso algum erro ocorra, você poderá alertar o usuário sobre o erro ou tentar tratá-lo com o uso de *catch*, contanto que haja a exceção apropriada em *catch*.

```
try{
//código
}catch(<Tipo de exceção>){
//alerta e/ou tratamento do erro
}
```

A exceção só irá ser direcionada ao *catch*, se houver, obviamente, uma exceção específica para o mesmo. Entenda que *try/catch* funciona como um *if/else*; onde obrigatoriamente precisamos iniciar com um *if*, no nosso caso um *try* e incluir quantos *else ifs* achar necessários, no nosso caso o *catch*, em outras palavras, podemos ter um *try* e quantos *catch* achar necessários, para tratar cada erro de forma específica.

Porém, diferente de *if/else* em *try/catch* é obrigatório a presença de pelo menos um *catch* para manipulação de erro. Há uma lista extensa de exceções provindas da classe *exception*, presente em C++, que é a classe base para exceções padrões, a saber:

Tipo de Exceção	Descrição
bad_alloc	Falha na alocação de memória.
bad_cast	Falha conversão para um tipo de referência.
bad_exception	Exceção lançada por manipulador inesperado.
bad_function_call	Exceção lançada em chamada de função inválida.
bad_typeid	Exceção lançada em *typeid* quando o operando é de ponteiro nulo.

bad_weak_ptr	Exceção lançada na tentativa de obter um *shared_ptr* das instâncias *weak_ptr* que se referem ao objeto excluído.
ios_base :: failure	Classe base para exceções de fluxo. Lançado em caso de falha pelas funções na biblioteca de entrada / saída.
logic_error	Erro lógico.
runtime_error	Exceção de erro em tempo de execução.

Derivações de erro por meio de erro lógico

Tipo de Exceção	Descrição
domain_error	Exceção de erro de domínio.
futuro_error	Exceção de erro futuro.
invalid_argument	Exceção de argumento inválido.
length_error	Exceção de erro de comprimento.
out_of_range	Exceção fora do intervalo.

Derivações de erro por meio de tempo de execução

Tipo de Exceção	Descrição
overflow_error	Exceção de erro de estouro.
range_error	Exceção de erro de intervalo.
system_error	Exceção de erro de sistema.
underflow_error	Exceção de erro de *underflow*.

Derivação de erro por meio de *bad_alloc*

Tipo de Exceção	Descrição
bad_array_new_length	Exceção de comprimento de array inválido.

Quando você não sabe ou não tem a certeza de qual possível exceção pode ser lançada durante a execução do programa, você pode utilizar o coringa que é o uso das reticências (...), onde pega qualquer tipo de exceção que seja lançada durante a execução do programa, contanto que não haja um *catch* específico para tratá-lo, então o *catch* que possui o coringa é a exceção que será lançada.

Esse tipo de excessão deverá ser a última criada, numa lista de possíveis exceções, para não sobrepor as demais existentes no código. Vamos ver alguns exemplos na prática, para um melhor entendimento.

```
#include <iostream>
using namespace std;
int main() {
    try {
        string s = "The Witcher";
        s.resize(3);
        cout<< s.at(1) << s.at(12);
    }
```

```
09      catch (out_of_range& e) {
10          cout << "Erro!\nFora do intervalo: " << e.what() << endl;
11      }
12 }
```

Foi criada uma string na linha 05, já com um pequeno texto, logo após, reduzimos o tamanho da string para três (3) com o uso de *resize* e pedimos para exibir os caracteres das posições um (1) e doze (12). Porém, como sabemos, a nossa *string* só possui três posições, sabendo que toda *string* funciona como um *array*, onde o primeiro elemento ocupa a posição zero (0) e o último elemento a posição dois (2), neste caso, logo 12 é totalmente fora do intervalo.

Poderíamos ter utilizado simplesmente os colchetes, que por sinal processa até de forma mais rápida do que o *at*, porém, o simples uso dos colchetes não verifica se o índice passado como parâmetro é válido, mas a função *at* sim e quando este intervalo é extrapolado, como nosso caso, ele lança a exceção *out_of_range*, por isso que a excessão de *catch é out_of_range*, linha 09. Relembrando que se não houver um tratamento para a excessão correspondente a mesma não poderá ser tratada. Onde "e" nos guarda a excessão e exibe a explicação do erro com *what*() que é um método público fornecido pela classe de exceção que retorna a causa de uma exceção, com base no objeto de excessão, no nosso caso o "e".

A saída do programa será:

```
Erro!
Fora do intervalo: invalid string position
```

Outro que pode gerar uma exceção fora do intervalo é o uso de *find* junto com *replace*, onde *find* quando não localiza a *substring* dentro da *string* nos retornar um valor negativo (-1), que se utilizado este número com *replace*, uma exceção fora do intervalo (out_of_range) é também lançada. Ex:

```
#include <iostream>
using namespace std;
int main()
{
    try {
            string t = "\"Não importa o quanto você vá devagar desde que não pare.\" Confúcio";
            int pos;
            pos = t.find("real");
            t.replace(pos, 4, "euro");
            cout << "Nova frase: " + t << endl;
    }
    catch (out_of_range& e)
    {
            cout << "Aviso!\nConteúdo não localizado" << endl;
    }
}
```

Na linha 06 criamos uma *string* "t", onde foi atribuída uma frase, que relizamos uma busca, linha 08, pela palavra real, que por não existir na frase o retorno de find será -1, onde será atribuído a variável "pos"; quando manipulado este valor em *replace* (linha 09) irá lançar uma exceção. Mas, graça ao tratamento de exceção a saída será a frase presente em *catch*.

```
Aviso!
Conteúdo não localizado
```

Vamos a outro exemplo, mas, desta vez, vamos induzir a um erro de exceção por comprimento de *array* inválido. Ex:

```
01 #include <iostream>
02 using namespace std;
03 int main()
04 {
05       try {
06             int tam = -10;
07             int* n;
08             n = new int[tam];
09             delete[] n;
10       }
11       catch (bad_array_new_length& e) {
12             cout <<"Erro em tempo de execução: "<< e.what();
13       }
14 }
```

Nós podemos criar um ponteiro e transformá-lo em um *array* dinâmico, ou seja, criado em tempo de execução, como já chegmos a ver em um dos tópicos. Onde a função *delete*, linha 09, apaga este mesmo *array* dinâmico recém-criado. O único problema é o intervalo de valores que passamos foi negativo, linhas 06 e 08; o que ocorre uma exceção de comprimento de *array* inválido (*bad array new length*).

Saída do programa será:

```
Erro em tempo de execução: bad array new length
```

Isso só é possível porque há *catch* para tratar este tipo de exceção, linha 11, do tipo *bad_array_new_length*, cuja exceção é guardada em "e" e com o uso de *what*, linha 12, que é um método público fornecido pela classe de exceção que retorna a causa da exceção, com base no objeto de exceção, no nosso caso o "e".

Na lógica há o erro clássico que é a divisão por zero. Vamos começar criando um programa simples de divisão e induzir ao erro e tentar alertar ao usuário sobre o erro, sem encerrar abruptamente o programa com o uso de *try...catch*.

```
#include <iostream>
using namespace std;
```

```
04 int main()
05 {
06     try {
07         float n1, n2, resultado;
08         cout.precision(4);
09         cout << "Digite o primeiro valor: ";
10         cin >> n1;
11         cout << "Digite o segundo valor: ";
12         cin >> n2;
13         resultado = n1 / n2;
14         cout << "Resultado: " << resultado << endl;
15     }
16     catch (...)
17     {
18         cout << "Erro de divisão por zero!" << endl;
19     }
20 }
```

Inserimos um sistema de captura de dois valores provindo pelo usuário com o uso do comando de entrada (cin), onde em cada um é atribuído o valor a uma variável diferente, no nosso caso "n1" e "n2", respectivamente. Dividimos esses valores e atribuímos o resultado à variável resultado, linha 13, logo em seguida, exibimos o conteúdo desta variável, linha 14, que seria a resposta desta divisão.

Na linha 08 utilizamos *precision* de *cout*, que difere de:

```
cout << fixed << setprecision(2);
```

Pois neste caso estou limitando para quatro, o espaço numérico, incluindo casas decimais e valores inteiros, ou seja, quatro espaços para ambos. Caso algum erro ocorra, qualquer mesmo, será lidado com *catch*, linha 16, que está usando o nosso coringa, que simplesmente informa que há um erro de divisão por zero, linha 18.

Porém, ao executar este código e induzir ao erro, o mesmo não entra em *catch*, pois o próprio compilador nos retorna o valor zero (0), indicando que não houve qualquer tipo de erro e nos retorna uma abreviatura de *ind*, para indeterminado.

```
Digite o primeiro valor: 0
Digite o segundo valor: 0
Resultado: -nan(ind)

O C:\Users\Rodrigo\source\repos\Project1\Debug\Project1.exe (processo 1392) foi encerrado com o código 0.
```

Contudo em C++ há a cláusula *throw* que nos permite "forçar" ao tratamento do erro, já que o mesmo gera uma exceção. Ele só pode estar presente em *try* e pode haver quantos *throw* forem necessários. Caso você dispare uma exceção com o uso de *throw* ao qual não exista um comando *catch* relacionado, um encerramento anormal do programa poderá ocorrer.

O *throw* requer um argumento, seja ele um número, construtor ou método de uma classe. No caso de método, o mesmo exige que seja um método de retorno, em outras palavras, ele não aceita métodos do tipo *void* (sem retorno). Normalmente, utilizamos o construtor da classe, pois com ele é possível instanciar um objeto da classe em *throw* e desta forma criar um *catch* que referencie um objeto da classe para tratar a exceção. Como uma forma de criar uma classe para tratar de forma personalizada as exceções.

Há outro aspecto na matemática, cujo resultado é infinito para qualquer número dividido por zero. Se excecutarmos o programa novamente verá que surge uma singla inf, para infinito.

```
Digite o primeiro valor: 9
Digite o segundo valor: 0
Resultado: inf
```

Poderíamos criar um *throw* também para tratar deste problema, sendo que desta vez não alertando sobre um erro, mas aparecendo a mensagem: infinito ou ∞ ao invés de inf.

Para não complicar o nosso exemplo, eu não pretendo dividir a classe em dois conteúdos distintos, vou declarar seus construtores e métodos e dar corpo aos mesmos em um único arquivo.

TrataErro.h

```
#pragma once
#include <iostream>
#include <sstream>
using namespace std;

class TrataErro
{
private:
            string texto;
public:
    TrataErro();
    TrataErro(int linha);
    void resp();
};


TrataErro::TrataErro()
{
    texto = "Resultado: Infinito";
}
TrataErro::TrataErro(int linha)
{
    texto = "Erro!\nDivisão por zero!\nLinha: " + to_string(linha);
}
void TrataErro::resp()
```

```
26 {
27     cout << texto;
28 }
```

Na linha 02 foi incluída a *iostream* já que o comando de saída *cout* será utilizado. Na linha 03 foi incluído *sstream* para o uso da conversão *to_string* na linha 23 e para evitar o uso de *std* foi utilizado o *namespace* (linha 04).

Foi criada a classe TrataErro, onde possui um variável *string*, linha 09, do tipo privado, dois construtores, linhas 11 e 12, além de um método sem retorno (*void*), linha 13.

O construtor sem argumento, linha 17, pegamos e atribuímos um texto à variável texto, relatando que o resultado é infinito, linha 19. Já o construtor com argumento do tipo inteiro, linha 21, atribui a variável texto uma mensagem de alerta da divisão por zero pegando e concatenando o número da linha passada por *throw* ao texto com o uso da conversão *to_string*(), linha 23. E, por fim, o método *resp*() simplesmente nos exibe a mensagem.

```
#include <iostream>
#include "TrataErro.h"
using namespace std;

int main()
{
    try {
        float n1, n2, resultado;
        cout.precision(2);
        cout << "Digite o primeiro valor: ";
        cin >> n1;
        cout << "Digite o segundo valor: ";
        cin >> n2;
        if (n1 == 0 && n2 == 0)
            throw(TrataErro(__LINE__));
        else if (n1 != 0 && n2 == 0)
            throw(TrataErro());
        resultado = n1 / n2;
        cout << "Resultado: " << resultado << endl;
    }
    catch (TrataErro TE)
    {
        TE.resp();
    }
    catch (...)
    {
        cout << "Ocorreu um erro inesperado" << endl;
    }
}
```

Já a estrutura principal nós requisitamos a nossa classe recém-criada, linha 02 e colocamos toda a estrutura do código dentro de um *try* e *catch*. Foram criadas variáveis do tipo ponto flutuante, linha 08.

Da linha 11 e 13, pegamos os dados provindos do usuário e atribuímos estes às variáveis n1 e n2, respectivamente. Caso seja uma divisão por zero, ou seja, ambos possuem valores zeros (0), linha 14. Utilizamos o *throw* passando a classe *TrataErro* e como argumento passamos o número da linha onde ocorreu o erro do código, através de _LINE_ que é uma macro onde nos retorna o número da linha atual no arquivo de origem.

Já o *else if*, linha 16, se o primeiro número for diferente de zero, ou seja, qualquer valor positivo ou negativo e que haja uma divisão por zero, em que "n2" é igual a zero. Mais uma vez utilizamos *throw*, linha 17, para instanciar um objeto da classe *TrataErro*, onde será chamado o construtor sem argumentos para dar como resposta que o resultado é infinito ao invés da mensagem padrão *inf*.

Se nenhum dos critérios for atendido, o código segue normal, criando uma divisão de n1 por n2 e atribuindo o valor obtido a variável resultado, linha 18, onde em seguida é exibido, linha 19.

Mas se uma exceção foi lançada com throw, pelo uso da classe TrataErro a linha 21 será executado, fazendo com que o método resp(), linha 23, seja chamado para exibir a mensagem que foi configurada.

O último *catch* foi inserido, linha 25, para tratar qualquer outro tipo de exceção que não esteja nos parâmetros que foram apresentados.

Eis alguns exemplos de saída:

```
Digite o primeiro valor: 0
Digite o segundo valor: 0
Erro!
Divisão por zero!
Linha: 15
```

Neste exemplo foi chamado o construtor com argumento da classe *TrataErro*, que exibe a mensagem que configuramos.

```
Digite o primeiro valor: 9
Digite o segundo valor: 0
Resultado: Infinito
```

Mensagem padronizada de saída, que foi gerado pelo construtor sem argumentos da classe *TrataErro*.

Mas, se por acaso, eu desejar realizar uma divisão de números fracionados e por acidente colocar uma vírgula? O programa não irá entender que ela servirá para separar as casas decimais. Você deve está pensando, que vai entrar no *catch* que possui o coringa e alerta que um erro inesperado ocorreu.

Mas, infelizmente, isso não irá ocorrer, diferente do Java o C++ contorna o erro, simplesmente ignorando qualquer tipo de dado que esteja após a vírgula. Então, se por acaso, eu tentar dividir 4,5 por 2. A resposta dada será esta:

```
Digite o primeiro valor: 4,5
Digite o segundo valor: Resultado: Infinito
```

Ou seja, devido à vírgula não chegamos a inserir nem o segundo valor. A melhor forma de contornar este tipo de problema é capturar os dados a princípio como uma *string*, verificar se existe este tipo de problema, em que o usuário colocou vírgula ao invés de ponto e retornar com a substituição da vírgula pelo ponto. Para isso, vamos criar mais dois métodos na nossa classe *TrataErro*. Onde um será responsável em pegar o dado e fazer a verificação e o segundo retornar este dado corrigido, se houver necessidade, na forma de número.

TrataErro.h

```
#pragma once
#include <iostream>
#include <sstream>

using namespace std;

class TrataErro
{
private:
    string texto;
    float f;
public:
    TrataErro();
    TrataErro(int linha);
    void setValor(string n);
    float getValor();
    void resp();
};

void TrataErro::setValor(string n)
{
    int local = n.find(",");
    if (local >= 0)
        n[local] = '.';
    f = stof(n);
}

float TrataErro::getValor()
{
    return f;
}

TrataErro::TrataErro()
{
    texto = "Resultado: Infinito";"
```

```
36 }
37 TrataErro::TrataErro(int linha)
38 {
39       texto = "Erro!\nDivisão por zero!\nLinha: " + to_string(linha);
40 }
41 void TrataErro::resp()
42 {
43       cout << texto;
44 }
```

Declaramos dois novos métodos, um sem retorno que possui como parâmetro uma *string*, linha 15 e outro que nos retorna um dado do tipo flutuante, linha 16.

A construção do método *setValor*, faz com que realize a busca pela vírgula com *find*, linha 22, que nos retorna zero (0) se for encontrado na primeira posição, um (1) se for na segunda posição e assim por diante. Ou nos retorna -1 se nada for encontrado. Por isso que verifico se o valor obtido é maior ou igual a zero (linha 23), nos indicando que foi encontrada a vírgula e por isso será substituído o caractere na posição capturada pelo ponto, linha 24. Lembrando que a *string* funciona como um *array*. E na linha 25, independente de ter ou não encontrado a vírgula, converte o valor passado para um número e atribui a variável privada f, que foi criado na linha 11.

Já o método *getValor*(), linha 28 só nos retorna o valor de f. Vamos novamente ao nosso exemplo, incluindo agora essas novas possibilidades de contorno de erro.

```
#include <iostream>
#include "TrataErro.h"
using namespace std;

int main()
{
      try {
            TrataErro TE;
            string valor;
            float n1, n2, resultado;
            cout.precision(3);
            cout << "Digite o primeiro valor: ";
            cin >> valor;
            TE.setValor(valor);
            n1 = TE.getValor();
            cout << "Digite o segundo valor: ";
            cin >> valor;
            TE.setValor(valor);
            n2 = TE.getValor();
            if (n1 == 0 && n2 == 0)
                  throw(TrataErro(__LINE__));
            else if (n1 != 0 && n2 == 0)
                  throw(TrataErro());
```

```
24              resultado = n1 / n2;
25              cout << "Resultado: " << resultado << endl;
26      }
27      catch (TrataErro TE)
28      {
29              TE.resp();
30      }
31      catch (...)
32      {
33              cout << "Ocorreu um erro inesperado" << endl;
34      }
35 }
```

Foi declarado um objeto da classe *TrataErro*, linha 08, criado uma *string* de nome valor, linha 09 e alterada a precisão para três (3), linha 11, onde temos três espaços numéricos permitidos, incluindo suas casas decimais, se tiver. Pegamos o dado inserido pelo usuário pela variável *string*, linha 13, e chamamos o método *setValor* através do objeto TE da classe *TrataErro*, passando como argumento o conteúdo da *string* recém-capturada.

Depois disso pegamos e atribuímos o valor à variável n1 com a utilização *getValor*() que nos retorna um número de ponto flutuante, linha 14. De forma semelhante ocorre com as linhas 17 a 19. Então se desta vez for digitado, acidentalmente, vírgula ao invés de ponto, o programa poderá tratar o problema sem prejudicar o resultado da divisão.

Exemplo da saída do programa:

```
Digite o primeiro valor: 4,5
Digite o segundo valor: 2
Resultado: 2.25
```

Capítulo 5

MySQL

Conceito de banco de dados

Todo servidor de banco de dados é um Sistema de Gerenciamento de Banco de Dados (SGBD), do inglês *Data Base Management System* (DBMS), responsável por armazenar informações de forma segura e consistente, onde utilizamos a linguagem SQL para requisitar estas informações, excluir, cadastrar ou até mesmo alterá-las.

A linguagem SQL se tornou padronizada (ANSI e ISO) para bancos de dados em 1992, contudo, cada banco de dados possui características específicas, mas a base padrão SQL poderá ser aplicada a qualquer tipo de banco que suporte linguagem SQL, seja a realização de consultas, exclusões ou atualização. Quando se torna algo mais específico, essa estrutura pode sofrer variação. Ex:

MySQL

```
SELECT idade FROM pessoas ORDER BY idade ASC LIMIT 15
```

Microsoft SQL Server

```
SELECT TOP 15 * FROM pessoas ORDER BY idade ASC
```

Ambas as consultas puxam os quinze primeiros registros da tabela pessoas, ordenado por idade de forma ascendente.

Tipos de tabelas

Não querendo estender muito o assunto, já que não é um livro exclusivo sobre MySQL, quero apresentar dois tipos de tabelas que são bastantes utilizadas o *MyIsam* e o *InnoDB*. Pois como sabemos, um banco de dados é composto de uma ou mais tabelas. Tabelas estas que armazenam informações (registros), que poderá se comportar de forma diferenciada em um mesmo banco de dados, dependendo do seu tipo.
MyIsam: São tabelas rápidas e simples. Utilizadas quando não se precisa criar associação entre tabelas com o uso de chave estrangeira, não possui suporte a transações e seu nível de bloqueio é em nível de tabela, o que é uma desvantagem quando se trabalha de consultas em paralelo.

Quando há uma empresa repleta de funcionários realizando várias consultas simultâneas de atualização, por exemplo, de quantidade de produtos sendo repostos e retirados de um estoque. O programador normalmente se encarrega de realizar um bloqueio para que não haja comprometimento do registro. Pois pode haver mais de um funcionário que esteja querendo atualizar um mesmo registro ao mesmo tempo.

Contudo o *MyIsam* bloqueia toda a tabela e não unicamente aquele registro, o que resulta em uma lista de espera, tornando o sistema mais lento.

InnoDB: Quando se deseja criar um banco de dados complexo e robusto o *InnoDB* é a melhor opção, seu nível de bloqueio é de linha e não de tabela, ou seja, só aquele registro em específico será bloqueado até que a consulta de atualização, por exemplo, se encerre.

Apesar de ser relativamente mais lento que o *MyIsam*, ela faz compensar pois há recursos como chave estrangeira o que permite criar relação entre tabelas, além do suporte a transações.

Critérios de normalização

São conceitos simples, mas que toda tabela deve possuir para não comprometer os dados da mesma, evitando inconsistência e redundâncias de dados.

Toda tabela deverá possuir um campo de chave primária que identifique de forma única cada registro da tabela de forma específica. Nós tornamos um campo como chave primária quando esse tipo de requisito é atendido como CPF, que como sabemos, identifica unicamente e especificamente uma única pessoa.

Você poderá criar uma chave primária quando não há esse tipo de campo e mesmo com sua presença nada impede que você crie um campo de chave primária na tabela, que muitas vezes é mais aconselhado fazê-lo.

Quando um campo é declarado como chave primária o sistema de gerenciamento de banco de dados impede que este campo seja redundante, ou seja, se eu criar um campo de chave primária que possua um dado que identifique um produto como E380JF, por exemplo. E acidentalmente eu deseje gravar novamente esse dado em outro registro como chave primária, o sistema SGBD impedirá que a ação seja validada, como uma forma de manter a integridade do banco.

Querendo ou não uma chave primária toma pra si o dado como único e nenhum outro registro poderá possuir este mesmo dado, como uma forma de tornar aquele dado como uma identificação única, possibilitando alterá-lo, consultá-lo ou excluir especificamente aquele registro e não a tabela toda.

Mas a normalização de uma tabela não só se limita na presença da chave primária, ela deverá ter outras regras. Veremos três, que serão mais do que suficiente.

Primeira forma normal 1FN

Cada campo da tabela deve possuir um único dado por vez, nada de criar um campo telefone para armazenar todos os números de telefone do usuário de uma vez como celular, casa, trabalho, escritório, etc.

Isso inviabiliza consultas por número de telefone ou torna-se mais difícil realizá-las com a mesma eficácia desejada, além de ir contra a regra 1FN.

Além disso, a primeira forma normal trata de entidades, ou seja, não adianta criar campos que armazenem um único dado por vez se representar mais de uma entidade em uma única tabela.

Digamos que eu queira criar um banco de dados para armazenar produtos, fornecedores e funcionários. Acabei de citar três entidades, então deveria ter três tabelas ao invés de uma, do contrário, irá gerar lacunas de campos vazios e de difícil manuseamento.

Digamos que todas as três entidades pertençam a uma única tabela. Ao registrar o fornecedor terei que deixar o campo cargo, que faz parte da entidade funcionário, vazio. Da mesma forma quando cadastrar um funcionário terei que deixar em branco o campo CNPJ, por exemplo. O que resulta em incoerência fenomenal. E acredite, já vi isto em prática onde o "programador" colocou desta forma uma tabela para todas as entidades. Ao constatar fiquei assustado, depois rindo de nervoso, imaginando como resolver esta terrível catástrofe.

E, por fim, deve estar presente, obviamente, a chave primária, como uma forma de identificar de forma única cada registro da tabela.

Segunda forma normal 2FN

Primeiramente deve estar em conformidade com a 1FN, deve-se verificar se todos os campos fazem realmente parte da tabela, ou seja, se são dados exclusivos da tabela. Do contrário, o campo deverá ser transferido para a entidade adequada, excluído quando desnecessário ou criada uma tabela, quando o dado ou dados identificados se comportam como uma entidade.

Por exemplo, se desejasse criar uma tabela para registrar os livros de uma biblioteca, teríamos campos para armazenar dados como:

Tabela Livros	
CP	Chave primária
Título	PHP e Ajax – Direto ao ponto
Ano	2014
Autor	Rodrigo Córdula
Editora	Ciência Moderna

Porém, há livros que têm mais de um autor, o que vai contra a 1FN normal. Ex:

Tabela Livros	
CP	Chave primária
Título	Java How to Program
Ano	2020
Autor	Paul J. Deitel, Harvey Deitel
Editora	Pearson Universidades

Em outras palavras, a 2FN é uma verificação para garantir que todos os campos atendem a 1FN, do contrário, uma solução deverá ser dada, que neste exemplo poderemos criar uma entidade para autor e realizar uma relação entre autor e tabela livros, que veremos mais à frente. Ex:

Tabela Autor	
CP	Chave primária
Escritor	Paul J. Deitel

Tabela Autor	
CP	Chave primária
Escritor	Harvey Deitel

No exemplo anterior temos uma tabela de nome Autor, que possui dois registros, não confundir como duas tabelas distintas.

Terceira forma normal 3FN

Para que ocorra a terceira forma normal, ela deverá estar em conformidade com a 1FN e a 2FN, além disso, os dados da tabela devem ser exclusivos, do contrário, os campos serão considerados como novas entidades, isso mesmo, tabelas deverão ser criadas para cada uma delas. Ou seja, se crio uma tabela de cadastro com campos como: Bairro, CEP, Rua, etc.

Em um momento esses dados irão se repetir, já que não existe uma única pessoa por bairro. Então terei que criar uma tabela, mas CEP e Rua também correm esse risco e assim criam-se tabelas para os mesmos e assim por diante, criando-se uma teia de relações complexas. Isso se você desejar seguir a normalização ao pé da letra.

Relações entre tabelas

As relações têm por objetivo interligar tabelas de um senso comum, ou seja, que existe alguma relação entre elas. Há três tipos de relações: um-para-um, um-para-muitos e muitos-para-muitos. Será necessário criar uma tabela intermediária nesta relação para que haja uma associação única e não generalizada. Mas, vamos por partes.

Relação um-para-um (1:1)
Uma relação é considerada um-para-um quando a relação entre si é única e exclusiva, como o CPF que é única e exclusiva de uma pessoa. Outro exemplo genérico seria o casamento, onde um homem registra-se como casado com uma única mulher e vice-versa, já que nosso padrão de casamento é monogâmico.

Relação um-para-muitos (1:N)
É quando um único registro da tabela está associado a um ou mais registros de outra tabela. Por exemplo, um usuário pode ter um ou mais celulares e o celular pertence a um único dono (um-para-muitos) ou uma locadora pode ter um ou vários carros, mas o carro só pode pertencer a uma única locadora.

Relação de muitos-para-muitos (N:N)
É quando um ou mais registros de uma tabela se relaciona com um ou mais registros de uma outra tabela, neste caso uma tabela intermediária deverá ser criada para denotar a relação um-para-muitos para cada tabela associada na relação, para dessa forma não comprometer a chave primária entre as tabelas, o que resulta, com a tabela intermediária, uma relação muitos-para-muitos. Como no caso de livros que podem ter um ou mais autores, assim como um autor pode ter um ou mais livros publicados. Se colocarmos em modelagem conceitual ficaria da seguinte forma:

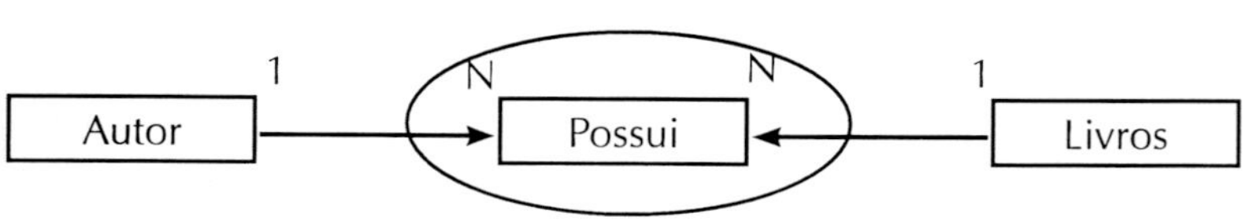

Reforçando, um autor possui um ou mais livros publicados, assim como um livro pode possuir um ou mais autores responsáveis. Nesse caso possui é uma entidade, já que deve haver uma tabela adicional para intermediar a relação muitos-para-muitos com duas relações um-para-muitos, pois desta forma não compromete a integridade da chave primária.

E já que falei sobre modelagem conceitual, vamos dar uma passadinha rápida sobre esse tópico.

Modelagem de banco de dados

Antes de "pôr a mão na massa", vamos rapidamente ir à modelagem de banco de dados. Que divide-se em conceitual, lógica e física. A modelagem faz parte do processo para ter um banco de dados desenvolvido por etapas e corrigir possíveis erros encontrados durante as etapas. Já que é uma estrutura que se concentra tanto no corpo do banco de dados como nas entidades e dependências lógicas do mesmo.

O correto é desenvolver as etapas da modelagem do banco de dados antes de desenvolver o mesmo em sua etapa final, que é a modelagem física. Pois a modelagem nos ajuda a desenvolver etapas separadas antes de compor um banco de dados que seja de forma consistente, não redundante e perfeitamente aplicável a qualquer modelo de SGBD.

Modelagem conceitual: Ou modelo conceitual. É a primeira etapa do processo onde paramos para pensar em definir quais são as entidades e que tipo de relação as mesmas deverão possuir. Por sinal, criamos um modelo conceitual anteriormente, ao definir uma relação muitos-para-muitos de autores e livros. Vejamos outro exemplo, com o uso de modelagem conceitual.

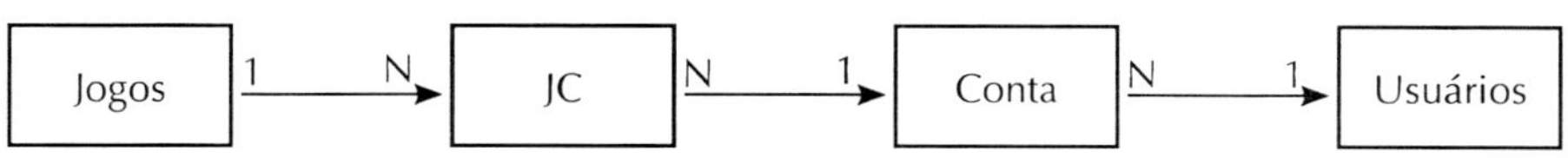

Vamos agora entender esta relação.

Um usuário pode ter uma ou mais contas como: *Steam*, GOG, *Epic Games*, etc. E só uma conta deve pertencer, exclusivamente, a um único usuário, o que nos resulta uma relação um-para-muitos.

Uma conta pode ter um ou mais jogos e um jogo pode estar presente, **não me refiro aqui em pertencer**, a uma ou mais contas. O que nos resulta uma relação muitos-para-muitos, onde JC (abreviatura para jogo conta) é uma tabela intermediária para juntar duas relações um-para-muitos e gerar uma relação muitos-para-muitos sem comprometer a integridade da chave primária entre as tabelas. Vamos entender melhor o porquê da relação muitos--para-muitos.

Posso ter o *game* GTA V, na conta da *Steam* e também pela *Epic Games*, por exemplo. Já que o *game* ficou gratuito, para adicionar a sua biblioteca de jogos na conta da *Epic*, que se não me engano foi maio de 2020. Então o que faria? Repetiria o cadastro GTA V para que pudesse se referir que há também o mesmo *game* presente na conta da *Epic*? Não. Lembra-se de redundância de dados? Que o banco deve ser consistente? E por correr o risco deste e de outros games aparecerem repetidos para informar que está presente em uma ou mais contas é que houve a relação muitos-para-muitos; onde a tabela jogos guarda os nomes dos games e a tabela JC (Jogos conta) a relação destes jogos com as contas (tabela contas) evitando-se assim a redundância de dados, seguindo a 3FN.

Mas, se pensar dessa forma, **não** repetirão também os nomes das contas? Tipo João tem uma conta no GOG, *Origin* e *Epic*. Enquanto o cadastro de Carlos tem conta da *Steam* e *Epic*, ou seja, o nome *Epic* se repetiu duas vezes no cadastro de conta e lembrando da 3FN que não nos permite esse tipo de redundância.

Então devo criar uma nova tabela para compensar essa redundância? Sim, poderia, mas, para não tornar o exemplo mais complexo, o que pode dificultar ainda mais o entendimento do exemplo, vou resumir na criação de um campo do tipo *enum*, onde é permitido criar uma lista de dados de até 255 categorias.

Enum armazena os dados de forma compacta, onde os valores de entrada são codificados automaticamente como números e quando requisitados esses dados, os números são convertidos de volta para a sequência correspondente da categoria em questão. Alguns desenvolvedores adotam essa medida para resumir a complexidade das relações entre as tabelas, como criar uma lista *enum* para situação de sexo ou estado civil, por exemplo. Mas há aqueles que fazem questão de criar uma tabela, adotar ou não a inclusão de *enum* depende exclusivamente do desenvolvedor, mas torna-se recomendada quando é uma pequena lista de opções a serem criadas, como o nosso caso, já que acredito que não haja mais do que vinte contas distintas de *games*.

Fazer a lista de games torna-se impossível, já que contando com jogos *indie*, a lista passa dos 10mil. Neste caso, uma tabela separada obrigatoriamente deverá ser criada, como foi o nosso caso.

Modelo Lógico: Nesta etapa que incluímos os campos chaves primárias e estrangeiras entre as tabelas. Alguns modelos mais detalhados definem também os atributos e as propriedades de cada componente da tabela.

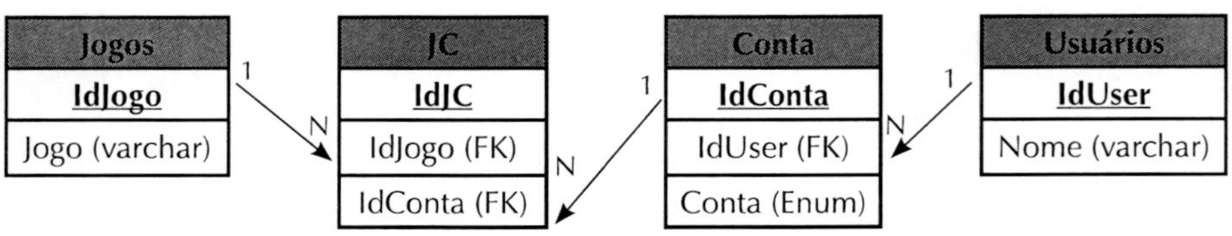

Campos em destaque (negritado e sublinhado) representam as chaves primárias das tabelas, alguns modelos ainda reforçam com o asterisco (*), enquanto campos acompanhados com (FK) representam chaves estrangeiras (Foreign Key) que fazem associação entre as tabelas. Poderia expandir o exemplo, mas resolvi torná-lo da forma mais resumida possível, para melhor entendimento, pois com a inclusão de certos campos corre o risco de ser criada uma nova entidade e assim aumentar a complexidade do exemplo.

Modelagem Física: Na modelagem física é a construção do banco de dados propriamente dita, com base nos modelos conceitual e lógico. Mas, para alcançarmos a modelagem física precisamos entender a linguagem SQL primeiro.

Atributos de campos

Todo campo do banco de dados criado em uma tabela, precisa de um identificador e a definição do seu tipo de dado. Por isso que neste tópico serão listados os dados:

Numéricos

Atributo	Intervalo
TINYINT	-128 a 127
SMALLINT	- 32768 a 32767
MEDIUMINT	- 8388608 a 8388607
INT	- 2147483648 a 2147483647

BIGINT	- 9223372036854775808 a 9223372036854775807
FLOAT	- 3402823466E+38 a 117544351E-38
DOUBLE	- 1797631348623157E+308 a 2225073858507201 4E-308

Textuais

Atributo	**Intervalo**
CHAR	0 – 255
VARCHAR	0 – 65.535
TINYTEXT	0 – 255
TEXT	0 – 65.535
MEDIUMTEXT	0 – 16777215
LONGTEXT	0 – 4GB
ENUM	("valor1" [,"valor2",...]) até 255 valores
SET	("valor1" [,"valor2",...]) até 64 grupos de valores

Char e Varchar - diferença

Char armazena uma quantidade fixa de dados, enquanto varchar ocupa a quantidade exata de caracteres mais um *byte*. Para entender melhor, vamos a um exemplo.

Digamos que eu crie um campo char com espaço de até 100 caracteres, que equivale a 100 bytes. E nele decida armazenar o nome de um jogo, por exemplo, *The Outer Worlds*, que é um RPG de mundo aberto. Ele não irá ocupar só os 16 bytes, que é o tamanho do texto, ele irá ocupar os 100 bytes, independentemente do tamanho, a ocupação de memória do campo será sempre 100% para o tipo *char*.

Mas se este campo fosse do tipo varchar que possuísse a mesma quantidade de espaço, 100 caracteres e sabendo que The Outer Worlds possui 16 caracteres então ele ocuparia 17 bytes, que é o tamanho do texto mais um. Por isso, sempre opte em colocar campos do tipo varchar.

Data e Hora

Atributo	Formato
DATE	AAAA – MM – DD
TIME	HH:MM:SS
DATETIME	AAAA – MM – DD HH:MM:SS
YEAR	AAAA
TIMESTAMP(2)	AA
TIMESTAMP(4)	AAMM
TIMESTAMP(6)	AAMMDD
TIMESTAMP(8)	AAAAMMDD
TIMESTAMP(10)	AAMMDDHHMM
TIMESTAMP(12)	AAMMDDHHMMSS
TIMESTAMP(14)	AAAAMMDDHHMMSS

Caso tenha alguma dúvida sobre o significado das letras, aqui vai uma pequena explicação.

- **A**: Representa ano, que pode ser composto de dois ou quatro caracteres dependendo da quantidade de As.
- **M**: Representa meses para *date* e *timestamp* de quatro até oito espaços ou minutos quando for de 10 de espaço ou mais, como também sua representação é de minutos para *time*.
- **D**: Representação de dias.
- **H**: Representação de horas.
- **S**: Representação de segundos.

Além do atributo de um campo, você poderá adicionar propriedade. Eis algumas:

Propriedade	**Descrição**
UNSIGNED	Converte um intervalo numérico em positivo.
AUTO_INCREMENT	Auto incrementa o campo numérico em um a cada novo registro.
ZEROFILL	Funciona como UNSIGNED, além de preencher com zeros à esquerda.
DEFAULT	Se nenhum dado for inserido o valor padrão será utilizado.
NOT NULL	Não aceita valores vazios, do contrário um erro será gerado.
PRIMAY KEY	Torna o campo uma chave primária.
UNIQUE	Equivalente à chave primária, pois só aceita dados únicos.
INDEX	Torna o campo um índice.

Há algumas propriedades que precisam de um pouco mais de atenção para melhor entendimento e por isso serão descritos com mais detalhes.

- **ZEROFILL**: Como foi descrito, se comporta como UNSIGNED, mas também preenche com zeros à esquerda. Digamos que eu crie um campo X e o declare como inteiro (INT) e limite a sua extensão numérica a cinco espaços e se utilize desta propriedade. Então qualquer número interior a cinco espaços será preenchido por zero. Ex:

  ```
  'X' INT(5) ZEROFILL
  ```
  Se N for 27, o valor de saída será 00027.

- **DEFAULT**: É um valor padrão, ou seja, se default for definido durante a inserção do campo o valor padrão será utilizado.

  Digamos que eu tenha um campo na tabela de nome sexo e que seja do tipo Enum, que nos possibilita criar uma lista de opções válidas, claro que DEFAULT poderá ser utilizado em qualquer tipo de campo numérico, textual ou de data, também.

  ```
  sexo ENUM("Masculino", "Feminino", "Nada Consta") DEFAULT "Nada consta"
  -- O último registro será o valor padrão assumido
  INSERT INTO ex(sexo) VALUES("Masculino"), ("Feminino"), (DEFAULT);
  ```

Na linha 01 temos um campo sexo do tipo ENUM que possui três categorias como exemplo: Masculino, Feminino e Nada Consta. Por padrão (DEFAULT) será assumido o valor Nada Consta se o mesmo for declarado neste campo.

A linha 02 é um comentário de linha, comentários de linha podem ser declarados no Código SQL seguido de dois traços antes do comentário em si. Na realidade há três possibilidades de comentários que o SQL Editor do servidor de banco de dados MySQL aceita. Ex:

```
-- Comentário de linha
# Outro comentário de linha
/* Comentário de
Várias linhas */
```

Já a linha 03 é uma consulta de inserção, que veremos em detalhes mais **à** frente os tipos de consultas, que seleciona tabela «ex» o seu campo sexo e insere três registros, cujo último foi declarado que receberá o valor padrão DEFAULT, que no caso será o conteúdo Nada Consta.

- **Index:** Comumente chamado de índice, torna a consulta daquele campo mais rápida já que a organiza de forma que não precise percorrer todos os registros da tabela para encontrar o registro específico de sua consulta. Mas quando se deseja puxar uma lista de registro, e não um registro em específico, a leitura padrão do banco de dados é mais rápida do que quando se trabalha em índice. Em outras palavras, índice é utilizado quando se trabalha em consultas específicas com aquele campo, para acelerar o processo de busca, mas ela só é efetiva quando há uma quantidade considerável de registros presente na tabela.

  Se eu desejasse tornar o campo de uma tabela indexada, simplesmente bastaria utilizar o termo index associado ao campo, contanto que o campo exista na tabela, ou seja, que tenha sido declarado antes de index**á**-la. Ex:

```
nome varchar(200),
index(nome)
```

Modelagem física

Finalmente, com os conceitos básicos e outros que serão adicionados, partiremos para a modelagem física do banco de dados. Claro que podemos criar o banco de dados de forma manual com o uso da IDE do Workbench, mas com esse tipo de conhecimento torna-se autônoma a criação do banco de dados independente da IDE, o que nos torna programadores melhores ao invés de meros empilhadores de blocos, como cheguei a citar em uma das minhas apostilas do SENAC. A estrutura SQL aprendida aqui nos possibilita ser aplicada diretamente na linguagem C/C++, ou seja, podemos alterar o nome de uma tabela ou acrescentar um novo campo pelo código, por exemplo.

A seguir serão listados alguns comandos simples de criação de banco de dados.

Criando um banco de dados
CREATE DATABASE <nome>;
Quando se está em um ambiente *shell* do MySQL é utilizado o uso de crase para dar nome, seja em um banco de dados, tabela ou suas colunas. Ex:

CREATE DATABASE `bd`.

O exemplo acima criou um banco de dados de nome "bd". Mas, já que estamos no ambiente do *workbench* o uso ou não de crase torna-se opcional a não ser que você utiliza uma palavra reservada do banco de dados.

Importante

Caso ainda não tenha lido o apêndice referente ao gerenciador de banco de dados, sugiro que o faça.

Digamos que eu queira criar um banco de dados de nome *use*, que seria uma referência a um banco de dados com conteúdo exclusivo de usuários, por exemplo. O simples comando:
CREATE DATABASE use;

Não seria aceito, já que *use* é uma palavra reservada que tem por objetivo selecionar o banco de dados. Então, para criar um banco de dados com o nome use, o uso de crase neste caso seria obrigatório. Ex:
CREATE DATABASE `use`.

Durante a criação do banco de dados de nome "bd" que fizemos, você poderia, durante a sua criação, especificar o conjunto de caracteres padrão das tabelas do banco de dados com o uso de CHARACTER SET, que habitualmente utilizamos latin1, você ainda pode determinar que tipo de regra de comparação será aplicada com o uso de COLLATE da seguinte forma:

```
CREATE DATABASE bd CHARACTER SET latin1 COLLATE latin1_swedish_ci;
```

Há três tipos de regras de comparação para latin1, são elas:

- **latin1_general_cs**: Esta é uma regra rígida em que distingue letras maiúsculas de minúsculas durante a busca.

- **latin1_general_ci**: Nesta regra não há distinção entre maiúsculo e minúsculo, o conteúdo em questão será localizado independente deste fator.

- **latin1_swedish_ci**: Além de não distinguir palavras minúsculas de maiúsculas, ela ignora completamente cedilha e caracteres que estejam acentuados. Se busca por ação, serão localizadas, se houver, palavras como: acao, açao e ação.

Caso você tenha esquecido de acrescentar depois que criou o banco de dados e deseja realizar essa alteração é só digitar o comando ALTER da seguinte forma:

ALTER DATABASE <nome> [*CHARACTER SET* <conjunto>] [*COLLATE* <regras>];
E se eu desejasse excluir o banco de dados em questão seria:
DROP DATABASE <nome do banco de dados>;

Criando uma tabela

Para manusear uma tabela, o banco de dados deve estar selecionado. Então, antes de qualquer comando, deve-se utilizar:

USE <banco de dados>;

Comando responsável por selecionar o banco de dados.

O comando de criação de uma tabela é com o mesmo comando de criação de um banco de dados, com o uso de *CREATE* da seguinte forma:
CREATE table <nome> (<colunas e atributos>) [Opções avançadas];

Em cada coluna poderá ser definido como:
<`nome`> <tipo de dado> [UNSIGNED, NOT NULL] [DEFAULT <dado> |AUTO_INCREMENT] [PRIMARY KEY|INDEX|UNIQUE|FULLTEXT]

Há algumas ressalvas nesta estrutura, o termo *NOT NULL* torna-se desnecessário quando o campo é uma chave primária, já que seu preenchimento é obrigatório. *DEFAULT* não é utilizado quando o campo é uma chave primária (*PRIMARY KEY*), ou única (*UNIQUE*).

Em opções avançadas, nós podemos definir o tipo de engenharia (*ENGINE*), se é uma tabela do tipo *MyIsam* ou *InnoDB*, a especificação de caracteres da tabela (*CHARACTER SET*) e o tipo de regra (*COLLATE*). Da seguinte forma:

```
01 CREATE DATABASE IF NOT EXISTS bd;
02 USE bd;
03 DROP TABLE IF EXISTS 'usuarios';
04 CREATE TABLE 'usuarios' (
05 'id' INT UNSIGNED AUTO_INCREMENT PRIMARY KEY,
06 'nome' VARCHAR (50),
07 'idade' TINYINT UNSIGNED
08 )ENGINE = MyISAM CHARACTER SET = latin1 COLLATE = latin1_swedish_ci;
```

Na primeira linha cria-se o banco de dados "bd", se o mesmo não existir, caso contrário, esse comando será ignorado. E todo comando finalizado deve-se encerrar com ponto e vírgula.

Na linha 02 seleciona o banco de dados recém-criado e na linha 03 exclui a tabela "usuarios", se ela existir. Este tipo de comando de exclusão de tabela é aceitável quando está se criando a estrutura do banco de dados. Após populado, não é recomendado o seu uso por questões óbvias, já que irá excluir todos os registros presentes na tabela.

Na linha 04 é criada a tabela, onde a abertura de parênteses inicia-se a criação dos campos da tabela. Na linha 05 temos um campo de nome «id» que é do tipo inteiro (INT) que só aceita números positivos (UNSIGNED) autoincrementada (AUTO_INCREMENT) que se inicia na posição um e vai aumentando gradualmente de um em um a cada novo registro, além de ser uma chave primária (PRIMARY KEY).

Após definir as propriedades do campo, colocamos vírgula para inserir um novo, que no caso (linha 06) é o campo nome do tipo texto (VARCHAR) que aceita até cinquenta caracteres. Por fim, temos o último campo que é idade (linha 07), um inteiro pequeno (TINYINT) que só aceita números positivos (UNSIGNED), neste último campo não deve ser adicionado vírgula e fecha-se os parênteses.

Na linha 08 definimos a engenharia (ENGINE) do banco de dados como MyISAM e seu padrão de caracteres e regras. Se você definiu durante a criação do banco de dados torna-se desnecessário a reinclusão, a não ser que deseje alterar essas características específicas para essa tabela.

Visualizando o conteúdo das tabelas
SHOW TABLES;

Visualizando a estrutura de uma tabela (colunas)
DESCRIBE <nome da tabela>;

Alterando os campos da tabela
Para alterar o conteúdo de uma tabela o banco de dados deve estar selecionado, lembre-se disso. O comando de alteração seria:
ALTER TABLE <nome> <opções>;

As opções que temos são:

- **ADD**: Adiciona uma coluna na tabela. Ex:
  ALTER TABLE <nome da tabela> **ADD** <nome da coluna> <tipo de dados> [**FIRST | AFTER** <coluna específica da tabela>];

  FIRST nos indica que o campo adicionado será o primeiro campo da tabela e AFTER depois de uma coluna especificada, se não for detalhada a posição com FIRST|AFTER, já que é um argumento opcional, o campo será adicionado no final da lista de campos da tabela.

- **CHANGE**: Altera o campo de uma tabela.
  ALTER TABLE <nome da tabela > **CHANGE** <nome da coluna> <novo nome> <tipo de dado>;

- **DROP**: Remove o campo especificado da tabela.
  ALTER TABLE <nome da tabela > **DROP** <nome da coluna>;

Renomeando uma tabela
RENAME TABLE <nome> TO <novo nome>;

Excluindo uma tabela
DROP TABLE <nome da tabela>;

Para um melhor entendimento desses comandos, vamos colocar em prática a maioria deles. Vamos pegar a tabela que criamos e realizar algumas alterações para tornar a estrutura da tabela com dados um pouco mais relevantes de se trabalhar com consultas como a presença de cargo e salário.

1. Primeiro vamos atualizar o nome da tabela "usuario" para empregados.

```
USE bd;
RENAME TABLE usuario TO empregados;
```

2. Vamos acrescentar o campo sal, que é referente a salário e por isso será um dado de ponto flutuante (FLOAT).

```
ALTER TABLE bd.empregados ADD sal FLOAT;
```

No exemplo acima não precisa selecionar o banco de dados já que foi embutido na consulta.

3. Digamos que eu não gostei do nome do campo, quero que seja "salBruto" em referência a salário bruto e que não aceite valores negativos.

```
ALTER TABLE bd.empregados CHANGE sal salbruto FLOAT UNSIGNED;
```

4. Vamos adicionar também o campo cargos do tipo ENUM, como primeiro campo da tabela.

```
ALTER TABLE bd.empregados ADD cargos ENUM("Caixa", "Repositor", "Subgerente", "Gerente") FIRST;
```

5. Mas, digamos que eu me arrependi de ter colocado o campo cargos como primeiro campo da tabela, ela deveria estar depois do campo nome. Então faria:

```
ALTER TABLE bd.empregados CHANGE cargos cargos ENUM("Caixa", "Repositor", "Subgerente", "Geren-
te") AFTER nome;
```

Como pode perceber, tive que repetir todo o conteúdo do campo para manter suas características, para posteriormente alterar a sua posição.

6. Por fim, vamos excluir o campo idade, que é irrelevante.

```
ALTER TABLE bd.empregados DROP idade;
```

7. Vamos agora puxar a estrutura para ver como nossa tabela ficou:

```
DESCRIBE bd.empregados;
```

Field	Type	Null	Key	Default	Extra
id	int unsigned	NO	PRI	NULL	auto_increment
nome	varchar(50)	YES		NULL	
cargos	enum('Caixa','Repositor','Subgerente','Gerente')	YES		NULL	
salbruto	float unsigned	YES		NULL	

Comandos de consulta

Para que qualquer tipo de comando de consulta funcione adequadamente, o banco de dados deve estar selecionado. Para os exemplos de consulta, vamos considerar o banco de dados que criamos anteriormente e que sofreu algumas alterações. Pra quem não realizou as alterações é como se a tabela do banco de dados tivesse sido criada da seguinte forma:

```
CREATE DATABASE IF NOT EXISTS bd;
USE bd;
DROP TABLE IF EXISTS 'empregados';
CREATE TABLE 'empregados' (
'id' INT UNSIGNED AUTO_INCREMENT PRIMARY KEY,
'nome' VARCHAR (50),
'cargos' ENUM('Caixa', 'Repositor', 'Subgerente', 'Gerente'),
```

```
'salbruto' FLOAT UNSIGNED
)ENGINE = MyISAM CHARACTER SET = latin1 COLLATE = latin1_swedish_ci;
```

Inserindo dados

```
INSERT INTO <tabela> [<campo1, campo2, ...>] VALUES <valor1, valor2, ...>;
```

Como pode perceber a descrição dos campos de uma tabela torna-se opcional numa consulta de inserção, contudo em sua ausência torna-se obrigatório a inserção de dados em todos os campos da tabela mesmo na presença de uma chave primária auto incrementada. Sendo que neste caso declaramos uma inserção vazia (NULL), da seguinte forma:

```
INSERT INTO bd.empregados VALUES (NULL, "Carla Boris", "Gerente", 7000);
```

Sempre encerrando a consulta SQL com ponto e virgula (;).
Uma consulta de inserção nos permite inserir não só um, mas vários registros, bastando para isso separar por vírgula. Vamos incrementar mais registros em nossa tabela, desta vez determinando os campos:

```
INSERT INTO bd.empregados(nome, cargos, salbruto) VALUES("Cleber Martins", "Subgerente", 4500),
("Marcos Alison", "Repositor", 1700), ("Ana Moreira", "Caixa", 1900), ("Carla Amorim", "Caixa",
2038),("Adonis Fonseca", "Caixa", 1830), ("Jeniffer Lopes", "Repositor", 1648), ("Abraão Junior",
"Caixa", 2117), ("Carla Silva", "Repositor", 1300), ("Nataniel Natan", "Subgerente", 2900), ("Cleber
Marcos", "Repositor", 1500),("Marcos Alexandre", "Repositor", 1498);
```

Realizando uma consulta

```
SELECT <campos> FROM <tabela>;
```

Na consulta padrão de pesquisa nós determinamos quais campos serão exibidos e de que tabela. Ex:

```
USE bd;
SELECT nome, cargos FROM empregados;
```

Se você desejasse selecionar todos os campos de uma tabela, não haveria necessidade de citá-los um por um, bastaria utilizar o coringa (*) para isso:

```
SELECT * FROM bd.empregados;
```

Realizando exclusão e atualização de dados

```
DELETE FROM <tabela>;
```

Exclui todos os registros da tabela.

UPDATE <tabela> SET <coluna=valor, coluna n = valor n>;
Atualiza todos os registros da tabela, com base no campo e valor passado.

Em ambos os casos pode ser que não seja possível realizar esse tipo de consulta, já que muitos bancos de dados, incluindo o MySQL, possui um sistema de segurança que impede que todos os registros sejam alterados ou excluídos ao mesmo tempo. Normalmente o SGBD exige que seja imposta uma condição com a cláusula WHERE, que veremos no próximo tópico.

Filtrando consultas

Normalmente quando desejamos excluir é um registro em específico, assim como almejamos atualizar. Acredito que ninguém iria querer atualizar o campo CPF, por exemplo, para que todos os registros de uma tabela possuíssem o mesmo CPF.

Em qualquer consulta de atualização, exclusão ou de pesquisa podemos realizar uma filtragem com o uso da cláusula WHERE.

SELECT <campos> FROM <tabela> WHERE <condições>;
DELETE FROM <tabela> WHERE <condições>;
UPDATE <tabela> SET <coluna=valor, coluna n = valor n> WHERE <condições>;

Em condições, nós normalmente indicamos um campo da tabela e fazemos algum tipo de associação com base no uso de critérios lógicos como:

Operador	Descrição
=	Operador de comparação.
!=	Diferente de; também pode ser utilizada a simbologia <>
>	Maior que
<	Menor que
>=	Maior ou igual a
<=	Menor ou igual a
BETWEEN	Entre um intervalo especificado.
LIKE	Busca um padrão especificado.
IN	Procura por um conjunto de valores especificado.

Vamos puxar todos os registros que já cadastramos na tabela empregados.

```
SELECT * FROM bd.empregados;
```

A saída será algo como:

Id	Nome	Cargo	Salbruto
1	Carla Boris	Gerente	7000
2	Cleber Martins	Subgerente	4500
3	Marcos Alison	Repositor	1700
4	Ana Moreira	Caixa	1900
5	Carla Amorim	Caixa	2038
6	Adonis Fonseca	Caixa	1830
7	Jeniffer Lopes	Repositor	1648
8	Abraão Junior	Caixa	2117
9	Carla Silva	Repositor	1300
10	Nataniel Natan	Subgerente	2900
11	Cleber Marcos	Repositor	1500
12	Marcos Alexandre	Repositor	1498

Excluindo um registro específico da tabela

Se eu desejasse excluir o cadastro Adonis Fonseca, faria da seguinte forma:

```
DELETE FROM empregados WHERE id=6;
```

Com isso, irá excluir da tabela, empregados, o funcionário de id igual a seis (6). Na maioria das vezes realizada uma consulta de exclusão ou atualização pela chave primária, para ter certeza que só aquele registro em específico é que será afetado.

Atualizando um registro específico da tabela

Vamos atualizar o registro de id sete. Mudando o seu nome para Ana Nogueira, da seguinte forma:

```
UPDATE empregados SET nome='Ana Nogueira' WHERE id=7;
```

Executando consultas variadas

Se eu quisesse puxar todos os repositores do mercado:

```
SELECT * FROM bd.empregados WHERE cargos='Repositor';
```

A saída seria:

Id	Nome	Cargo	Salbruto
3	Marcos Alison	Repositor	1700
7	Ana Nogueira	Repositor	1648
9	Carla Silva	Repositor	1300
11	Cleber Marcos	Repositor	1500
12	Marcos Alexandre	Repositor	1498

Puxar todos os funcionários menos os repositores:

```
SELECT * FROM bd.empregados WHERE cargos!='Repositor';
```

A saída seria:

Id	Nome	Cargo	Salbruto
1	Carla Boris	Gerente	7000
2	Cleber Martins	Subgerente	4500
4	Ana Moreira	Caixa	1900
5	Carla Amorim	Caixa	2038
8	Abraão Junior	Caixa	2117
10	Nataniel Natan	Subgerente	2900

Puxa funcionários que ganhem acima de dois mil reais.

```
SELECT * FROM bd.empregados WHERE salbruto>2000;
```

A saída seria:

Id	Nome	Cargo	Salbruto
1	Carla Boris	Gerente	7000
2	Cleber Martins	Subgerente	4500
5	Carla Amorim	Caixa	2038
8	Abraão Junior	Caixa	2117
10	Nataniel Natan	Subgerente	2900

Puxa funcionários que ganhem abaixo de dois mil reais.

```
SELECT * FROM bd.empregados WHERE salbruto<2000;
```

A saída seria:

Id	Nome	Cargo	Salbruto
3	Marcos Alison	Repositor	1700
4	Ana Moreira	Caixa	1900
7	Ana Nogueira	Repositor	1648
9	Carla Silva	Repositor	1300
11	Cleber Marcos	Repositor	1500
12	Marcos Alexandre	Repositor	1498

Puxa funcionários que ganhem entre dois mil e três mil reais.

```
SELECT * FROM bd.empregados WHERE salbruto BETWEEN 2000 AND 3000;
```

Ou

```
SELECT * FROM bd.empregados WHERE salbruto>=2000 AND salbruto<=3000;
```

Na primeira consulta, puxa da tabela, empregados, os funcionários que tiverem o valor do salário bruto entre 2000 e 3000 reais. Na segunda consulta, pega-se da tabela empregados, os funcionários que possuam o salário bruto maior ou igual a dois mil e menor ou igual a três mil reais. A saída seria:

Id	Nome	Cargo	Salbruto
5	Carla Amorim	Caixa	2038
8	Abraão Junior	Caixa	2117
10	Nataniel Natan	Subgerente	2900

O operador LIKE é usado em uma cláusula WHERE para procurar um padrão especificado em uma coluna. Existem dois coringas que podem ser usados em conjunto com o operador LIKE.

O sinal de porcentagem (%) representa zero, um ou vários caracteres. E o sublinhado (_), que representa um único caractere.

Se desejássemos puxar todas as Carlas presentes no banco de dados com o uso de Like, faríamos da seguinte forma:

```
SELECT * FROM bd.empregados WHERE nome LIKE 'Carla%';
```

Com isso, o banco de dados irá puxar todas as pessoas que possuam o nome Carla independente do que vier após o nome. A saída será:

Id	Nome	Cargo	Salbruto
1	Carla Boris	Gerente	7000
5	Carla Amorim	Caixa	2038
9	Carla Silva	Repositor	1300

Se quisermos fazer o contrário, ou seja, puxar todos os funcionários, menos aqueles que possuam o nome Carla é só colocar o termo NOT. Ex:

```
SELECT * FROM bd.empregados WHERE nome NOT LIKE 'Carla%';
```

Há funcionários com os seguintes nomes:

Id	Nome	Cargo	Salbruto
3	Marcos Alison	Repositor	1700
11	Cleber Marcos	Repositor	1500
12	Marcos Alexandre	Repositor	1498

Se eu quisesse puxar todos os três pelo nome e não pelo cargo, por exemplo, eu deveria utilizar o fator comum que é Marcos, que dependendo do funcionário, pode ser um nome ou sobrenome. Então, como faríamos com o uso do LIKE? Da seguinte forma:

```
SELECT * FROM bd.empregados WHERE nome LIKE '%Marcos%';
```

Pois como sabemos, o sinal de porcentagem (%) representa zero, um ou vários caracteres. O que irá nos garantir puxar qualquer funcionário que possua Marcos, seja no nome ou sobrenome.

Para concluir, temos o operador IN, que podemos especificar um conjunto de dados. Se desejássemos puxar gerente e subgerente, poderíamos fazer da seguinte forma. Ex:

```
SELECT * FROM bd.empregados WHERE cargos IN ('Gerente', 'Subgerente');
```

Ou

```
SELECT * FROM bd.empregados WHERE cargos='Gerente' OR cargos='Subgerente';
```

Na primeira consulta puxamos todos os registros da tabela empregados, aqueles que façam parte do conjunto de dados estabelecidos com base no campo cargos. Nas segundas consultas, pega-se da tabela empregados, todos os funcionários que possuam o cargo Gerente ou Subgerente. Em consultas SQL pode-se utilizar && ou AND para o operador lógico "e" e OR ou || para o operador lógico "ou".

A saída será:

Id	Nome	Cargo	Salbruto
1	Carla Boris	Gerente	7000
2	Cleber Martins	Subgerente	4500
10	Nataniel Natan	Subgerente	2900

Order By

Organiza a exibição dos dados de uma tabela com base em um campo de forma ascendente (ASC) ou descendente (DESC). Se não for especificada a ordem, por padrão, a forma ascendente será utilizada.

```
SELECT * FROM bd.empregados ORDER BY nome ASC;
```

Ou

```
SELECT * FROM bd.empregados ORDER BY nome;
```

Id	Nome	Cargo	Salbruto
8	Abraão Junior	Caixa	2117
4	Ana Moreira	Caixa	1900
7	Ana Nogueira	Repositor	1648
5	Carla Amorim	Caixa	2038
1	Carla Boris	Gerente	7000
9	Carla Silva	Repositor	1300
11	Cleber Marcos	Repositor	1500
2	Cleber Martins	Subgerente	4500
12	Marcos Alexandre	Repositor	1498
3	Marcos Alison	Repositor	1700

Limit

Sua sintaxe é:
LIMIT X[, Y]

Onde X define a quantidade de registros a serem exibidos. Em conjunto com Y, X irá definir então a posição inicial dos registros, enquanto Y a quantidade de registros puxados a partir desta posição. Se eu desejar exibir cinco registros ordenados de forma ascendente, começando pela posição três, o código SQL seria:

```
SELECT * FROM bd.empregados ORDER BY nome ASC LIMIT 3,5;
```

Id	Nome	Cargo	Salbruto
5	Carla Amorim	Caixa	2038
1	Carla Boris	Gerente	7000
9	Carla Silva	Repositor	1300
11	Cleber Marcos	Repositor	1500
2	Cleber Martins	Subgerente	4500

Funções

Servem para nos auxiliar na busca de determinados resultados que podem ser demasiadamente complicados de se conseguir de outra forma. O MySQL nos fornece diversas funções facilitadoras no acesso de informações mais específicas, dentre eles:

Funções Numéricas	
COUNT	Conta a quantidade de registros de uma tabela com base em um campo.
SUM	Soma o campo e exibe o total.
AVG	Calcula a média dos valores de um campo.
MAX	Mostra o maior valor de um campo.
MIN	Mostra o menor valor de um campo.
ABS	Torna o campo um valor absoluto.
CEILING	O arredonda para o inteiro mais alto.
FORMAT (N, CD)	Formata o campo N, exibindo a vírgula nas casas de milhares, além de determinar quantas casas decimais (CD) deverão ser exibidas.
MOD (N1, N2)	Resto da divisão inteira entre N1 e N2. Pode-se utilizar o símbolo de porcentagem (%) ao invés de MOD.
POW (N1, N2)	N1 elevado ao número presente em N2.
RAND	Geração de um número aleatório entre 0 e 1.
ROUND (N1, N2)	Arredondando N1 para N2 casas decimais.
SQRT	Extrai a raiz quadrada de um número.

Para um melhor entendimento, vamos pôr em prática algumas funções.

Se desejasse saber a quantidade de registros de uma tabela, bastaria informar um dos campos da mesma com o uso de COUNT. Ex:

```
SELECT COUNT(nome) FROM bd.empregados;
```

Irá nos retornar 11 registros.

Se desejasse descobrir o custo total de todos os salários, utilizaríamos a função SUM com base no campo salbruto. Ex:

```
SELECT SUM(salbruto) FROM bd.empregados;
```

Irá nos retornar 28101.

Se quiser, podemos formatar a saída do total dos salários:

```
SELECT FORMAT(SUM(salbruto), 2) FROM bd.empregados;
```

Onde o número dois representa a quantidade de casas decimais. Desta forma, irá nos retornar 28,101.00

Se quisermos descobrir o maior salário pago a um funcionário

```
SELECT id, nome, MAX(salbruto) FROM bd.empregados;
```

Irá nos retornar:

Id	Nome	MAX(salbruto)
1	Carla Boris	7000

Sempre na exibição do cabeçalho irá nos retornar a fórmula que foi utilizada para obtê-lo, utilizo este termo pois pode ser uma junção de várias funções e não simplesmente uma única, como vimos no exemplo anterior. Se desejarmos, podemos renomear o campo, ao invés de aparecer Max(salBruto) poderia aparecer MaiorSal, da seguinte forma:

```
SELECT id, nome, MAX(salbruto) AS 'MaiorSal' FROM bd.empregados;
```

Irá nos retornar:

Id	Nome	MaiorSal
1	Carla Boris	7000

O AS serve para criação de aliase, um pseudônimo ou apelido para o campo, nomeá-lo pode ser útil quando se deseja manipulá-lo dentro do código C++.

Funções Textuais	
UCASE	Coloca a cadeia de caracteres em maiúsculo.
CONCAT	Concatena dois ou mais campos de texto.
LCASE	Torna os caracteres todos em minúsculo.
TRIM	Remove espaços em branco antes ou depois de uma palavra ou frase.
LEN	Contabiliza o número total de caracteres presentes em um campo.
SUBSTRING (string, PI, PF);	Pega parte de um texto com base na posição inicial (PI) indicada, até a posição final (PF) indicada.
DISTINCT	Não mostra redundância de dados, se houver.

Digamos que eu deseje que apareça a simbologia de nossa moeda (R$) na exibição dos salários. Poderia utilizar o CONCAT para criar uma concatenação. Ex:

```
SELECT id, nome, CONCAT('R$: ', salbruto) AS 'Salário' FROM bd.empregados LIMIT 4;
```

A saída será:

Id	Nome	Salário
1	Carla Boris	R$: 7000
2	Cleber Martins	R$: 4500
3	Marcos Alison	R$: 1700
4	Ana Moreira	R$: 1900

Mas, digamos que eu ainda deseje formar com casas decimais e separador de milhares. Ficaria então:

```
SELECT id, nome, CONCAT('R$: ', FORMAT(salbruto, 2)) AS 'Salário' FROM bd.empregados LIMIT 4;
```

A formatação entra antes da concatenação, já que não há como formatar devidamente um número se ele vier acompanhado de algum texto. A saída será:

Id	Nome	Salário
1	Carla Boris	R$: 7,000.00
2	Cleber Martins	R$: 4,500.00
3	Marcos Alison	R$: 1,700.00
4	Ana Moreira	R$: 1,900.00

Digamos que eu deseje pegar só o sobrenome de Ana Moreira, poderia utilizar SUBSTRING da seguinte forma:

```
SELECT id, SUBSTRING(nome, 5, 7) AS 'Sobrenome', salbruto FROM bd.empregados WHERE id=4;
```

A saída será:

Id	Sobrenome	salbruto
4	Moreira	1900

O nome Ana e contando o espaço em branco nos dá quatro caracteres, mas queremos iniciar na posição cinco, pois é onde se inicia a primeira letra do sobrenome, que é composto de sete letras e por isso que foram passadas as posições cinco e sete na consulta.

Funções de Data	
CURDATE	A data atual do servidor.
CURTIME	A hora atual do servidor.
NOW	A data e hora atuais do servidor.
TIME_FORMAT	Formata a hora. Ex: TIME_FORMAT (campotempo, '%H:%i:%S');
DATE_FORMAT	Formata a data e a hora, se desejar. Ex: DATE_FORMAT (data, '%d/%m/%Y');

Parâmetros para as funções DATE_FORMAT() e TIME_FORMAT()

Termo	Uso	Exemplo
%e	Dia do mês	1-31
%d	Dia do mês, dois dígitos	01-31
%D	Dia com sufixo	1st-31st
%W	Nome do dia da semana	*Sunday-Saturday*
%a	Abreviado	Sun-Sat Nome do dia da semana
%c	Número do mês	1-12
%m	Número do mês, dois dígitos	01-12
%M	Nome do mês	*January-December*
%b	Nome do mês abreviado	Jan-Dec
%Y	Ano, quatro dígitos	2009
%y	Ano, dois dígitos	09
%l	Hora (L minúsculo)	1-12
%h	Hora, dois dígitos	02
%k	Hora, formato de 24 horas	0-23
%H	Hora, formato de 24 horas, dois dígitos	00-23
%i	Minutos	00-59
%S	Segundos	00-59
%r	Hora	8:17:02 PM
%T	Hora, formato de 24 horas	20:17:02
%p	AM ou PM	AM ou PM

Para ter algum exemplo com a manipulação de data, teremos que criar um campo em nossa tabela do tipo data. Para isso será criado o campo de nome "entrada" do tipo DATETIME que é o mais completo já que aborda tanto datas quanto horários.

```
ALTER TABLE bd.empregados ADD entrada DATETIME DEFAULT NOW() NOT NULL;
```

Com isso, alteramos a tabela "empregados" presente no banco de dados "bd", foi adicionando um novo campo de nome "entrada" do tipo DATETIME e por não permitir o campo vazio (NOT NULL), todos os registros além de receberem o novo campo, receberão também a data e hora atuais do servidor, graças ao uso da função NOW().

Poderíamos também ter adicionado a data em um registro específico para servir como exemplo.

```
UPDATE bd.empregados SET entrada=NOW() WHERE id=1;
```

Contudo, todos os campos já possuem algum valor de data e por isso torna-se desnecessário. Se puxarmos a primeira consulta veremos que a apresentação da data é um tanto quanto confusa.

```
SELECT * FROM bd.empregados WHERE id=1;
```

id	nome	cargos	salbruto	entrada
1	Carla Boris	Gerente	7000	2020-08-31 13:08:43

Se quisermos pegar a data formatada adequadamente podemos fazer da seguinte forma:

```
SELECT id, nome, cargos salbruto, DATE_FORMAT(entrada, '%d/%m/%Y - %T') AS data FROM bd.empregados
WHERE id=1;
```

id	nome	cargos	salbruto	data
1	Carla Boris	Gerente	7000	31/08/2020 - 13:08:43

Se acompanhar a formatação presente na tabela, verá que %d é para dia do mês com dois dígitos, assim como %m para mês, enquanto o %Y serve para ano com quatro dígitos. E por fim o %T é a hora no formato de 24 horas.

Foi utilizado um aliase para nomear o campo, caso venhamos a manipular o mesmo dentro do código C/C++ torna-se deveras útil.

Utilizando FULLTEXT

A propriedade FULLTEXT nos permite fazer uma busca textual em campos do tipo CHAR, VARCHAR ou TEXT. A sua vantagem é que permite a busca de várias palavras de forma simultânea, mas para isso o campo deve ser declarado como FULLTEXT. Ex:

FULLTEXT (<nome da coluna>)

Além disso, a busca é baseada com o uso de MATCH() e AGAINST (), onde em MATCH especificamos a(s) coluna(s) que desejamos procurar e AGAINST é onde especificamos a(s) palavra(s) que queremos procurar.

Vamos a um exemplo criando uma nova tabela no banco de dados "db" de nome artigos:

```
CREATE DATABASE IF NOT EXISTS bd;
USE bd;

DROP TABLE IF EXISTS artigos;
CREATE TABLE artigos(
id INT AUTO_INCREMENT PRIMARY KEY,
titulo VARCHAR(100),
artigo TEXT,
FULLTEXT(titulo, artigo)
)ENGINE = MyISAM CHARACTER SET = latin1 COLLATE = latin1_swedish_ci;

INSERT INTO artigos(titulo, artigo) VALUES ('RPG', 'RPG que significa Role-playing-game, que traduzindo
a grosso modo é um jogo de interpretação/teatro, nascido dos games de estratégia de tabuleiro, criado
por Gary Gygax e Dave Arneson, que ao apresentar o RPG, a empresa Avalon-Hill ao qual trabalhavam, foi
```

```
motivo de gargalhadas; a justificativa é que o sistema não havia lógica alguma, já que era impossível determinar o vencedor se supostamente os jogadores deveriam cooperar entre si. "Vocês não têm como criar um jogo que não possui vencedor." Comentou um deles. Para que sua ideia fosse adiante Gary foi obrigado a fundar a TSR.');
INSERT INTO artigos(titulo, artigo) VALUES ('Cosplay', 'É a junção de duas palavras costume (fantasia) e roleplay (interpretação). Você poderá assumir qualquer personagem no mundo dos games, séries, animes, filmes, etc. Há campeonatos que avaliam critérios como fantasia e interpretação do personagem. Os prêmios para os vencedores no Brasil vão desde um prêmio simbólico de mil reais a um carro 0km. Mas, segundo fóruns, que reúnem tanto amadores, quanto profissionais, o campeonato mundial pode lhe render um pouco mais de 100 mil dólares. Das categorias de cosplay há uma bastante conhecida que é o cosplay pobre, que nos rende excelentes gargalhadas.');

INSERT INTO artigos(titulo, artigo) VALUES ('Anime', 'Normalmente voltado ao público adulto, possui histórias que podem ser algo simples como também complexo, como Vinland Saga, cuja profundidade tende a prender o espectador e a se envolver com o sofrimento do personagem, replet de referências histórias, drama, ódio e superação. Um anime pode abordar qualquer tema como: games, medieval, futurístico, sobrenatural ou um simples cotidiano e, ainda assim, prender a atenção do telespectador.').
```

Se eu desejasse procurar o artigo que possui o conteúdo referente ao *cosplay* pobre, poderia realizar a seguinte consulta:

```
SELECT * FROM bd.artigos WHERE MATCH(titulo, artigo) AGAINST('cosplay pobre');
```

Que iria nos retornar o artigo referente ao *cosplay*

	id	titulo	artigo
▶	2	Cosplay	É a junção de duas palavras costume (fantasia) e r...

Sabendo que todos os três artigos possuem o termo games, então se eu realizar uma consulta com esta palavra deveriam me retornar todos os registros, correto? Errado. O MySQL utiliza o modo de busca *Natural Language* que nos diz que se a palavra procurada estiver presente em 50% ou mais nos registros, a consulta irá retornar nenhum resultado, a não ser que você altere a busca para booleana e é isso que iremos fazer ao acrescentar IN BOLEAN MODE em AGAINST, da seguinte forma:

```
SELECT * FROM bd.artigos WHERE MATCH(titulo, artigo) AGAINST('games' IN BOOLEAN MODE);
```

Que irá nos retornar:

	id	titulo	artigo
▶	1	RPG	RPG que significa Role-playing-game, que traduzi...
	2	Cosplay	É a junção de duas palavras costume (fantasia) e ..
	3	Anime	Normalmente voltado ao público adulto possui hist..

Nós poderemos utilizar operadores para facilitar ainda mais a filtragem dos resultados, quando tivermos utilizando a busca boleana, conforme o exemplo da tabela:

Operador	Significado
+	Deve estar presente em todas as correspondências.
-	Irá excluir o conteúdo de sua busca.
~	Baixa uma classificação de importância
*	Coringa, que representa qualquer caractere.
<	Diminui a importância de uma palavra.
>	Aumenta a importância de uma palavra.
o	Deve corresponder a frase exata.
()	Cria subexpressões ou subconjunto.

Se eu desejar fazer uma busca por *game*, só irá nos retornar uma consulta, que é o artigo de RPG que possui essa palavra.

```
SELECT * FROM bd.artigos WHERE MATCH(titulo, artigo) AGAINST('game' IN BOOLEAN MODE);
```

	id	titulo	artigo
▶	1	RPG	RPG que significa Role-playing-game, que traduzi...

Mas se eu desejasse que retornasse a consulta tanto para *game* ou *games*, eu poderia utilizar o coringa junto com a palavra *game* e com isso a busca retornará tanto *game* como *games*, já que o coringa considera todo e qualquer caractere.

```
SELECT * FROM bd.artigos WHERE MATCH(titulo, artigo) AGAINST('game*' IN BOOLEAN MODE);
```

Há a palavra vencedor no artigo de RPG e vencedores no artigo de *cosplay*, então para puxar ambos poderia utilizar dois coringas ou simplesmente citar os dois termos na busca separados por um espaço:

```
SELECT * FROM bd.artigos WHERE MATCH(titulo, artigo) AGAINST('vencedor**' IN BOOLEAN MODE);
```

Ou

```
SELECT * FROM bd.artigos WHERE MATCH(titulo, artigo) AGAINST('vencedor vencedores' IN BOOLEAN MODE);
```

A saída será:

	id	titulo	artigo
▶	1	RPG	RPG que significa Role-playing-game, que traduzi...
	2	Cosplay	É a junção de duas palavras costume (fantasia) e ...

Digamos que eu deseje fazer uma busca pelos artigos sobre games, mas que não haja a palavra gargalhadas que está presente em *cosplay* e RPG. Faria da seguinte forma:

```
SELECT * FROM bd.artigos WHERE MATCH(titulo, artigo) AGAINST('games -gargalhadas' IN BOOLEAN MODE);
```

Irá nos retornar:

	id	titulo	artigo
▶	3	Anime	Normalmente voltado ao público adulto possui hist...

Criando relacionamentos com chave estrangeira

Vimos relações entre tabelas de forma conceitual e lógica, mas não física. Para colocarmos a última estrutura em prática precisaremos entender primeiramente o conceito de chave estrangeira. A chave estrangeira (FOREIGN KEY) nos permite criar um vínculo entre as tabelas e o comportamento desse vínculo irá depender de como a estrutura da relação foi construída conforme a seguinte sintaxe:

FOREIGN KEY <coluna> REFERENCES <nome da tabela> <coluna>
[ON DELETE {CASCADE | SET NULL | NO ACTION | RESTRICT}]
[ON UPDATE {CASCADE | SET NULL | NO ACTION | RESTRICT}]

Como vimos, há três tipos de relações: um-para-um, um-para-muitos e muitos-para-muitos. As duas últimas são as mais utilizadas. Em uma relação um-para-muitos nos indica que um registro, que normalmente chamamos de pai, está associado a um ou a vários registros, que chamamos de filhos.

1. **ON DELETE RESTRICT:** A exclusão de um registro pai só será permitido se não estiver atrelado a nenhum registro filho.

2. **ON DELETE NO ACTION:** Será aguardado para ver o que ocorre com a integridade referencial. Se não se mantiver com a exclusão do registro pai, o comando irá falhar, semelhante a RESTRICT.

3. **ON DELETE CASCADE:** A exclusão em cascata irá excluir tanto o registro pai, como os registros filhos atrelados ao mesmo.

4. **ON DELETE SET NULL:** Se for especificado, os registros filhos são automaticamente atualizados e as colunas da chave estrangeira são definidas com o valor NULL, quando o registro pai for excluído.

Para entender de forma um pouco mais clara, vamos a uma pequena hipótese de uso de chave estrangeira. Digamos que um cliente está realizando uma compra online e está sendo gravadas as suas escolhas em um banco de dados, então podemos dizer que os dados do cliente estão guardados em uma tabela específica, enquanto os produtos escolhidos para compra em outra. E para associar os produtos ao cliente fazemos uma relação de um-para-muitos com o uso da chave estrangeira, correto? Onde está relação nos afirma que o registro de um único cliente pode estar associado a um ou vários produtos selecionados para compra.

Então, se por acaso, o cliente pede para excluir a sua conta com os produtos selecionados, várias hipóteses poderão ocorrer, dependendo de qual comportamento você adotou durante a criação da tabela.

Poderão ficar com chave estrangeira sem referência se *ON DELETE SET NULL* for utilizado, como também o cliente e suas compras serão apagadas se *ON DELETE CASCADE* for escolhido. Ou podemos simplesmente afirmar que a conta não poderá ser excluída enquanto existir produtos selecionados na compra se ***ON DELETE RESTRICT* ou *ON DELETE NO ACTION* for escolhido.** A regra vale da mesma forma para *ON UPDATE*.

Com base nisso, vamos seguir regra a regra cada etapa da criação de um banco de dados em todas as relações citadas.

Galeria de imagens (1:1)

As galerias de imagens, que sempre utilizo como exemplo em meus materiais, funcionam normalmente com a exibição de pequenas imagens que ocupam poucos *kbytes*, que ao clicar em alguma das imagens carrega a imagem maior da mesma, que chega a ter alguns *megas*. Se fosse criar um banco de dados para o gerenciamento de uma galeria de imagens faríamos uma relação 1:1, relação da imagem pequena com a imagem grande. Para isso, vamos seguir os princípios conceitual, lógico e físico.

Modelagem conceitual

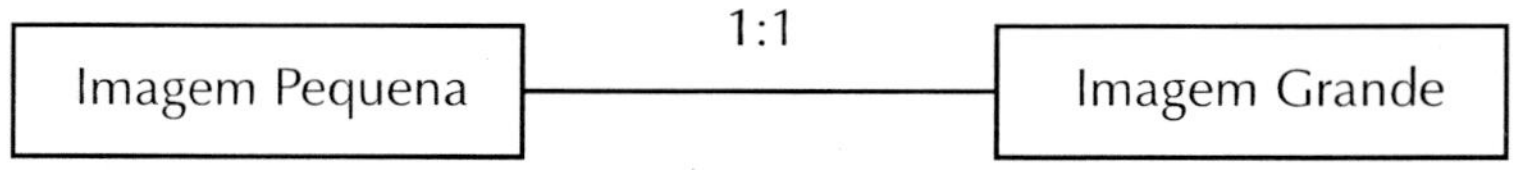

Normalmente, guardamos a referência da imagem e não a imagem propriamente dita no banco de dados, pois caso armazenasse as imagens no banco, o mesmo se tornaria enorme com uma centena de imagens, sabendo que há galerias de imagens com milhares de fotos. Para evitar a sobrecarga e lentidão do banco de dados, nós guardamos a referência da imagem, um cadastro normal onde o valor da chave primária irá fazer parte do nome da imagem após o upload da mesma, quando quisermos resgatá-la, basta fornecer o caminho + a chave primária do registro. Podemos criar outros campos, além da chave primária que servirá de referência para guardar outras informações da imagem.

Modelagem lógica

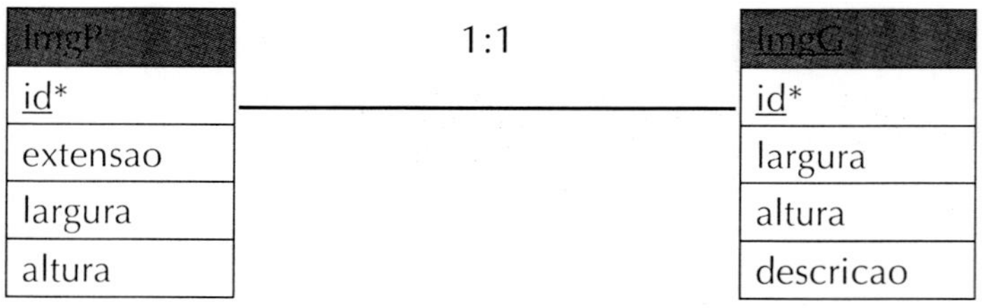

Finalmente, entramos na modelagem física onde criamos a estrutura SQL do banco de dados proposto.

```
CREATE DATABASE IF NOT EXISTS galeria;
USE galeria;

CREATE TABLE 'imgP'(
'id' INT UNSIGNED AUTO_INCREMENT PRIMARY KEY,
'extensao' CHAR(3) NOT NULL,
'largura' SMALLINT UNSIGNED NOT NULL,
'altura' SMALLINT UNSIGNED NOT NULL) ENGINE = INNODB CHARACTER SET latin1 COLLATE latin1_swedish_
ci;

CREATE TABLE 'imgG'(
```

```
11 'id' INT UNSIGNED AUTO_INCREMENT PRIMARY KEY,
12 'descricao' VARCHAR(3000),
13 'largura' SMALLINT UNSIGNED NOT NULL,
14 `altura` SMALLINT UNSIGNED NOT NULL,
15 FOREIGN KEY ('id') REFERENCES 'imgP'('id') ON DELETE CASCADE) ENGINE = INNODB CHARACTER SET latin1 COLLATE latin1_swedish_ci;
16
17 INSERT INTO imgP (extensao, largura, altura) VALUES ('jpg',160,120), ('gif',120,160), ('png',160,160), ('jpg',120,120);
18 INSERT INTO imgG (largura, altura) VALUES (1600,1200), (1800,2400), (3200,3200), (1200,1200);
```

Na linha 01 criei o banco de dados galeria, se não existir, e o selecione (linha 02). Crie a tabela "imgP" (linha 04). Na linha 05 criei um campo de nome id do tipo inteiro, onde os valores negativos foram convertidos para positivo (UNSIGNED), dobrando desta forma o intervalo positivo limite, autoincrementada, ou seja, o valor deste campo para o primeiro registro será 01, o segundo 02, o terceiro 03 e assim por diante e do tipo chave primária.

Na linha 06 criei um campo "extensao" que só aceita até três caracteres e não permite que este campo fique vazio no registro (*NOT NULL*). Na linha 07 e 08 são campos que aceitam valores inteiros e também seus valores negativos foram convertidos para positivos, dobrando o intervalo limite para valores positivos, além de ambos não aceitarem que seus campos fiquem vazios no registro (*NOT NULL*).

A engenharia da tabela é *INNODB* (linha 08), com configuração para caracteres do tipo latin1, anexado ao latin1_swedish_ci, cujas regras são menos rigorosas, como vimos.

Já a segunda tabela (linha 10) possui critérios bastante semelhantes, com a diferença que na linha 15 fazemos o uso de chave estrangeira (*FOREIGN KEY*) com um campo existente da tabela, que neste caso é sua própria chave primária referenciando (*REFERENCES*) da tabela imgP a sua chave primária, criando desta forma uma relação 1:1. Repare que coloquei a condição *ON DELETE CASCADE*, como havíamos visto, se deletarmos algum registro do elemento pai (imgP), o registro do elemento filho (imgG) que referencia este elemento pai, será também excluído.

A linha 17 cria uma consulta de inserção, que insere a informação de quatro imagens na tabela imgP como exemplo, e na linha 18 cria uma consulta também de inserção, mas desta vez para a tabela imgG.

Agora se quisermos puxar a relação destas imagens no banco de dados, deveremos colocar a relação que existe entre as tabelas na cláusula *WHERE*:
WHERE ImgP.id=ImgG.id;

Do contrário, irá puxar na ordem em que foram adicionados os registros na tabela, podendo ficar desordenado e desta forma ficar difícil enxergar a relação entre as tabelas.

Em *FROM*, deveremos obviamente informar as tabelas que iremos utilizar na consulta, além de informar os campos que queremos puxar nesta consulta, campos repetidos em ambas as tabelas deverão vir acompanhados com o nome da tabela, para que desta forma o SGBD saiba qual o campo de qual tabela deseja puxar a informação.

Se colocar o campo simplesmente e o mesmo exista em ambas as tabelas com o mesmo nome, o SGBD retornará um erro.

Com base nisso, a consulta ficará desta forma:

```
SELECT extensao, ImgP.id, ImgG.id, ImgP.largura AS "Largura Pequena", ImgP.altura AS "Altura Pequena",
ImgG.largura,

ImgG.altura FROM galeria.ImgP, galeria.ImgG WHERE ImgP.id=ImgG.id;
```

A saída ficará da seguinte forma:

extensão	id	id	Largura Pequena	Altura Pequena	Largura	Altura
jpg	1	1	160	120	1600	1200
gif	2	2	120	160	1800	2400
png	3	3	160	160	3200	3200
jpg	4	4	120	120	1200	1200

Se desejar comprovar o efeito de *ON DELETE CASCADE* faça o teste, eliminando um registro de uma das tabelas, verá que o registro associado a outra tabela também será excluído.

```
-- Excluindo um registro da tabela imgP
DELETE FROM galeria.imgP WHERE id=1;
-- Tentando puxar o mesmo número do registro na tabela imgG
SELECT * FROM galeria.imgG WHERE id=1;
-- Retorno da consulta será vazio
```

Conta de jogos (1:N)

Uma típica relação de um-para-muitos. Já que como foi dito, um usuário poderá ter várias contas, mas cada conta só poderá fazer referência a um único usuário. Tratando desta forma a relação 1:N.

Modelagem conceitual

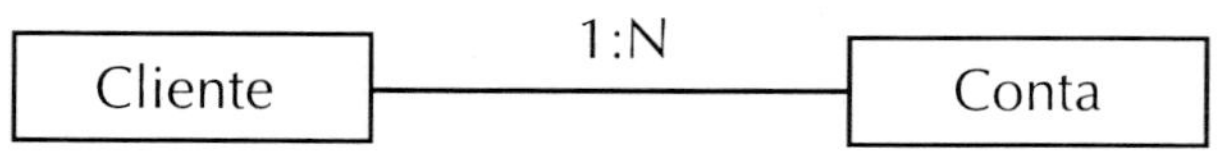

Modelagem lógica

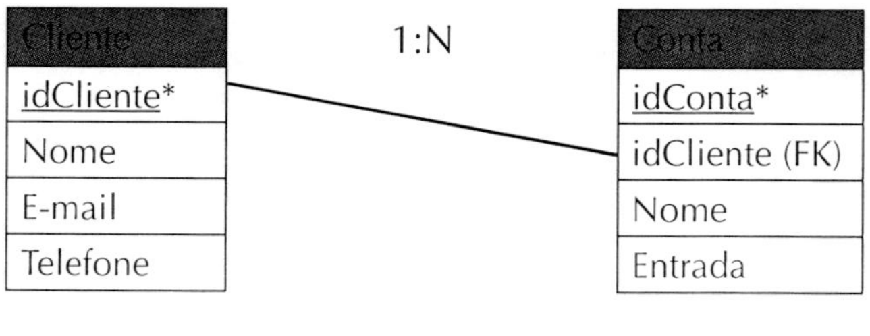

Modelagem física

```
CREATE DATABASE IF NOT EXISTS bd;
```

```
USE bd;

CREATE TABLE 'cliente'(
'idCliente' INT UNSIGNED AUTO_INCREMENT PRIMARY KEY,
'nome' VARCHAR(50) NOT NULL,
'e-mail' VARCHAR(50) NOT NULL,
'telefone' VARCHAR(9))ENGINE = INNODB CHARACTER SET latin1 COLLATE latin1_swedish_ci;

CREATE TABLE 'conta'(
'idConta' INT UNSIGNED AUTO_INCREMENT PRIMARY KEY,
'idCliente' INT UNSIGNED,
'nome' VARCHAR(30) NOT NULL,
'entrada' CHAR(4),
FOREIGN KEY('idCliente') REFERENCES 'cliente'('idCliente') ON DELETE SET NULL
)ENGINE = INNODB CHARACTER SET latin1 COLLATE latin1_swedish_ci;

INSERT INTO cliente (nome, 'e-mail', telefone) VALUES ('Finn','finn@ooo.com','1234567'),
('Jake','cao@ooo.com','1234567'), ('Suzana Forte','sf@ooo.com','1111122'), ('Lady Íris','li@ooo.
com','2211111');

INSERT INTO conta (idCliente, nome, entrada) VALUES (1, 'Steam', '2014'), (2, 'Steam', '2014'), (2,
'GOG', '2016'), (2, 'Uplay', '2015'), (2, 'Social Club', '2016'), (2, 'Epic Games', '2020'), (3,
'Microsoft', '2020'), (4, 'Steam', '2011'), (4, 'Origin', '2017');
```

A chave estrangeira foi criada na tabela conta, conforme as regras, com o detalhe de ser *ON DELETE SET NULL*, ou seja, se excluir um elemento pai na tabela cliente, os elementos filhos presentes na tabela conta, que estejam associados a mesma ficarão com sua chave estrangeira vazia.

Logo depois de eu ter criado as tabelas, criei consultas de inserção para conta, onde quatro registros foram inseridos, com nomes baseados nos personagens de "Hora de Aventura". O e-mail está entre crase, devido à presença do caractere especial traço (-). Campos de nomes compostos, palavras reservadas ao SGBD ou na presença de caracteres especiais devem estar sempre entre crases.

Para se apresentar algum conteúdo foram inseridos nove registros na tabela conta, passando o valor da chave primária dos registros recém-cadastrados da tabela cliente para que desta forma haja a associação do registro pai cliente aos registros filhos de conta, em outras palavras, a inserção deverá ser feita primeiramente na tabela pai, para depois inserir os dados na tabela filha, devido a necessidade da existência de valores da chave primária na tabela pai, para se realizar esta associação.

Vamos agora gerar uma consulta:

```
USE bd;

SELECT cliente.idCliente AS Id, idConta, cliente.nome AS cliente, conta.nome AS Conta, entrada FROM
cliente, conta WHERE cliente.idCliente = conta.idCliente ORDER BY cliente;
```

Já que o campo idCliente e o campo nome possui referência tanto na tabela clientes, como em contas, é obrigatório especificar de que tabela você está puxando o campo, por isso os termos cliente.idCliente, cliente.nome e conta.nome são necessários. Para manipular os mesmos em uma estrutura de código, como já foi falado, é recomendado renomeá-los utilizando um *alias* (AS), para dar uma definição ao campo.

Para puxarmos a relação de forma organizada criamos a associação em *WHERE*, onde definimos que *idCliente*, em ambas as tabelas devam estar associadas, mais uma vez é necessário especificar a tabela e o campo, por causa do campo ter o mesmo nome em ambas as tabelas. A saída ficará da seguinte forma:

Id	idConta	Cliente	Conta	Entrada
1	1	Finn	Steam	2014
2	2	Jake	Steam	2014
2	3	Jake	GOG	2016
2	4	Jake	Uplay	2015
2	5	Jake	Social Club	2016
2	6	Jake	Epic Games	2020
4	8	Lady Íris	Steam	2011
4	9	Lady Íris	Origin	2017
3	7	Suzana Forte	Microsoft	2020

Se fôssemos excluir algum registro pai.

```
USE bd;
DELETE FROM cliente WHERE idCliente=2;
```

Se agora for realizar uma consulta simples na tabela de contas em busca da chave estrangeira vazia, o resultado será este:

```
USE bd;

SELECT * FROM conta WHERE conta.idCliente IS NULL;
```

idConta	idCliente	nome	entrada
2	NULL	Steam	2014
3	NULL	GOG	2016
4	NULL	Uplay	2015
5	NULL	Social Club	2016
6	NULL	Epic Games	2020

Conta de jogos (N:N)

Durante o desenvolvimento da relação usuários e contas, você deve ter percebido que o nome *Steam* se repete para *Finn, Jake* e *Lady Íris*. Se você deseja seguir à risca a normalização, perceberá que este tipo de estrutura está infringindo a 3FN (Terceira forma normal), por isso, para que o nome *Steam* ou qualquer outro nome da lista de contas não se repita é recomendado criar uma tabela separada com os nomes e associá-los à conta, mas também, um simples campo do tipo ENUM, porém, para a relação ser (N:N) vamos optar em criar uma tabela em separado.

Sabendo que o nome de uma empresa, como a *Steam*, pode estar associado a uma ou mais contas, a associação torna-se um-para-muitos.

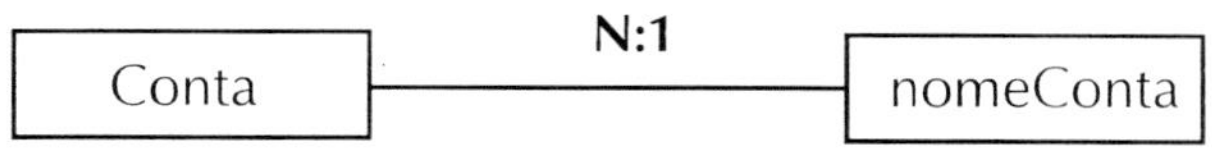

Porém, como vimos, na tabela conta há uma associação de um-para-muitos em relação à tabela cliente, o que nos faz ter a seguinte modelagem conceitual:

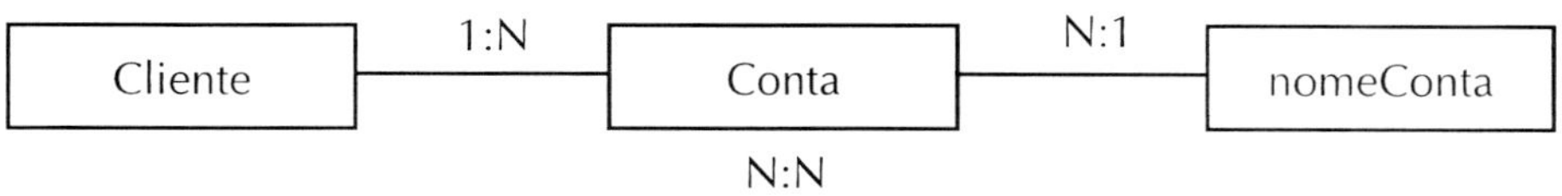

Revisando o conceito, um cliente pode ter uma ou mais contas de jogos, mas cada conta só pode pertencer a um único cliente (um-para-muitos). O nome de uma conta, por exemplo, *Steam*, deve ser único, para que não haja redundância de dados e que este nome pode estar associado a uma ou várias contas, criando uma relação de um-para-muitos. A junção destas duas relações nos resulta da criação de uma nova entidade que nomeei de conta a qual une as duas relações, criando uma associação de muitos-para-muitos (N:N).

Modelagem lógica

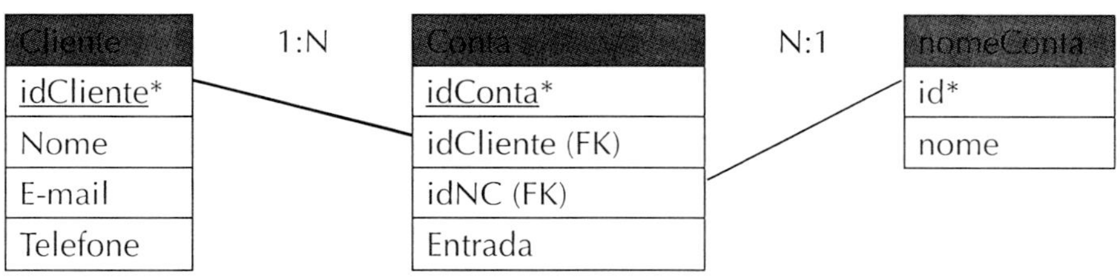

Modelagem Física

```
CREATE DATABASE IF NOT EXISTS bd;
USE bd;

CREATE TABLE `cliente`(
`idCliente` INT UNSIGNED AUTO_INCREMENT PRIMARY KEY,
`nome` VARCHAR(50) NOT NULL,
`e-mail` VARCHAR(50) NOT NULL,
`telefone` VARCHAR(9))ENGINE = INNODB CHARACTER SET latin1 COLLATE latin1_swedish_ci;

CREATE TABLE `nomeConta`(
`id` INT UNSIGNED AUTO_INCREMENT PRIMARY KEY,
`nome` VARCHAR(30) NOT NULL)ENGINE = INNODB CHARACTER SET latin1 COLLATE latin1_swedish_ci;

CREATE TABLE `conta`(
`idConta` INT UNSIGNED AUTO_INCREMENT PRIMARY KEY,
```

```
16 `idCliente` INT UNSIGNED,
17 `idNC` INT UNSIGNED,
18 `entrada` CHAR(4),
19 FOREIGN KEY(`idCliente`) REFERENCES `cliente`(`idCliente`) ON DELETE RESTRICT,
20 FOREIGN KEY(`idNC`) REFERENCES `nomeConta`(`id`) ON DELETE RESTRICT
21 )ENGINE = INNODB CHARACTER SET latin1 COLLATE latin1_swedish_ci;
22
23 INSERT INTO cliente (nome, `e-mail`, telefone) VALUES ('Finn','finn@ooo.com','1234567'),
('Jake','cao@ooo.com','1234567'), ('Suzana Forte','sf@ooo.com','1111122'), ('Lady Íris', 'li@ooo.
com', '2211111');
24
25 INSERT INTO nomeConta (nome) VALUES ('Steam'), ('GOG'), ('Uplay'), ('Social Club'), ('Epic
Games'), ('Microsoft'), ('Origin');
26
27 INSERT INTO conta (idCliente, idNC, entrada) VALUES (1, 1, '2014'), (2, 1, '2014'), (2, 2,
'2016'), (2, 3, '2015'), (2, 4, '2016'),
28 (2, 5, '2020'), (3, 6, '2020'), (4, 1, '2011'), (4, 7, '2017');
```

Já que as tabelas cliente e nomeConta estão associados à tabela conta, deve-se criar antes as mesmas para poder associá-las. Da mesma forma no cadastro, para haver uma associação ou vínculo, deve-se ter cadastro tanto na tabela cliente, como também na tabela nomeConta. E com isso podemos criar o cadastro que se associam, conforme feito na linha 27.

```
USE bd;
SELECT cliente.idCliente AS id, cliente.nome AS nome, nomeConta.nome AS conta, entrada FROM cliente,
conta, nomeConta WHERE cliente.idCliente = conta.idCliente AND nomeConta.id = conta.idNC;
```

Id	Nome	Conta	Entrada
1	Finn	Steam	2014
2	Jake	Steam	2014
2	Jake	GOG	2016
2	Jake	Uplay	2015
2	Jake	Social Club	2016
2	Jake	Epic Games	2020
4	Lady Íris	Steam	2011
4	Lady Íris	Origin	2017
3	Suzana Forte	Microsoft	2020

Devido a chave estrangeira ser restrita, se eu desejasse excluir, o nome *Steam* presente na tabela nomeContas, eu devo primeiramente excluir os vínculos da conta filha (conta) atrelado a este nome à conta pai (nomeConta). Do contrário um erro será retornado, como podemos ver no exemplo:

```
USE bd;
DELETE FROM nomeconta WHERE id=1;
```

Na tabela nomeConta temos como primeiro nome registrado Steam, por isso que o id equivale a um (1); que é o nome que desejamos excluir. Contudo com a restrição, será retornado o seguinte erro:

```
Error Code: 1451. Cannot delete or update a parent row: a foreign key constraint fails (`bd`.`conta`, CONSTRAINT `conta_ibfk_2` FOREIGN KEY (`idNC`) REFERENCES `nomeconta` (`id`) ON DELETE RESTRICT)
```

Basicamente, nos informando que não é possível excluir ou atualizar uma linha pai, devido a uma restrição de chave estrangeira filha.

Agora, se excluímos primeiramente tudo em contas que esteja vinculado ao nome *Steam* presente na tabela pai nomeConta, essa exclusão será possível.

```
USE bd;
DELETE FROM conta WHERE idNC=1;
DELETE FROM nomeconta WHERE id=1;
```

E com isso vimos a modelagem física das relações e agora temos uma noção de como funcionam as restrições da chave estrangeira na teoria e na prática.

Visões, transações e bloqueio

Visões

Visões nos permite atribuir toda uma consulta a um nome. Então quando precisarmos desta consulta não haverá necessidade de digitá-la novamente, basta para isso passar o nome da visão. É como se criássemos uma variável e atribuísse a consulta à mesma, que caso venhamos a precisar desta consulta, basta utilizar a variável ao qual possui a consulta. Mas, diferente de uma variável, cujo conteúdo é armazenado de forma temporária, visões ficam armazenadas de forma permanente para usos futuros.

A criação de uma visão é bastante simples:
CREATE VIEW <nome da visão> AS <expressão SQL>;

Como exemplo, vamos pegar a consulta anterior que criamos na relação muitos-para-muitos e torná-la uma visão. Ex:

```
SELECT cliente.idCliente AS id, cliente.nome AS nome, nomeConta.nome AS conta, entrada FROM cliente, conta, nomeConta WHERE cliente.idCliente = conta.idCliente AND nomeConta.id = conta.idNC;
```

Vamos agora criar uma visão desta consulta:

```
CREATE VIEW contas AS SELECT cliente.idCliente AS id, cliente.nome AS nome, nomeConta.nome AS conta, entrada FROM cliente, conta, nomeConta WHERE cliente.idCliente = conta.idCliente AND nomeConta.id = conta.idNC;
```

Para acessar esta visão, seria a realização de uma consulta simples passando, neste caso, o nome da visão, que é contas.

```
SELECT * FROM contas;
```

O que diminui drasticamente o número de caracteres a ser digitado, toda vez que for necessário realizar este tipo de consulta.

Excluindo uma visão
USE <nome do banco de dados>;
DROP VIEW [<nome>];

Alterando uma visão
Pode ser recriando a visão ou utilizando o comando REPLACE para alterá-la.
USE <nome do banco de dados>;
REPLACE VIEW <nome da visão a ser alterada> AS <nova expressão SQL>;

Transações
São possíveis de serem realizadas em tabelas do tipo *InnoDB*, em que toda transação possui atomicidade, em outras palavras, ou todas as operações são realizadas com sucesso ou tudo é cancelado dentro de uma transação, para iniciar uma transação, nós inserimos o seguinte comando:

```
START TRANSACTION
```

Há outros comandos de inicialização como BEGIN ou BEGIN WORK, porém, estão em desuso por não seguirem os novos padrões do SQL. Depois de iniciado uma transação, pode-se inserir as instruções SQL normalmente. Você pode criar pontos de salvamento durante uma transação com o uso de
SAVEPOINT <nome>;

Em que nome define o identificador deste ponto salvo, em que posso utilizá-lo para retornar a esse ponto, se assim desejar, com o comando:

ROLLBACK TO SAVEPOINT <nome>;
Como posso também desfazer todas as operações de uma transação, se assim desejar, com o uso do comando ROLLBACK. E para concluir uma transação, o comando COMMIT deve ser utilizado no final.

Se lembram do nosso último exemplo da relação (1:N) com a relação a clientes e suas contas? Vou utilizá-lo para um simples exemplo de transação.

```
01 START TRANSACTION;
02 USE bd;
03 UPDATE cliente SET nome="Marceline", `e-mail`="Marc@ooo.com", telefone='777333' WHERE idClien-
te=2;
04 SAVEPOINT salvo01;
05 INSERT INTO conta (idCliente, nome, entrada) VALUES (2, 'Microsoft', '2020');
06 COMMIT;
```

Na primeira linha iniciamos a transação, enquanto na segunda linha selecionamos o banco de dados de nome "bd", já na linha 03 inicia-se uma consulta de atualização, alterando os dados de *Jake*, para os dados de *Marceline*.

Na linha seguinte criamos um *SAVEPOINT*, linha 04, de nome salvo01 que podemos retornar a partir deste ponto se *ROLLBACK TO SAVEPOINT* for utilizado. Deste ponto em diante iniciamos uma consulta de inserção, linha 05, acrescentando mais uma nova conta, a conta de *Marceline*. Por fim, concluímos a transação, linha 06, com o uso de *COMMIT*.

LOCK e UNLOCK TABLES
Bloqueio só para leitura
LOCK TABLES <nome da tabela> READ;

- A sessão que detém o bloqueio pode ler a tabela (mas não escrever).
- Várias sessões podem adquirir uma `READ` de bloqueio para a tabela ao mesmo tempo.
- Outras sessões podem ler a tabela sem adquirir explicitamente um `READ` de bloqueio.

Você não pode bloquear várias vezes uma tabela em uma única consulta, usando o mesmo nome. Use *alias* em vez disso:
LOCK TABLE tabela WRITE, tabela AS tab READ;

Se suas declarações se referem a uma tabela por meio de um *alias*, você deve bloquear a tabela usando o mesmo *alias*. Ele não funciona para bloquear a tabela sem especificar o *alias*:

LOCK TABLE tabela READ;
SELECT * FROM tabela AS meualias;
ERROR 1100: Tabela 'meualias' não foi travada com LOCK TABLES

Por outro lado, se você bloquear uma tabela utilizando um *alias*, você deve se referir a ele em suas declarações:

LOCK TABLE tabela AS meualias READ;
SELECT * FROM tabela;
ERROR 1100: Tabela 'tabela' não foi travada com LOCK TABLES
SELECT * FROM tabela AS meualias;

Bloqueio só para escrita (inserção, atualização e exclusão de registros)
LOCK TABLE <nome da tabela> WRITE;

- A sessão que detém o bloqueio pode ler e escrever na tabela.
- Apenas a sessão que mantém o bloqueio pode acessar a tabela. Não existe nenhuma outra sessão que possa acessá-la até que o bloqueio seja liberado.

Em ambos os casos, seja bloqueio de escrita ou bloqueio de leitura, você deverá finalizar este bloqueio com *UNLOCK TABLE*.

Capítulo 6

Visual Studio

MySQL
Configurando a conexão do banco de dados

A conexão deveria ser uma tarefa fácil, uma simples instalação da conexão do MySQL com C++ já deveria ser possível enxergar essa conexão ou incluí-la de forma simples.
Ao você criar um projeto vazio em C++ há a opção referências em Gerenciador de Soluções.

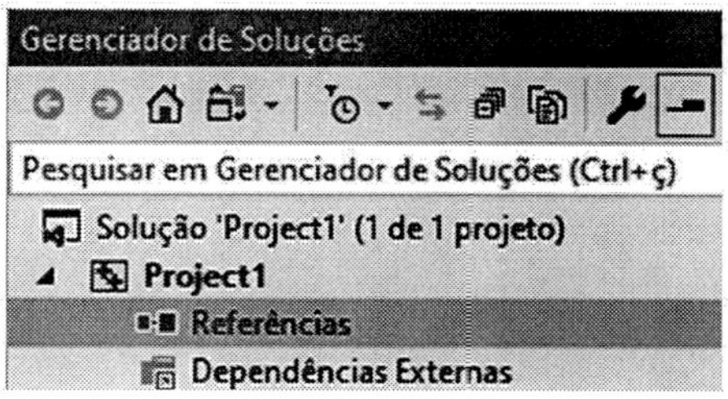

Que ao clicar no botão direito do mouse, na caixa de contexto que se abre, escolha adicionar referência...

Porém, ao abrir, verá que se encontra totalmente vazio, mesmo que você inclua na sua instalação do *Visual Studio* o *SQL Server* ou qualquer outro tipo de complemento, ele não irá aparecer nesta janela, acredito que seja pela versão que estamos utilizando que é Comunidade. Você pode até procurar uma solução indo no *menu* principal do *Visual Studio* e em extensões > Gerenciar Extensões

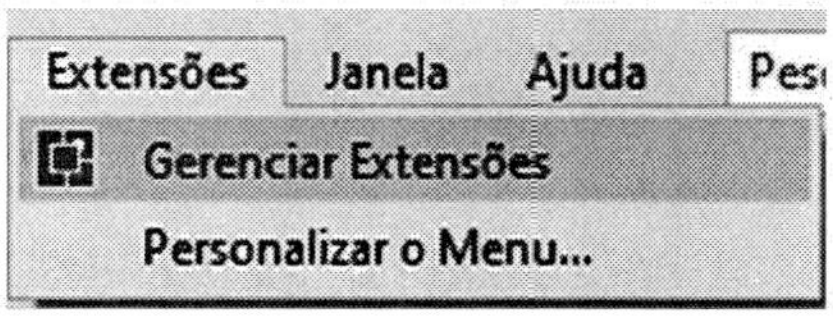

Contudo há outro, porém, as opções existentes normalmente são pagas ou precisam de registro de empresa para avaliação. Eu, sinceramente, não sei se isso é no geral ou não, porque optei em não ficar perdendo meu tempo clicando um por um. Simplesmente decidi configurar pessoalmente a conexão no *Visual Studio* para o *MySQL*.

Importante

Se você ainda não instalou o SGBD *MySQL*, recomendo que o faça agora.

Vamos precisar primeiramente do Boost, que é um conjunto de bibliotecas que estendem a funcionalidade da biblioteca padrão de C++; sendo requerido o seu uso para que funcione a conexão do banco de dados. O *Boost* faz uso extensivo de *templates* para garantir eficiência e flexibilidade. Baixe-o em: https://www.boost.org/

1. Selecione a versão mais nova, no meu caso estou selecionando a versão 1.73.0 para o *Windows*.
2. Descompacte na raiz do diretório C: e renomeie a pasta como *boost*.

3. Abra o cmd do *prompt* de comando e por lá, vá até a raiz do diretório do *boost*, se tiver dificuldades para acessar pelo CMD (*Prompt* de Comando) o diretório C:\Boost> recomendo que leia no apêndice A o tópico que trata do manuseio do *Prompt* de comando.
4. Digite **bootstrap.bat**, espere até que a seguinte mensagem apareça

```
Generating Boost.Build configuration in project-config.jam for msvc...

Bootstrapping is done. To build, run:

    .\b2

To adjust configuration, edit 'project-config.jam'.
Further information:

        - Command line help:
        .\b2 --help

        - Getting started guide:
        http://boost.org/more/getting_started/windows.html

        - Boost.Build documentation:
        http://www.boost.org/build/
```

5. Feito isso digite **b2.exe** e vá ver um *anime, Rick and Morty, Stranger Things* ou qualquer outro tipo de coisa, porque dependendo da *performance* de seu computador pode demorar mais de dez minutos.

Com o *Boost* em mãos, vamos agora passar para o *Visual Studio*.

1. Abra o *Visual Studio* e clique em criar um projeto.
2. Na barra de busca digite simplesmente CLR (*Common Language Runtime* ou Linguagem comum de execução). Se você instalou o *Visual Studio* seguindo os passos corretamente haverá as seguintes opções:

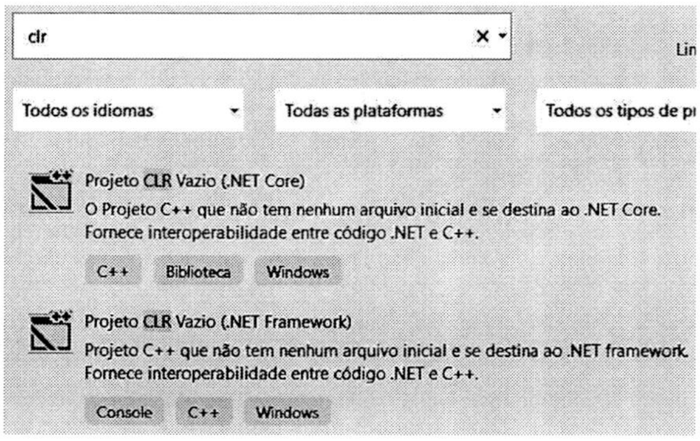

Ambos nos servem para construção de interface gráfica. Veremos mais à frente a união da conexão com a *interface* gráfica, por isso que de agora em diante os projetos serão do tipo CLR.

A diferença básica do Core para o Framework é que o .NET Core nos oferece o recurso de multiplataforma, enquanto o .NET Framework é só para desenvolvimento de aplicativo *Windows*.

3. No nosso caso iremos desenvolver um projeto mais simples, por isso selecione Projeto CLR Vazio (.NET Framework) e clique em próximo.
4. Dê um nome ao projeto de bd e clique em criar. Feito isso vá até a barra de menu do *Visual Studio* e em projeto > Propriedades de bd.
5. Na janela que se abre, clique no botão **Gerenciar Configurações**.
6. Em **configurações da solução ativa** escolha *Release* e em **Plataforma da solução ativa** escolha *x64*, conforme demonstrado na imagem:

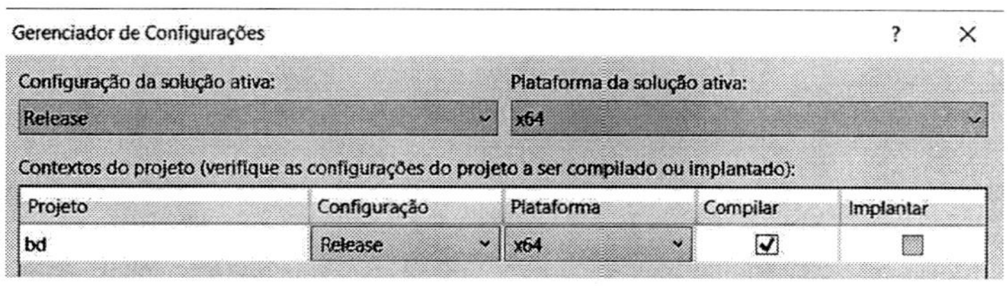

7. Clique em fechar e verifique se estão selecionados *Todas as Configurações* na caixa de seleção de **configuração** e plataforma x64, conforme o exemplo da imagem:

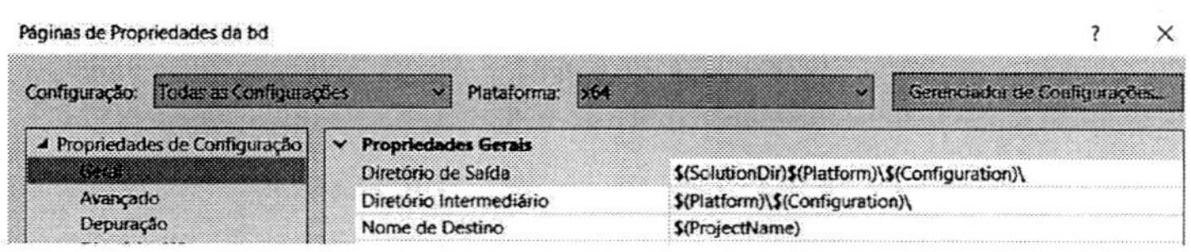

8. Expanda a listagem de **Propriedades de Configuração** se não estiver expandido, e escolha **diretórios VC++** e selecione *Diretório de inclusão* e clique em editar, conforme o exemplo da imagem:

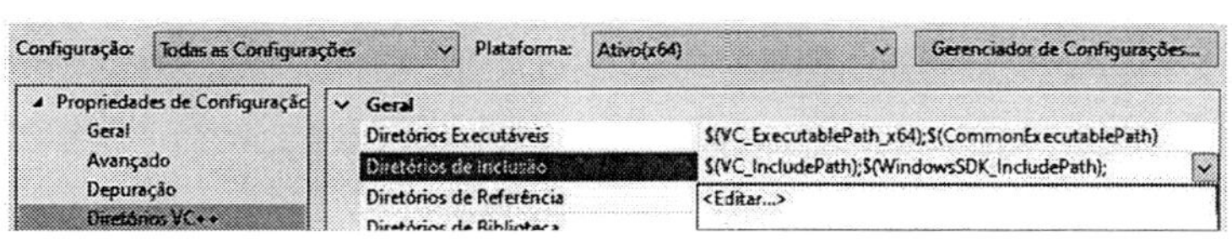

E insira esses dois caminhos de diretórios, a não ser que estejam instalados em outro lugar, caso estejam, altere o caminho para o caminho correto.

C:\Program Files\MySQL\Connector C++ 8.0\include\jdbc
C:\boost

Conforme o exemplo da imagem:

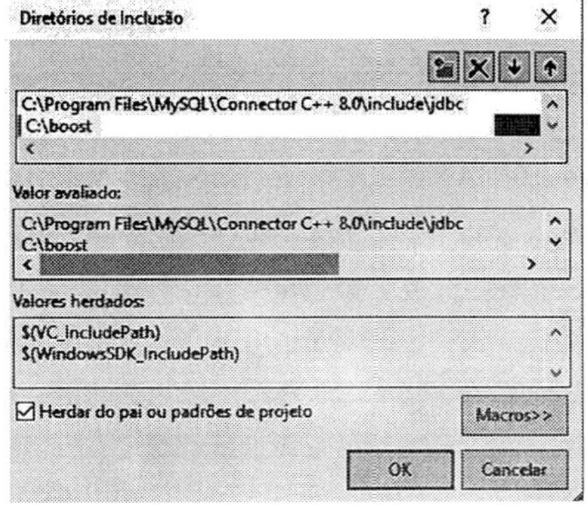

E Lembre-se, se seu caminho sofrer alguma alteração, pelo número da versão, por exemplo, altere para que o mesmo seja reconhecido. Isso serve para informar ao *Visual Studio* onde se encontra as bibliotecas de conexão do banco de dados e as bibliotecas que serão utilizadas do *Boost*.

9. Devemos agora expandir **Vinculador** e em **Geral** ir a *Diretórios de Bibliotecas Adicionais* e em editar, conforme o exemplo da imagem:

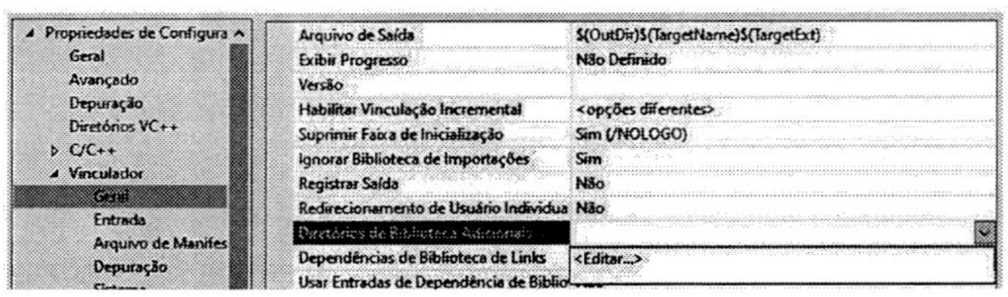

Lá adicionaremos os seguintes caminhos que deverão ser vinculados:
C:\Program Files\MySQL\Connector C++ 8.0\lib64\vs14
C:\Program Files\MySQL\MySQL Server 8.0\lib
Conforme o exemplo da imagem:

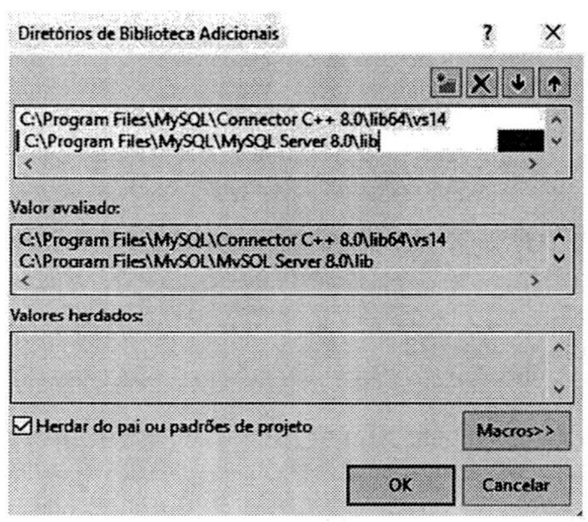

10. Ainda em vinculador vá à **entrada** e clique em *dependências adicionais* e escolha editar, conforme o exemplo da imagem:

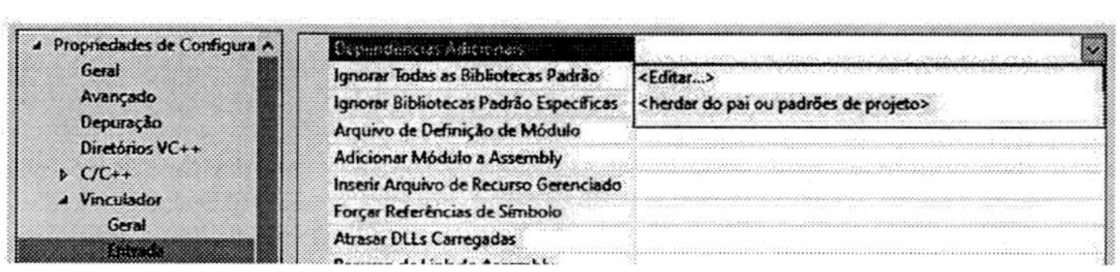

Lá você deverá inserir: mysqlcppconn.lib e libmysql.lib, conforme o exemplo:

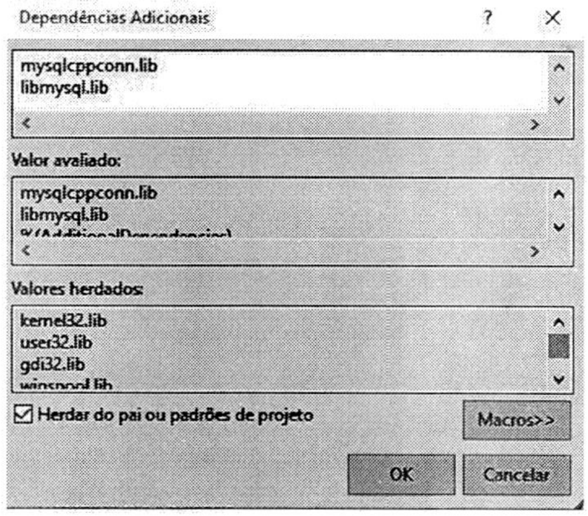

11. Agora você precisa copiar o arquivo mysqlcppconn-7-vs14.dll do seguinte diretório:

    C:\Program Files\MySQL\Connector C++ 8.0\lib64

    Você irá colar uma cópia dele em seu projeto, indo no *Windows Explorer*, no diretório C: e clicar na pasta usuários, depois clique em source>repos>bd>X64>Release e colar o arquivo mysqlcppconn-7-vs14.dll.

    No meu caso, o caminho completo ficou:
    C:\Users\rodrigo\source\repos\bd\x64\Release

    Se seu projeto está sendo salvo em outro lugar ou não tem a mínima ideia onde esteja, vá ao menu principal do *Visual Studio* em arquivo>abrir>Projeto/Solução... e copie o caminho, abra o *Windows Explorer*, cole o endereço e pressione <ENTER>.

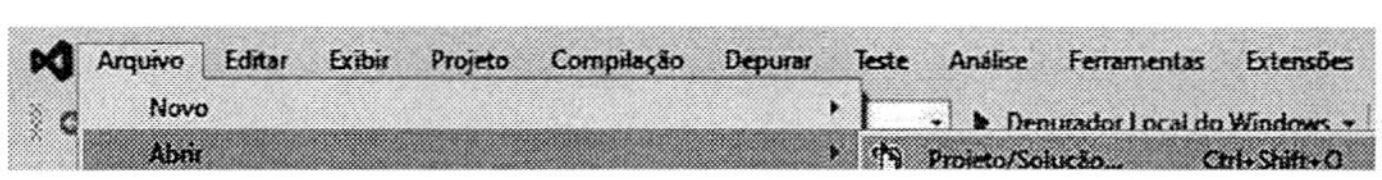

Nota: Até caminhos padrões podem sofrer algum tipo de alteração, dependendo da versão do *Visual Studio* que esteja utilizando.

12. Você também deverá copiar em C:\Program Files\MySQL\MySQL Server 8.0\bin

    Os arquivos libssl-1_1-x64.dll e libcrypto-1_1-x64.dll, se segurar a tecla *control* (Ctrl) + clique com o esquerdo do mouse, você conseguirá selecionar os dois ao mesmo tempo para copiar. Devendo colocar as dlls no mesmo local do quesito anterior.

    No final deve ficar algo parecido como

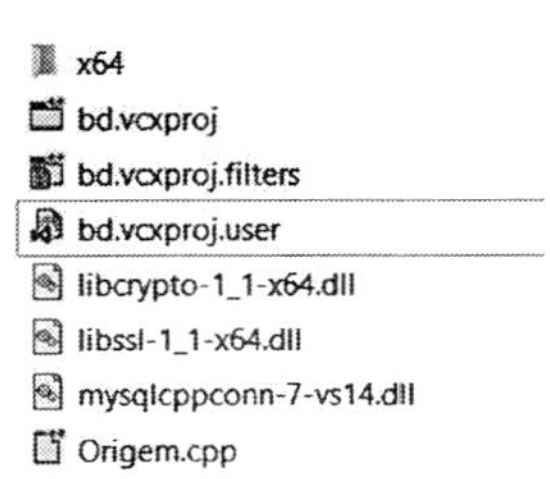

Se lembra do banco de dados exemplo que criamos no apêndice do *MySQL* ao apresentar o *Workbench*? Vamos aproveitar e utilizá-lo como exemplo.

Lembrando que na barra de *menu* devemos ir em projeto>Adicionar Novo Item... E lá escolher Arquivo do C++ (.cpp). Nele incluíremos o seguinte código:

```
#include <iostream>
#include <mysql_connection.h>
#include <mysql_driver.h>
#include <cppconn/exception.h>
#include <cppconn/resultset.h>
#include <cppconn/statement.h>

#define SERVER "localhost"
#define USER "root"
#define PASSWORD "1234"
#define DATABASE "bd"

using namespace std;

int main()
{
        try
        {
                sql::Driver* driver = get_driver_instance();
                sql::Connection* con = driver->connect(SERVER, USER, PASSWORD);
                sql::Statement* stmt;
                sql::ResultSet* res;

                con->setSchema(DATABASE);
                stmt = con->createStatement();
                res = stmt->executeQuery("SELECT * FROM usuarios");
                while (res->next())
                {
                        cout << "Nome: " << res->getString("nome");
                        cout << ", idade: " << res->getString("idade") << endl;
                }
                delete res;
                delete stmt;
                delete con;
        }
        catch (sql::SQLException& e)
        {
                cout << "ERRO MySQL: " << e.what() << endl;
                cout << "Codigo do Erro: " << e.getErrorCode() << endl;
                cout << "Estado: " << e.getSQLState() << endl;
```

```
41          }
42          system("pause");
43 }
```

Vamos precisar da biblioteca de conexão do banco de dados (linha 02), da biblioteca que requisita o *driver* de conexão com o banco (03), um sistema de tratamento de exceção (linha 04), o que guarda o resultado da consulta (linha 05) e aquele responsável pela execução das consultas (linha 06).

Foi criada uma lista de constantes no início do código para facilitar o trabalho de alterá-los quando necessário. Onde definimos uma constante para o servidor (linha 08), que por ser local, torna-se *localhost*.

Também definimos o usuário, no nosso caso o padrão *root*, já que não criamos nenhum em especial. E a senha como 1234, já que durante a instalação eu resolvi definir uma senha simples por questões didáticas; por fim, o nome do banco, que conforme o exemplo do apêndice de instalação do *MySQL* foi denominado "bd".

Declaramos um ponteiro para o objeto *driver* (linha 19), onde requisitamos a instância do mesmo com *get_driver_instance*. Criamos também um ponteiro de conexão (linha 20) e através do *driver* utilizamos o método *connect*.

No lugar de ponto utilizamos a seta de ponteiro por *driver* ser um ponteiro, onde passamos em *connect* o servidor, o usuário e a senha através das constantes criadas anteriormente.

Criamos um ponteiro para realização das consultas (linha 21) e outro para guardar o resultado dessas consultas (linha 22). Com a conexão selecionamos o banco de dados (linha 24). E através da conexão chamamos o método de criação de instrução para atribuir ao objeto de instrução *stmt* (linha 25).

Onde utilizamos o mesmo para executar uma consulta simples que seleciona todos os registros da tabela usuários (linha 26), cujo resultado é armazenado em "res".

Por, normalmente, nunca sabermos a quantidade de registros de um banco de dados, realizamos um laço indeterminado (*while*) onde pega o registro e assim que termina o laço pega o próximo e assim por diante até que não haja mais nenhum registro a ser exibido e o retorno seja falso (linha27).

Pegamos os campos nome e idade por referência, ou seja, dando o nome do campo, porém, o método *getString* também nos possibilita pegar o dado de um campo de uma tabela de forma indexada, podendo passar o número da posição do campo ao invés de seu nome.

Digamos que eu deseje pegar o campo idade de forma indexada, eu passaria o número três (3), já que o primeiro campo criado na tabela foi a chave primária, o segundo nome e o terceiro idade.

Então tanto faz pegar idade por

```
res->getString("idade")
ou
res->getString(3)
```

Confesso que tenho por preferência pegar o conteúdo de uma tabela por indexação, já que nunca tenho certeza da ordem dos campos de uma tabela, mas isso fica a seu critério.

Após o término, recomenda-se excluir os ponteiros que guardam o resultado da consulta, da criação de instrução e da conexão (linhas 32 a 34), respectivamente.

Como pode ter percebido todo o código de conexão está dentro de um bloco *try* e *catch*, cujo erro será informado pela referência ao *SQLException* com o objeto "e" declarado (linha 36). Onde o método *what* nos retorna o erro (linha 38) e pegamos também o código do erro com *getErrorCode* (linha 39), que por fim informamos o estado com *getSQLState* (linha 40)

Ao depurar pela primeira vez, deparei com alguns alunos que receberam uma mensagem de aviso (imagem abaixo) como essa enquanto outros não. Acredito que, dependendo da versão, o *Visual Studio* pode interpretar o uso da otimização de *Threads* como uma experiência de depuração degradada.

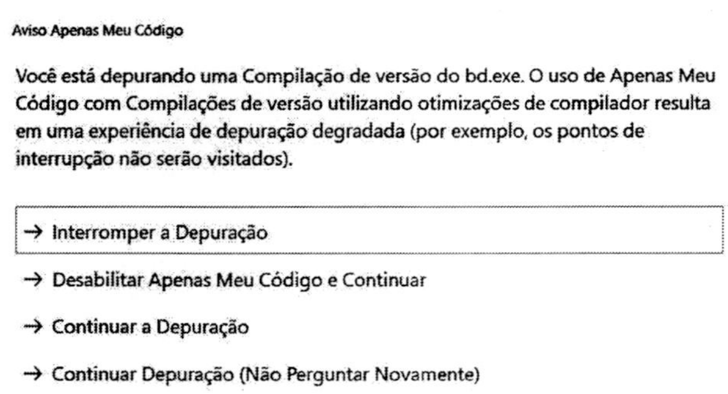

Caso ocorra com você, opte por escolher a última opção: Continuar a Depuração (Não Perguntar Novamente).

Nesta depuração, normalmente aparece uma lista enorme de *DLLs* sendo carregados. E aviso de *Threads* sendo fechados. O *Thread* tem a função de dividir um programa em vários processos, ou seja, otimizar o processamento, um aplicativo pode ter vários encadeamentos em execução paralelamente, ou seja, *Threads*.

O *framework* gera *threads*, que é um comportamento absolutamente normal em processadores atuais, eles são executados devido a estrutura do seu código, codificador ou por questões de classes e bibliotecas inclusas. Quando um *thread* termina sua tarefa, ele sai e para de existir, em outras palavras, ele é fechado. Se o retorno do código for zero (`0`) ele foi fechado corretamente, como ocorreu com o nosso exemplo:

```
O thread 0x2208 foi fechado com o código 0 (0x0).
O thread 0x18e0 foi fechado com o código 0 (0x0).
O thread 0x11c0 foi fechado com o código 0 (0x0).
O thread 0x40ec foi fechado com o código 0 (0x0).
O thread 0x3bb0 foi fechado com o código 0 (0x0).
O thread 0x3cbc foi fechado com o código 0 (0x0).
O programa "[17676] bd.exe" foi fechado com o código 0 (0x0).
```

A saída do programa será:

```
Nome: Carla, idade: 22
```

```
Nome: Cleber, idade: 19
Nome: Marcos, idade: 50
Nome: Ana, idade: 60
Pressione qualquer tecla para continuar. . .
```

Abordando um exemplo completo

Vamos pegar o mesmo exemplo, sendo que desta vez vamos estendê-lo, para que se permita não só visualizar o conteúdo do banco de dados como também editar, cadastrar e excluir registros. Mas teremos que fazer tudo novamente? Não.

1. Com o pequeno projeto que criamos anteriormente ainda aberto. Vá a projetos e escolha exportar modelo.

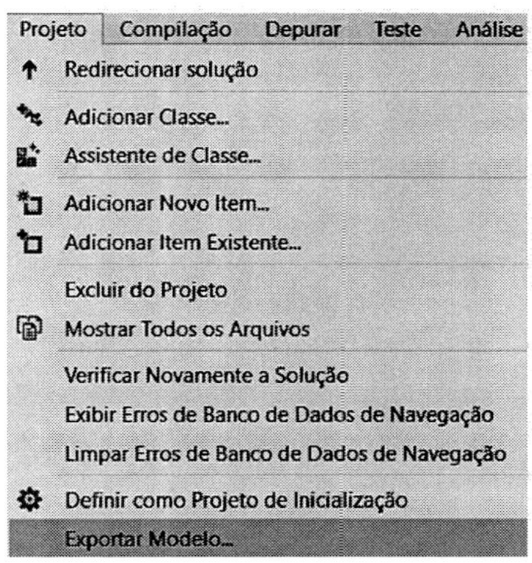

2. Uma janela irá se abrir, deixe a opção padrão selecionada, que é **modelo de projeto**. E clique em avançar.

3. Nesta próxima janela, além de certos recursos, ele demonstrará também o caminho, que não pode ser alterado, onde ficará armazenado, no meu caso o caminho ficou:

   C:\Users\Rodrigo\Documents\Visual Studio 2019\My Exported Templates
   Então, se eu não desejar mais este tipo de modelo é só eu ir até o caminho especificado e excluir o arquivo.

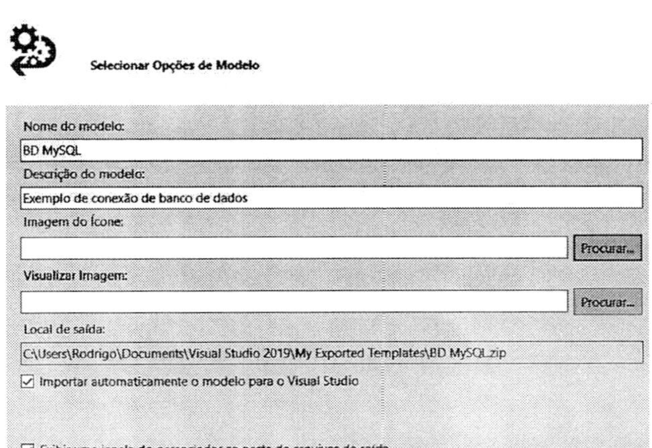

4. Altere o nome do modelo para *BD MySQL*, para fazer um pouco mais de sentido. E coloque em **descrição do modelo** algo como: Exemplo de conexão de banco de dados. Se desejar você poderá colocar um ícone também.

5. Clique em concluir.

Agora, vamos criar um novo projeto e aproveitar o modelo de conexão de banco de dados para o nosso exemplo.

1. Vá até arquivo>novo>Projeto...

   Logo deverá aparecer o modelo que acabamos de criar. Do contrário, é só utilizar a barra de busca.

   Nota: Talvez seja necessário você fechar o *Visual Studio* e reabri-lo para que o mesmo passe a enxergar o novo modelo recém-criado.

2. Selecione o modelo *DB MySQL* que criamos e clique em próximo.
3. Em nome do projeto, coloque algo como bd2 e clique em criar.
4. Vá ao gerenciador de soluções. Em arquivos de origem>Origem.cpp

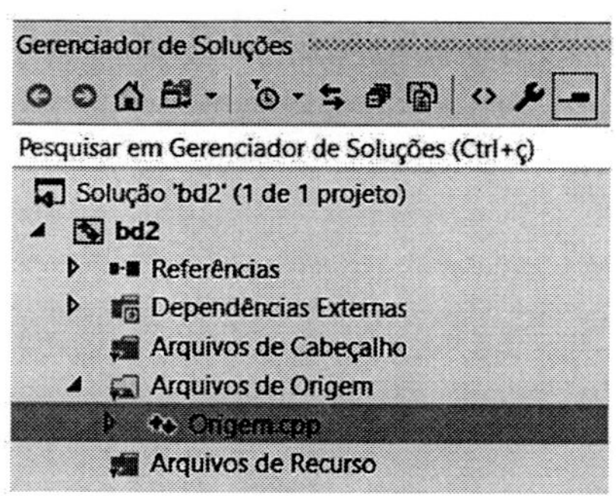

   Verá que o código está sublinhando os arquivos de inclusão do banco de dados.

```
#include <iostream>
#include <mysql_connection.h>
#include <mysql_driver.h>
#include <cppconn/exception.h>
#include <cppconn/resultset.h>
#include <cppconn/statement.h>
```

5. A solução é bastante simples. Na barra de menu, vá a projeto>propriedades bd2

6. Clique no botão Gerenciador de configurações...

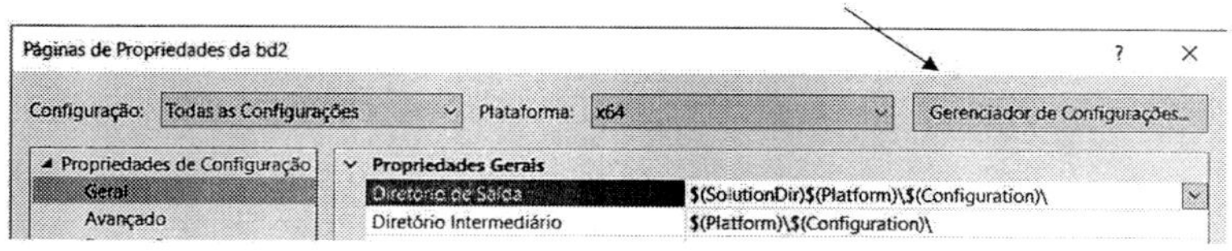

7. Altere as caixas de seleção de *Debug* para *Release* e x86 para x64

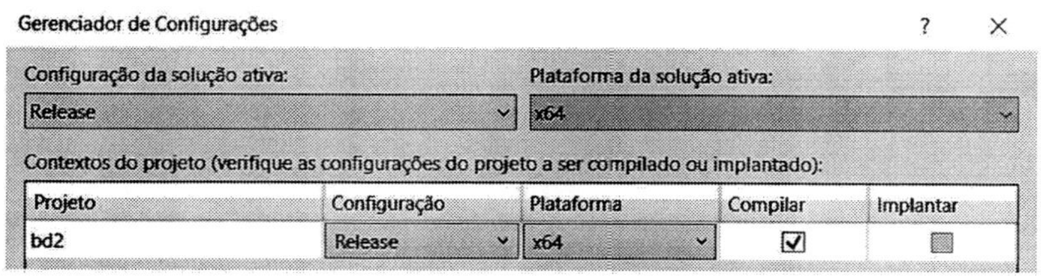

Com isso os arquivos de inclusão do banco de dados passam automaticamente a serem reconhecidos.

8. Para finalizar copie os arquivos: libcrypto-1_1-x64.dll, libssl-1_1-x64.dll e mysqlcppconn-7-vs14.dll.

Vamos agora ver como ficou o código:

```
#include <iostream>
#include <string>
#include <mysql_connection.h>
#include <mysql_driver.h>
#include <cppconn/exception.h>
#include <cppconn/resultset.h>
#include <cppconn/statement.h>

#define SERVER "localhost"
#define USER "root"
#define PASSWORD "1234"
#define DATABASE "bd"

using namespace std;

int main()
{
        char op, altera;
        string nome, idade, consulta, id, mensagem;
        while (op != '5')
        {
            cout << "[1]-Ver registros [2]-Atualizar [3]-Cadastrar [4]-Excluir [5]-Sair" << endl;
            cin >> op;
            switch (op)

            {
                    case '1':
```

```
                    consulta = "SELECT * FROM usuarios";
                    altera = 'n';
                break;
                case '2':
                    cout << "Digite o id que pretende atualizar:" << endl;
                    cin >> id;
                case '3':
                    cout << "Digite o nome:";
                    cin.ignore();
                    getline(cin, nome);
                    cout << "Digite a idade:";
                    cin >> idade;
                    altera = 's';
                    if (op == '3')
                    {
                        consulta = "INSERT INTO usuarios(nome, idade) VALUES (\"" +
nome + "\"," + idade + ")";
                        mensagem = "Cadastro realizado com sucesso\n";
                    }
                    else
                    {
                        consulta = "UPDATE usuarios SET nome=\"" + nome + "\", idade="
+ idade + " WHERE id=" + id;
                        mensagem = "Atualização realizado com sucesso\n";
                    }
                break;
                case '4':
                    cout << "Digite o id do registro a ser excluído:" << endl;
                    cin >> id;
                    consulta = "DELETE FROM usuarios WHERE id=" + id;
                    altera = 's';
                    mensagem = "Exclusão realizado com sucesso\n";
                break;
                case '5':
                    cout << "Programa encerrado" << endl;
                    continue;
                break;
                default:
                    cout << "ERROR\nOpção inválida!" << endl;
            }
            try
            {
                sql::Driver* driver = get_driver_instance();
                sql::Connection* con = driver->connect(SERVER, USER, PASSWORD);
                sql::Statement* stmt;
                sql::ResultSet* res;
```

```
71
72              con->setSchema(DATABASE);
73              stmt = con->createStatement();
74              if (altera =='s')
75              {
76                  stmt->execute(consulta);
77                  cout << mensagem;
78                  delete stmt;
79                  delete con;
80              }
81              else if (altera == 'n') {
82                  stmt = con->createStatement();

83                  res = stmt->executeQuery(consulta);
84                  while (res->next())
85                  {
86                      cout << "Id: " << res->getString("id");
87                      cout << ", Nome: " << res->getString("nome");
88                      cout << ", Idade: " << res->getString("idade") << endl;
89                  }
90                  delete res;
91                  delete stmt;
92                  delete con;
93              }
94          }
95          catch (sql::SQLException& e)
96          {
97              cout << "ERRO MySQL: " << e.what() << endl;
98              cout << "Codigo do Erro: " << e.getErrorCode() << endl;
99              cout << "Estado: " << e.getSQLState() << endl;
100         }
101     }
102 }
```

Da linha 01 a 17 não houve alteração alguma, já na linha 18 foram criadas variáveis do tipo char e na linha seguinte, do tipo *string*, que nos auxiliarão.

Foi criado um laço, linha 20, que só será encerrado quando "op" for igual a cinco (5), fazendo com que a condição torne-se falsa. Na linha 22 há uma pequena lista de opções que vão da opção um (1) a cinco (5).

A opção digitada pelo usuário será analisada com um switch, linha 24, que caso seja um (1), atribuímos a variável consulta uma *sql* padrão para visualizar todos os registros e ainda atribuímos em altera o conteúdo "n", linha 28. Pois é com ele que iremos verificar qual comando será utilizado, se é um *executeQuery*, para consultas (linha 83) de leitura ou um *execute* (linha 76) quando a consulta altera o banco de dados. E encerramos o *case* com o *break* (linha 29).

Caso seja o número dois de atualização (linha 30), ele pedirá o *id* do registro (linha 31), para ser armazenado na variável *id* (linha 32). Perceba que ele não possui o *break* e com isso ele invade o outro *case* da linha 33, que continua pedindo o nome (linha 34), que por existir a possibilidade do usuário digitar um nome composto utilizaremos o *getline* (linha 36), porém, como vimos, se houver algum *buffer* de memória de pulo de linha isso irá atrapalhar a captura de *getline*, fazendo com que simplesmente ignore esse comando. Por isso, na linha 35 foi colocado um *cin.ignore*(); para evitar este tipo de "sobressalto".

Ainda pedimos a idade (linha 37) e a capturamos em uma variável (linha 38) e atribuímos em altera o valor "s". Se a opção digitada for realmente a três (3), então armazenamos na variável consulta uma *sql* de cadastro, passando o conteúdo das variáveis nome e idade, através de uma concatenação com o uso de mais (+), já que é possível, pois ambas as variáveis são do tipo *string*. E atribuímos à variável mensagem um texto relatando o sucesso.

Do contrário (linha 45) foi uma atualização então atribuímos à consulta uma *sql* de atualização, atribuindo o nome, idade e *id* que foram resgatados. E dando uma mensagem apropriada à variável mensagem (linha 48) e, por fim, encerrando com *break* (linha 50).

Caso seja uma exclusão (linha 51), pegamos o *id* com o usuário (linhas 52 e 53) e criamos uma *sql* de exclusão, ao qual atribuímos a consulta. E como sempre atribuímos uma mensagem apropriada (linha 56).

Por fim, se for a opção cinco (5), que é para sair do programa (linha 58), avisamos que o programa foi encerrado (linha 59) e forçamos para o início do laço (linha 60), para que se verifique a condição do laço e se encerre.

Se a opção digitada não for válida (linha 62), avisamos ao usuário (linha 63).

O *try* e *catch* estão dentro do laço *while*, a diferença ocorre na linha 74, onde verificamos se altera possui valor "s", caso afirmativo, utilizamos *execute*, ao invés de *executeQuery* (linha 76), exibimos a mensagem (linha 77) e excluímos os elementos utilizados para consulta (linha 78 e 79).

Caso contrário, se for "n" em altera, então é uma consulta simples de leitura e por isso que *executeQuery* será utilizado, mas para isso, criamos o elemento que receberá a consulta (linha 82) e na linha seguinte atribuímos a consulta presente na variável consulta.

Da mesma forma que o exemplo anterior, puxamos com um laço os registros, mas dessa vez colocamos para exibir também o *id* do registro (linha 86). Deletamos os elementos utilizados (linhas 90 a 92). Caso ocorra algum problema, serão exibidos os erros, como no exemplo anterior, linhas 95 a 100.

Na linha 101 encerramos o laço *while* e na linha 102 o *main*. A saída desse programa será algo como:

```
[1]-Ver registros [2]-Atualizar [3]-Cadastrar [4]-Excluir [5]-Sair
1
Id: 1, Nome: Carla, Idade: 22
Id: 2, Nome: Cleber, Idade: 19
Id: 3, Nome: Marcos, Idade: 50
Id: 4, Nome: Ana, Idade: 60
[1]-Ver registros [2]-Atualizar [3]-Cadastrar [4]-Excluir [5]-Sair
```

Interface gráfica
Criando o primeiro formulário

1. Abra o *Visual Studio* e clique em criar um projeto.
2. Na barra de busca, digite simplesmente CLR (*Common Language Runtime* ou Linguagem comum de execução). Se você instalou o *Visual Studio* seguindo os passos corretamente haverá as seguintes opções:

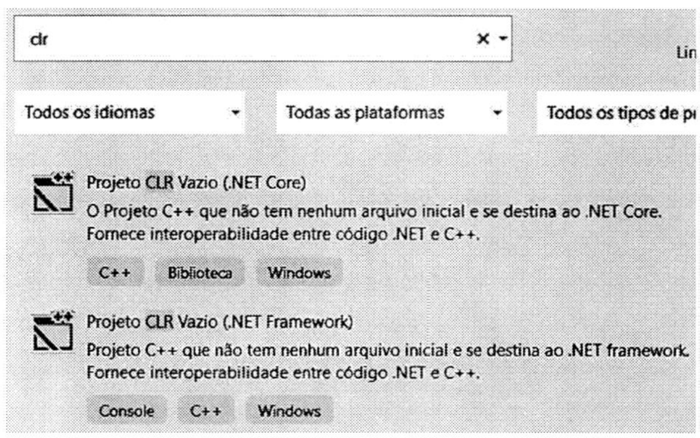

A diferença básica de um para o outro é que o *.NET Core* nos oferece o recurso de multiplataforma, enquanto o *.Net Framework* é só para desenvolvimento de aplicativo *Windows*.
Se você pretende testar seu aplicativo em diferentes sistemas operacionais (S.O). Recomendo como ferramenta o *Virtual Box*, com ele é possível criar ambientes de sistemas operacionais distintos e com isso você poderá testar todos os S.O, que desejar, em sua máquina.

3. No nosso caso, iremos desenvolver um projeto mais simples, selecione Projeto CLR Vazio *(.NET Framework)* e clique em próximo.
4. Dê um nome ao projeto como *Interface* e clique em criar.
5. Na barra de *menu* vá a projeto>Adicionar Novo Item...
6. Selecione CLR e a primeira opção *Windows Form* deixe o nome padrão *Myform.h* ou altere se desejar e clique em adicionar

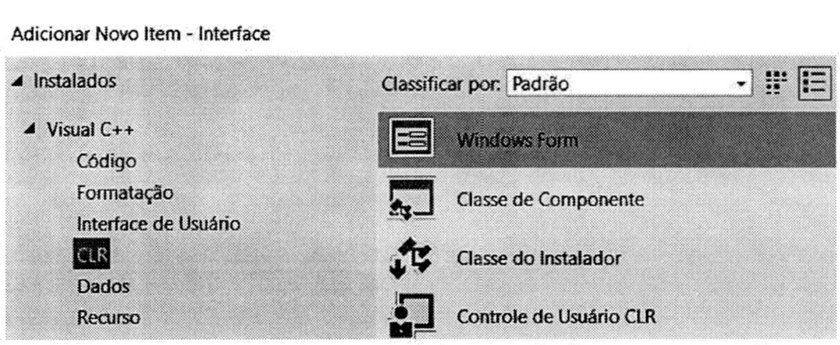

7. Um erro como esse será apresentado

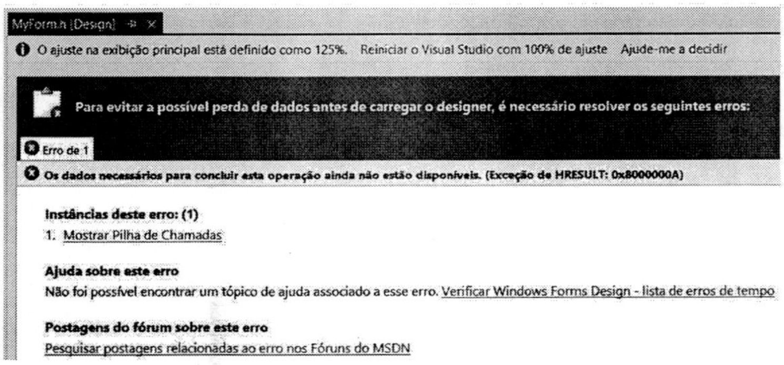

1. O problema é que o objeto *Myform.h* não foi instanciado, ao ir em gerenciador de soluções e expandir arquivos de origem e clicar em *Myform.cpp* verá que o mesmo se encontra vazio.

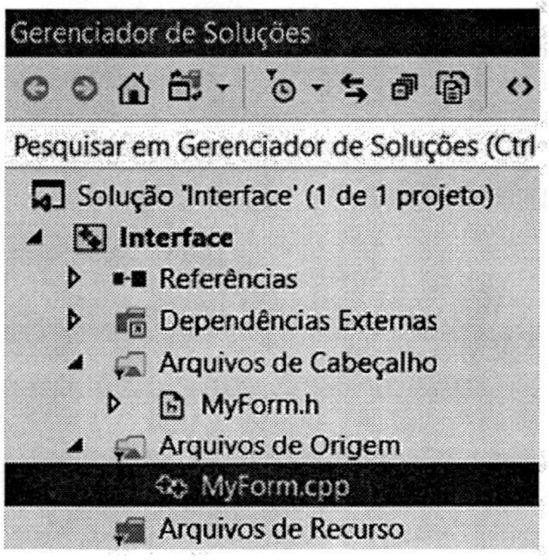

Dentro *de MyForm.cpp*, vamos digitar o seguinte código:

```
01 #include "MyForm.h"
02 using namespace System::Windows::Forms;
03
04 int main()
05 {
06       Application::EnableVisualStyles();
07       Application::SetCompatibleTextRenderingDefault(false);
08       Interface::MyForm form;
09       Application::Run(% form);
10 }
```

A linha 01 já está inclusa no código, já na linha 02 foi utilizado este *namespace* para evitar o seu uso quando o comando *Application* for utilizado nas linhas 06, 07 e 09.

Na linha 06 foi utilizado o *EnableVisualStyles*() que nos habilita estilos visuais para o aplicativo. Enquanto na linha 07, conforme explicado na documentação da *Microsoft:* "Se *true*, novos controles que dão suporte *a Use-*

CompatibleTextRendering usarão a classe *Graphics* baseada em GDI+ para a renderização de texto, se *false*, novos controles usam a classe *TextRenderer* baseada em GDI."

Criamos um objeto de *Myform* (linha 08) e solicitamos a sua execução (linha 09). Com isso o problema da janela de erro será resolvido. Caso contrário, reabra o seu projeto indo a barra de *menu* em Arquivo>Projetos e Soluções Recentes e lá selecione o mesmo.

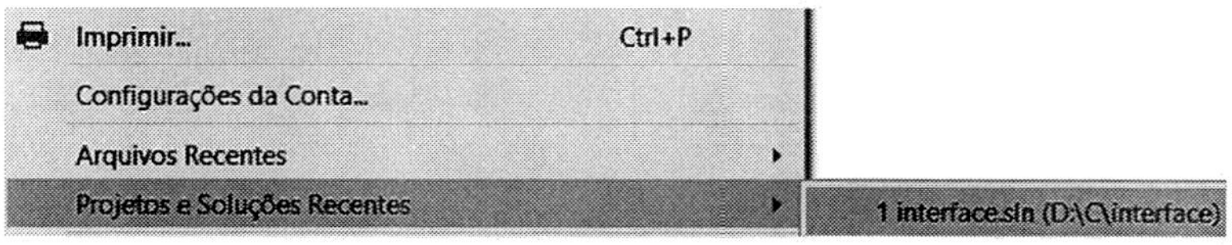

às vezes o *Visual Studio* apresenta problemas de atualização e em alguns momentos você deve forçá-lo manualmente.

O *desing* do *Myform.h* pode ser aberto clicando no *MyForm.h* que está presente em gerenciador de soluções. Você verá no canto esquerdo da tela duas abas, conforme a imagem:

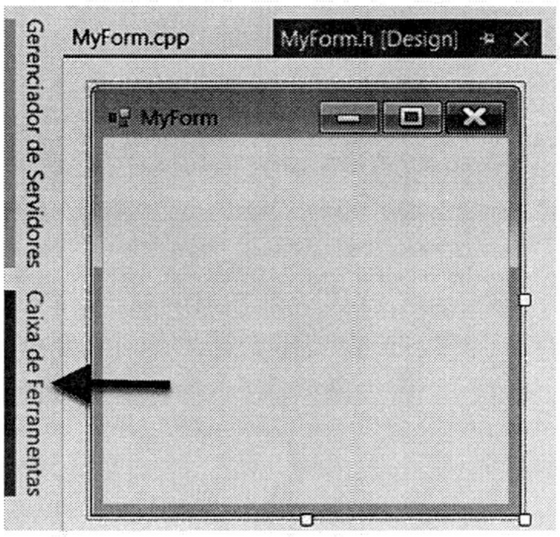

Clique em Caixa de Ferramentas e arraste, sem soltar o botão, verá que alguns controles aparecerão, se direcione ao primeiro controle à direita da imagem, conforme o exemplo:

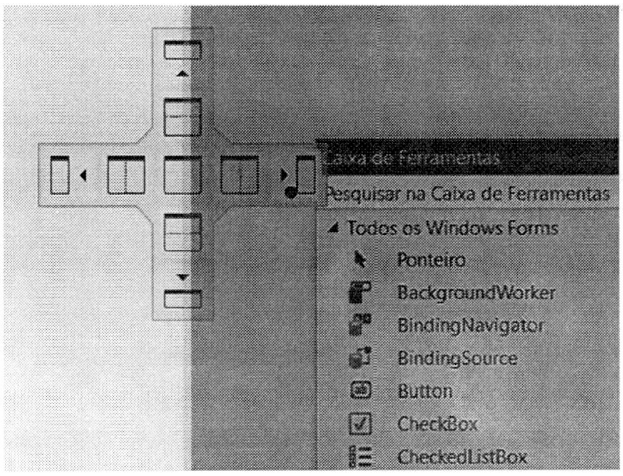

Marquei até com uma bolinha para saber qual deles me refiro. Com isso a visualização ficará da seguinte forma:

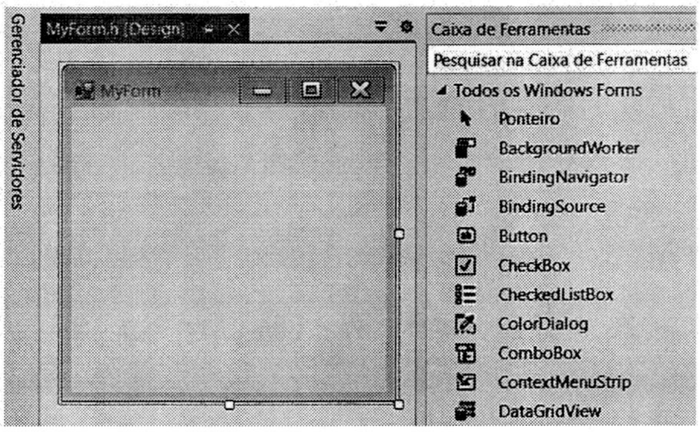

Desta forma fica mais conveniente arrastar os componentes necessários ao seu formulário.

Trabalhando com *contêineres, labels* e botões.

Contêineres nos servem basicamente para alinhar elementos dentro de um formulário (*form*). Há vários tipos de *contêineres*. A saber:

- ***Flowlayoutpanel***: É um *contêiner* bem simples que dispõe seus componentes em linha horizontal ou vertical, quando não há mais espaço para abrigar um determinado componente ele é então jogado para a linha de baixo se estiver configurado para alinhamento horizontal. Na janela de propriedades em *layout*, a propriedade *FlowDirection* é onde podemos determinar isso.

- **GroupBox**: Serve para agrupar elementos semelhantes dentro de uma caixa com título, bem parecido com o *fieldset* do *HTML*.

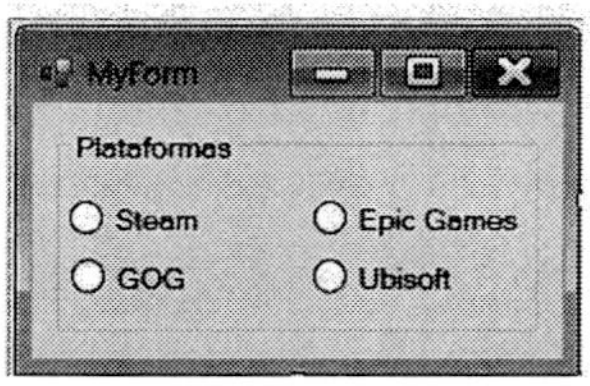

- ***Panel***: Se assemelha a um *groupBox*, com a diferença que não há como especificar um título para o painel.

- ***SplitContainer***: Serve para dividir a área de exibição em dois painéis redimensionáveis.

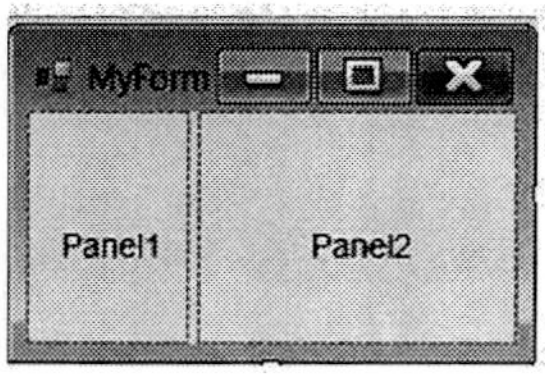

- ***TabControl***: Disponibiliza *contêineres* em forma de aba. É como se cada aba fosse um novo formulário. Normalmente utilizado para dividir por categoria.

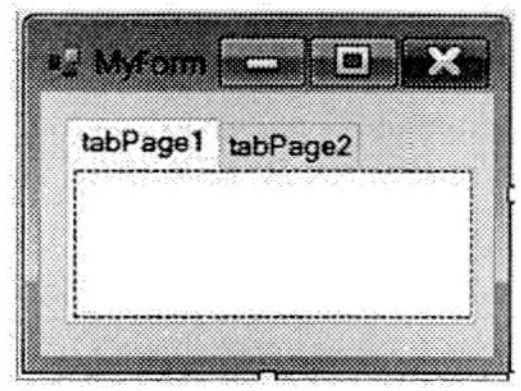

- ***TableLayoutPanel**:* Se assemelha a uma tabela em *HTML*, em que você dispõe de elementos em linha e coluna.

Você poderá criar formulários com ou sem *layout*. E nas propriedades do formulário você poderá fixar o tamanho do mesmo se desejar, alterar o seu título, sua cor, etc.

Vamos criar um exemplo utilizando o primeiro *contêiner*, o *flowlayoutpanel*, acrescente ao seu formulário, simplesmente clicando e arrastando o componente, faça o mesmo para o elemento *label*, que é um elemento do tipo texto, e com *button* (botão). Altere o texto do botão para ok, conforme o exemplo:

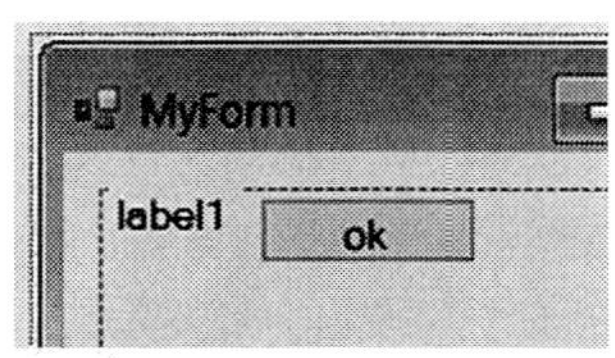

Para alterar o texto padrão de um botão, basta clicar sobre o mesmo e na janela de propriedades alterar o conteúdo de texto para ok, conforme o exemplo:

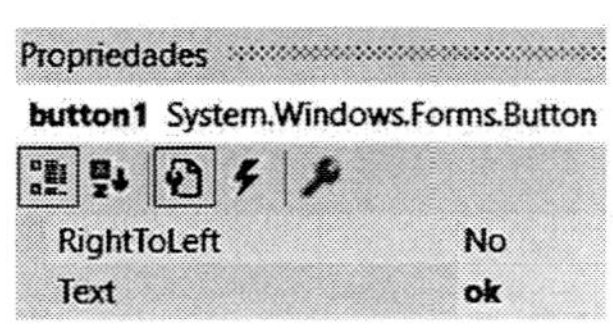

As propriedades ou atributos de um elemento estão dentro de categorias e neste caso você deverá expandir a categoria clicando no sinal de mais [+], caso esteja contraído. Como o texto do botão que é a propriedade *text,* ela se encontra dentro da categoria aparência. Digamos que eu queira alterar, também, o tamanho da fonte do botão, para isso devo expandir a categoria "font" e na propriedade "size" alterar o seu valor padrão. Altere o tamanho para 12, o que provavelmente nos obrigará redimensionar o tamanho do botão para caber o novo texto. Para isso, basta clicar e arrastar uma das extremidades de expansão do botão:

Todo elemento possui suas propriedades particulares listadas, agrupadas em categorias, que às vezes precisamos expandi-las, se desejamos alterar o conteúdo de alguma propriedade daquele elemento. No botão podemos, por exemplo, alterar o texto, alinhamento, tamanho, cor, visibilidade, etc. São detalhes extremamente intuitivos que não requer explicações dedicadas a eles, contudo explicarei todo elemento em que farei algum tipo de alteração.

No nosso exemplo, ao clicar no botão, ele irá alterar o conteúdo da *label* para seja bem-vindo. Porém, antes de iniciar o código, propriamente dito, precisarei alterar o tamanho da *label*.

Clique na *label* que está no formulário e aumente o tamanho do texto para 14. Para isso, vá até Propriedades e expanda aparência, se não estiver expandido, e *font*. Conforme o exemplo da imagem:

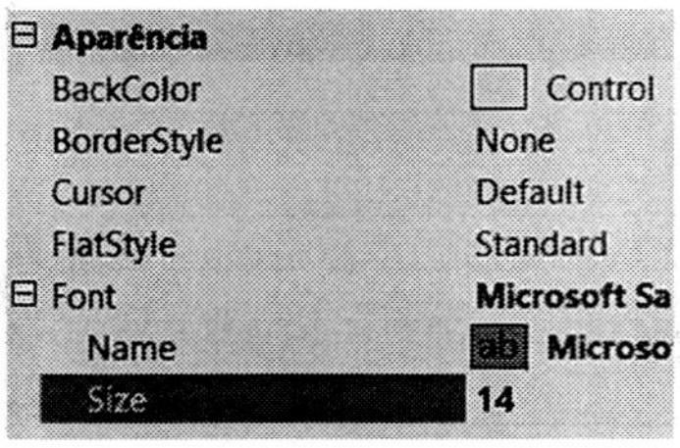

Altere *size* (tamanho) para 14. Como deve perceber há outras características que podem ser alteradas. Fique livre para testá-las se desejar.

Assim como no botão, em aparência, temos a propriedade *text*, que é o texto padrão que aparece na *label*. É essa propriedade que iremos alterá-la em linha de código. Toda e qualquer propriedade pode ser alterada em linha de código, bastando para isso, o nome do elemento, sua propriedade, seguida de seu novo valor para aquela propriedade. Verá que é algo simples e também intuitivo.

Agora vamos acrescentar uma função ao botão. Dê um duplo clique sobre o botão presente no *form*, isso fará com que a seguinte linha de código seja exibida:

```
private: System::Void button1_Click(System::Object^ sender, System::EventArgs^ e) {
```

button1_click é o evento do botão, que ocorre quando clicado sobre o mesmo. Dentro das chaves dele iremos acrescentar o seguinte código:

```
01 private: System::Void button1_Click(System::Object^ sender, System::EventArgs^ e) {
02        label1->Text = "Seja bem-vindo";
03        }
```

Label1, na linha 02 refere-se ao nome do elemento da *label*, esse nome pode ser alterado clicando sobre a *label* presente no *form* e indo a *desing* e alterando *name*. Caso altere o nome do elemento para texto, por exemplo, então a linha 02 presente no código deverá ser alterada, do contrário um erro será retornado.

```
texto->Text = "Seja bem-vindo";
```

Perceba que em propriedades de *label* temos *text*, que é o texto padrão de exibição do mesmo, onde podemos alterar manualmente, e utilizamos o nome desta propriedade no código para alterá-la quando o botão for pressionado. Da mesma forma podemos alterar diversas propriedades de um elemento através do código. Ao depurar o código e clicar no botão, a saída deverá ser algo como:

TextBox, DateTimePicker, ComboBox

TextBox é uma caixa de texto simples, mas, que pode ter a capacidade de registrar várias linhas, como um *textarea* do *HTML*, conforme a sua configuração, enquanto *DateTimePicker* funciona como um sistema de agenda, onde podemos resgatar uma data, uma hora ou ambos, tudo depende de como está configurado o seu comportamento. Por fim, *ComboBox* serve para criar uma lista de opções, semelhante ao *select* do *HTML*.

Vamos criar um exemplo que envolva essas três ferramentas.

1. Crie um novo projeto vazio CLR (*.Net Framework*) com o nome *Interface2*, insira um formulário e nomeie o seu título para pesquisa e insira o código padrão que vimos em *MyForm.cpp*, lembre-se de alterar a referência ao nome do projeto de Interface para Interface2 na linha 08 do exemplo anterior, e de reabrir, como vimos, o projeto se ainda a janela de *desing* do *form* estiver exibindo algum tipo de erro.

2. Adicione um *TableLayoutPanel* e na janela de propriedades vá a layout>RowCount e altere o seu valor para um (1). Vamos ter uma linha com duas colunas.

3. Na primeira coluna adicione um *GroupBox* e altere o seu *text*, na janela de propriedades presente em aparência, para Dados Pessoais.

4. Ainda na primeira coluna insira uma *label,* altere para nome e ao lado adicione um *TextBox* e em sua propriedade vá a desing>name e o nomeie como nome.
5. Logo abaixo, insira uma nova *label* com o texto Data Nascimento, insira ao lado uma *DateTimePicker* e em sua propriedade vá a desing>name e o nomeie como data. Ainda em propriedades vá a Aparência e altere o seu formato (*format*) de longo (*long*) para curto (*short*).

6. Insira uma nova *label* abaixo e o nomeie para sexo, insira também um *ComboBox*. Em propriedades de *desing* nomeie o *name* para sexo do componente *ComboBox*. Ainda na janela de propriedades do *ComboBox*, vá a dados e a itens. Clicando em coleção, vai aparecer um botão em forma de reticências [...]. Clique no mesmo e insira as seguintes opções: Masculino, Feminino e outro. Para evitar edições no *ComboBox* vá a *DropDownStyle* e altere para *DropDownList*

7. Na segunda coluna insira um *GroupBox* e altere o seu texto, na janela de propriedades presente, em aparência, para resultado.

8. Insira um *TextBox* dentro do mesmo ocupando todo o espaço. Para isso, insira o elemento e clique em uma setinha preta que aparece e marque *multiLine*. E altere o seu nome (name) presente em propriedades deste componente para resultado.

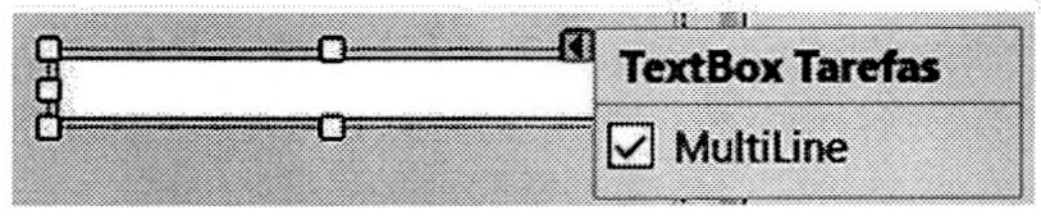

9. A aparência deverá ser algo como:

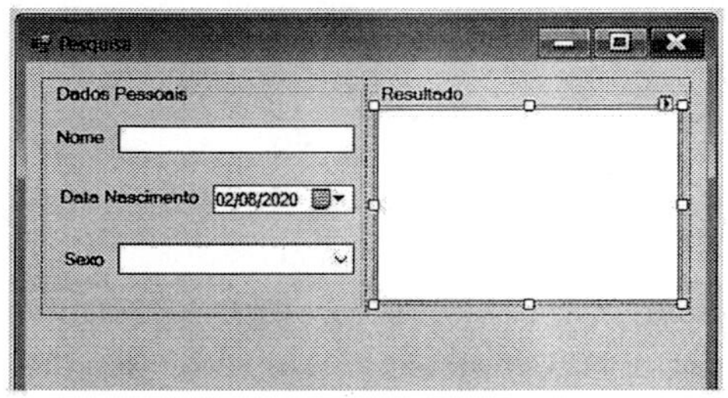

10. Embaixo insira uma nova *TableLayoutPanel* e altere, na janela de propriedades, layout>RowCount para um (1) e ColumnCount para três. E ainda vá a *Columns* e altere os tamanhos das colunas para os seguintes valores:

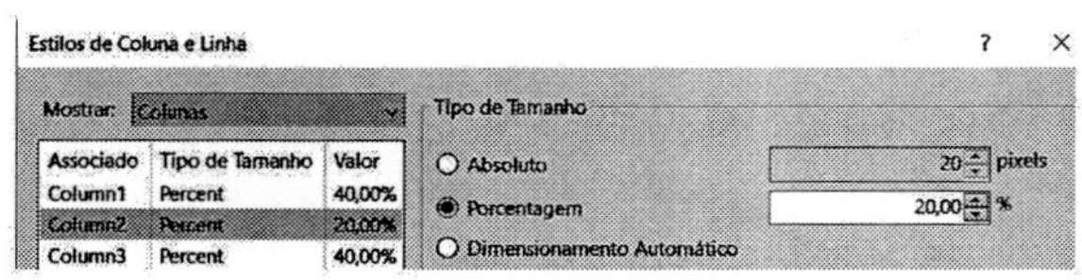

11. Insira um botão na coluna do meio e nomeie o seu nome e texto para *ok*. Ajuste o formulário. O resultado final ficará algo como:

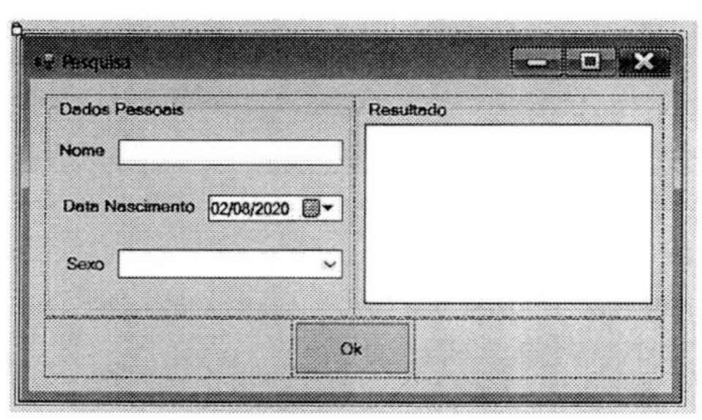

12. Com o formulário selecionado vá até propriedades altere *MaximizeBox* como *false*, para desabilitar o botão de maximizar a janela e *FormBorderStyle* como *FixedSingle*, para evitar que o usuário a redimensione manualmente. Altere também *StartPosition* para *CenterScreen*, para centralizar a janela ao iniciar.

13. Resultado final do *design* fica:

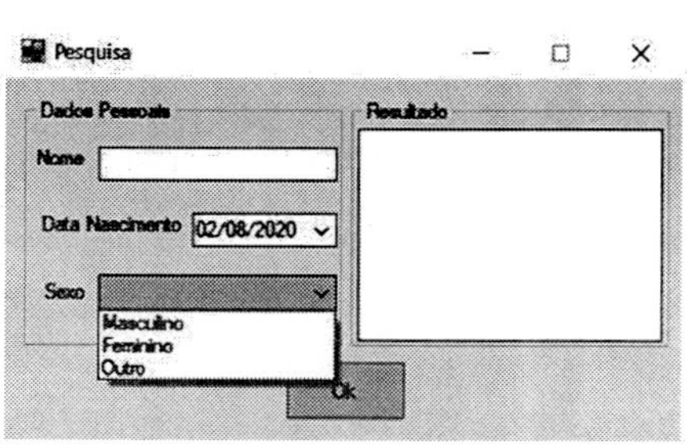

Agora vamos criar o código que irá resgatar os conteúdos de nome, data de nascimento e sexo para serem exibidos no *TextBox* da coluna à direita, quando o usuário pressionar o botão *ok*.

Dê um duplo clique no botão presente no formulário e dentro do ouvinte de evento do botão insira o seguinte código:

```
01 private: System::Void button1_Click(System::Object^ sender, System::EventArgs^ e) {
02      resultado->Text = "Nome: " + nome->Text+"\r\n";
03      resultado->Text += "Data de Nascimento: " + data->Text + "\r\n";
04      resultado->Text += "Sexo: " + sexo->Text;
05 }
```

A primeira linha já faz parte do próprio código gerado pelo *Visual Studio* e dentro dele incluímos as linhas 02 a 04. Simplesmente pegando o componente (*TextBox*) nomeado de resultado e atribuindo o conteúdo resgatado dos demais elementos que foram renomeados para nome, data e sexo que são respectivamente o *Textbox*, o *DateTimePicker* e o *ComboBox* da primeira coluna. Há ainda a concatenação de texto e de tabulação de pulo de linha com retorno de carro (\r\n). Mais uma vez perceba o quão simples é resgatar os dados dos elementos, que é praticamente intuitivo. A saída será algo como:

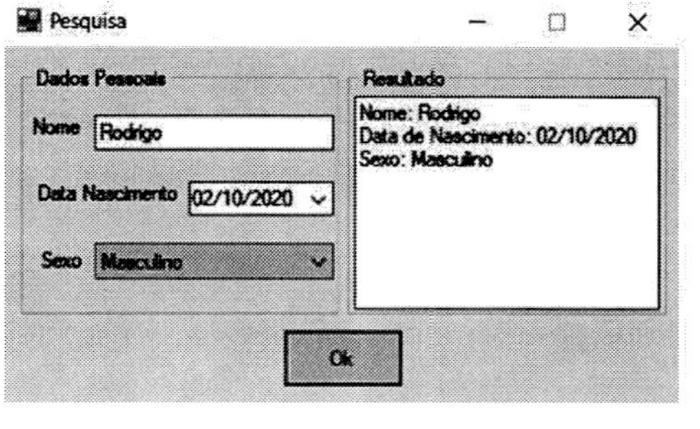

MessageBox, RadioButton, CheckBox e ListBox

MensagemBox é uma janela normalmente utilizada como aviso, que pode ser um alerta, erro ou operação realizada com sucesso. Ela na realidade pode ser mais útil do que isso, dependendo de como você a configura. Sua sintaxe é:

MessageBox::Show("Mensagem", "Título da Janela", MessageBoxButtons::<tipo de botão>, MessageBoxIcon::<tipo de ícone>);

Em *MessageBoxButtons* os tipos de botões que se podem assumir são:

Comando	Botões
AbortRetryIgnore	Anula, Repetir e Ignorar
Ok	Ok
OKCancel	*Ok* e Cancelar
RetryCancel	Repetir e Cancelar
YesNo	Sim e Não
YesNoCancel	Sim, Não e Cancelar

Em *MessageBoxIcon*, os ícones que podem aparecer são:

Comando	Ícone
Asterisk ou *Information*	Um i dentro de um círculo
Error ou *Stop* ou *Hand*	Um X dentro de um círculo
Exclamation ou *Warning*	Um triângulo com uma Exclamação
None	Nenhum
Question	Uma interrogação dentro de um círculo

Mas, para utilizarmos uma caixa de mensagem, precisamos saber qual o valor inteiro é retornado de cada botão. Eis os valores, segundo o site da Microsoft:

Retorno	Botão	Retorno	Botão	Retorno	Botão
1	*Ok*	4	Repetir	7	Não
2	Cancelar	5	Ignorar	10	*Try Again*
3	Abortar	6	Sim	11	Continuar

RadioButton e *CheckBox* são botões de marcação simples e múltiplos, respectivamente. Já *ListBox* nos permite selecionar vários itens de uma lista predeterminada. Vamos criar um exemplo, um pouco mais complexo, em que envolverá uma simples validação de dados, onde algum *RadioBox* e *CheckBox* devem estar marcados, além de *ListBox* para que o resultado seja exibido.

1. Crie um novo projeto vazio CLR *(.Net Framework)* com o nome *Interface3*, insira um formulário e nomeie o seu título para pesquisa e insira o código padrão que vimos em *MyForm.cpp*, lembre-se de alterar a referência ao nome do projeto de *Interface* para *Interface3* na linha 08 do exemplo anterior, e de reabrir, como vimos, o projeto, se ainda a janela de *design* do *form* estiver exibindo algum tipo de erro.

2. Adicione um *TableLayoutPanel*, na primeira coluna da primeira linha deste componente, adicione um *GroupBox* e altere o seu texto, na janela de propriedades presente em aparência para Plataformas Utilizadas. Nela você irá inserir quatro *CheckBoxes* com as seguintes legendas: *Steam, Epic Games, Origin* e *GOG*.
3. Nesta mesma linha na outra coluna, você irá inserir um *GroupBox* e alterar o seu texto, na janela de propriedades presente em aparência para Plataforma Preferida. Serão as mesmas coisas, sendo que desta vez com *RadioButtons*.

4. Na segunda linha da segunda coluna você irá inserir *GroupBox* e altere o seu texto, na janela de propriedades presente em aparência, para Gênero(s) Preferido(s). Inclua uma *ListBox*, na janela propriedades em dados, lista inclua os seguintes dados: Mundo Aberto, RPG, Ação, Tiro e Estratégia.

   Um *ListBox* por padrão, só permite você selecionar um item por vez, mas vamos mudar para que se permita várias seleções. Vá a propriedades e em comportamento, clique em *SelectionMode* e altere de *one* (um) para *MultiSimple*, pois desta forma permitirá a seleção de mais de um item.

5. Insira *layout panel*, feito isso, insira um botão, com a legenda *Ok* e um *TextBox* ocupando o restante do espaço. Para isso, insira o mesmo e clique em uma setinha preta que aparece e escolha *multiLine*. E altere o seu

nome (*name*) presente em propriedades para resultado.

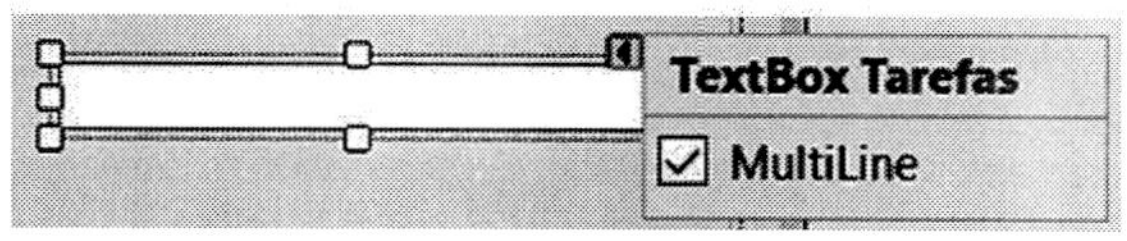

Ainda em *TextBox*, vá até aparência e em *ScrollBars* e escolha vertical.

6. Com o formulário selecionado, vá a propriedades altere *MaximizeBox* como *false*, para desabilitar o botão de maximizar a janela e *FormBorderStyle* como *FixedSingle*, para evitar que o usuário a redimensione manualmente.

7. No final, a *interface* deverá ficar algo parecido como:

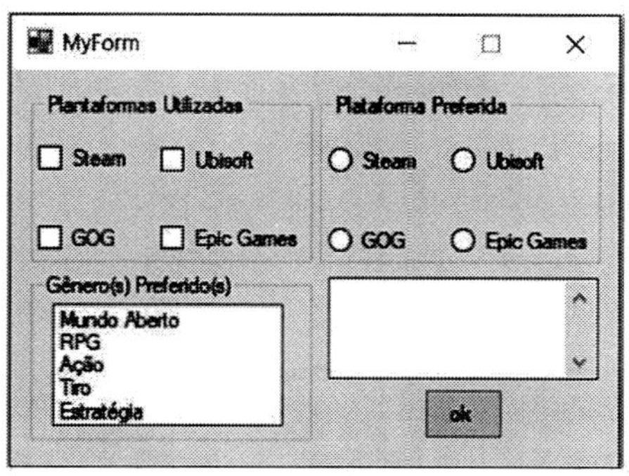

Neste exemplo o usuário deverá responder a todos os três campos, do contrário, uma mensagem será exibida, com o uso de *MessageBox*. Pensei em uma solução bem simples, que seria guardar os resultados capturados em uma *string* antes de atribuir ao *TextBox* final, já que o resultado pode ou não ser exibido, dependendo de o usuário ter atendido ou não a este critério. Ex:

```
01 if (checkBox1->Checked == true)
02         texto = checkBox1->Text->ToString() + "\r\n";
```

Na primeira linha verificamos se o *checkBox1* está marcado (*true*), caso afirmativo, a variável texto do tipo *string* (linha02) pega o texto do *checkBox1*, que foi feita uma conversão para uma *string*, com o uso de *ToString*(), justamente para evitar qualquer tipo de conflito, porém dá erro. Já no C# esse tipo de atribuição é totalmente aceitável.

Felizmente, há uma solução para C++, que ao invés de utilizar std::string, utilizaremos a classe System::String presente em CLR (*Common Language Runtime*).

```
01     String^ texto;
02     if (checkBox1->Checked == true)
03            texto = checkBox1->Text + "\r\n";
```

Na linha 01 não foi declarado como *System::String*, pois há uma linha de comando já gerada no código de: `using namespace System`. E por isso, não se fez necessário o seu uso, bastando simplesmente declarar *String*.

Perceba que há um modificador que acompanha a classe *String*, conhecido como *handle-to-object* (^), que segundo o site da *Microsoft* se pronuncia como "Hat". Componentes do tipo CLR (*Common Language Runtime*) utiliza mecanismos de referências gerenciadas e o uso do *Hat* faz com que a classe *String* se comporte da mesma forma, resolvendo o problema de incompatibilidade. O *std::string* não tem suporte ao modificador *Hat* e o uso de ponteiros nativos de C/C++ (*) e as referências (&) não trazem compatibilidade para mecanismos de referências gerenciadas.

A *ListBox* funciona como um *array*, então nada melhor quecriar um laço do que uma sequência de verificações com ifs:

```
01      for (int i = 0; i < listBox1->Items->Count; i++)
02      {
03              if (listBox1->GetSelected(i) == true)
04                      texto += listBox1->SelectedItems[i];
05      }
```

Na primeira linha criou um laço for, cujo contador é a variável inteira "i", cujo valor inicial é zero (0) e vai incrementando até quando o seu valor for ainda menor que o número total de itens presentes em sua lista, com base no comando `listBox1->Items->Count`, que nos retorna o total de elementos presente em nossa lista, que como sabemos são cinco, a saber: Mundo Aberto, RPG, Ação, Tiro e Estratégia.

Porém, o nosso contador inicia com o valor zero (0), pois como sabemos, o primeiro elemento de um vetor se inicia na posição zero (0), e por isso, o último elemento será o valor quatro. Devido a isso a expressão fica:

```
i < listBox1->Items->Count
```

Já que o contador "i" deve ser menor do que cinco, no primeiro laço verificamos (linha 03) se o elemento zero (0) da lista está selecionado, ou seja *true*, caso afirmativo, pegamos o conteúdo deste elemento e atrelamos a nossa variável texto. No próximo laço o valor de "i" valerá um (1) e iniciará uma nova verificação na linha 03 e assim por diante. Contudo, ao executar, o programa me retornou o seguinte erro:

```
System.IndexOutOfRangeException
  HResult=0x80131508
  Message=O índice estava fora dos limites da matriz.
  Source=System.Windows.Forms
  StackTrace:
   em System.Windows.Forms.ListBox.ItemArray.GetItem(Int32 virtualIndex, Int32 stateMask)
   em System.Windows.Forms.ListBox.SelectedObjectCollection.get_Item(Int32 index)
   em Interface3.MyForm.button1_Click(Object sender, EventArgs e) em C:\Users\Rodrigo\source\repos\
Interface3\Interface3\MyForm.h:linha 341

  Esta exceção foi gerada originalmente nesta pilha de chamadas:
    [Código Externo]
    Interface3::MyForm::button1_Click(System::Object^, System::EventArgs^) em MyForm.h
```

Me pergunte por que? E eu responderei com a maior sinceridade: não tenho a mínima ideia.

A estrutura, apesar de simples, é perfeita, realiza uma simples verificação se algum elemento do *ListBox* está marcado ou não pelo usuário e o atribui a variável texto, respeitando os limites do *array*.
Devido a esse encalço, tive que recorrer a outro tipo de laço, para ver se ocorreria o mesmo erro.

```
01 for each(String^ t in listBox1->SelectedItems)
02 {
03         texto += t + "\r\n";
04 }
```

E o problema foi resolvido misteriosamente. O *for each* é um laço presente em C++, seu uso não é recomendado, por não ser padronizado, segundo o site da *Microsoft*. Por esta razão, não cheguei a citá-lo, mas, não havendo outra alternativa de contornar o erro, deveremos utilizá-lo, enquanto a inconsistência persistir.

Na primeira linha criamos uma variável da classe *String* de nome "t", que fosse compatível aos mecanismos de referências gerenciadas (^), onde em cada laço, um elemento que esteja selecionado é atribuído ao objeto "t". Na linha 03 simplesmente pegamos esse elemento e concatenamos a variável texto com tabulação de retorno de carro e pulo de linha.

Antes de recorrer a esta solução tentei utilizar o sistema simples de verificação, ou seja, verificar cada elemento separadamente através de um if, sem o uso de um laço, mas o problema persistiu.

```
if (listBox1->GetSelected(0) == true)
        texto += listBox1->SelectedItems[0];
if (listBox1->GetSelected(1) == true)
        texto += listBox1->SelectedItems[1];
if (listBox1->GetSelected(2) == true)
        texto += listBox1->SelectedItems[2];
if (listBox1->GetSelected(3) == true)
        texto += listBox1->SelectedItems[3];
if (listBox1->GetSelected(4) == true)
        texto += listBox1->SelectedItems[4];
```

Acredito que em breve a Microsoft resolva esse bug; do contrário, o *for each* deverá ser utilizado. Tendo levantado todas essas questões, vamos ao código.

No botão que criamos no formulário dê um duplo clique no mesmo, que irá diretamente para o código, além de criar o evento do botão, onde iremos inserir todo o código:

```
private: System::Void button1_Click(System::Object^ sender, System::EventArgs^ e) {

    String^ texto;
    int cb = 0, rb = 0, lb = 0;
    texto = "Plataformas Utilizadas\r\n";
    if (checkBox1->Checked == true) {
            ++cb;
```

```
            texto += checkBox1->Text + "\r\n";
    }
    if (checkBox2->Checked == true) {
            ++cb;
            texto += checkBox2->Text + "\r\n";
    }
    if (checkBox3->Checked == true) {
            ++cb;
            texto += checkBox3->Text + "\r\n";
    }
    if (checkBox4->Checked == true) {
            ++cb;
            texto += checkBox4->Text + "\r\n";
    }

    texto += "Plataforma Preferida\r\n";
    if (radioButton1->Checked == true) {
            ++rb;
            texto += radioButton1->Text + "\r\n";
    }
    if (radioButton2->Checked == true) {
            ++rb;
            texto += radioButton2->Text + "\r\n";
    }
    if (radioButton3->Checked == true) {
            ++rb;
            texto += radioButton3->Text + "\r\n";
    }
    if (radioButton4->Checked == true) {
            ++rb;
            texto += radioButton4->Text + "\r\n";
    }

    texto += "Gênero(s) Preferido(s)\r\n";
    for each(String^ t in listBox1->SelectedItems)
    {
            ++lb;
            texto += t + "\r\n";
    }

    if (cb > 0 && rb > 0 && lb > 0) {
            Resultado->Text = texto;
    }
    else {
            MessageBox::Show("Aviso!\nTodo o questionário deve ser respondido.", "Alerta",MessageBoxButtons::OK, MessageBoxIcon::Exclamation);
```

```
53        }
54 }
```

Na terceira linha foi utilizada a *String* do tipo *System*, que suporta mecanismos de referências gerenciadas, através do uso do Hat (^), como explicado anteriormente, para dar suporte ao conteúdo de controles CLR (*Common Language Runtime*), que ficará responsável em armazenar as informações coletadas da *CheckBox, RadioBox* e *ListBox*. Na linha 04 também foram criadas variáveis locais do tipo inteiro.

Na linha 05 atribuímos um texto à variável texto, com tabulações de retorno de carro e pulo de linha. Da linha 06 a 21 a lógica é a mesma, verifica que o elemento *checkBox1*, no caso da linha 06, está marcado (*true*), caso afirmativo, a variável "cb" (abreviatura para *CheckBoxe*) é incrementada, além de pegar o texto da *checkbox* e concatenar a variável texto (linha 08), com retorno de carro e pulo de linha, na linha 10 a verificação é referente ao *checkbox 2*, na linha 14 ao *checkbox3* e assim por diante.

O *RadioBox* segue um esquema bastante semelhante de verificação de marcação, que caso afirmativo, incrementa a variável "rb" (abreviatura para *RadioBox*), além de pegar o conteúdo textual do elemento e concatenar a variável texto.

Na linha 42 é o laço, ao qual já havia comentado, em que pega cada elemento marcado e o atribui à variável "t" a cada laço, onde pegamos esse texto e concatenamos à variável texto, linha 45. Na linha 44 é a incrementação da variável "lb" (abreviatura para *ListBox*).

Por fim, verifica-se se todas as variáveis são maiores do que zero, linha 48, que caso afirmativo, isso nos confirma de que todos os três elementos foram preenchidos e com isso podemos atribuir o conteúdo da variável texto ao elemento *textBox* de nome resultado, linha 49, que será responsável em exibir o resultado.

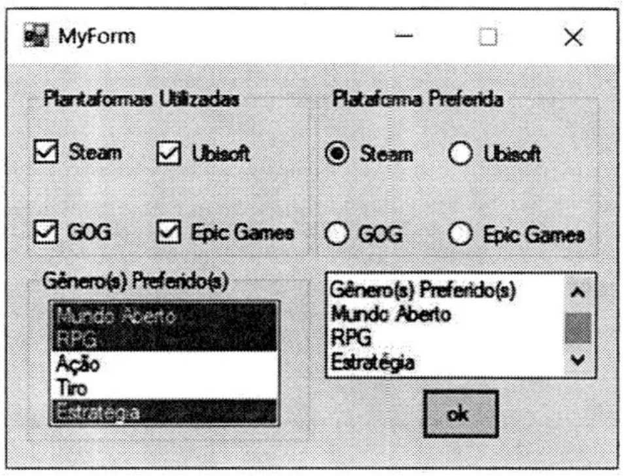

Do contrário, será exibida uma caixa de mensagem de aviso, alertando que todo o questionário deve ser respondido, com o título de alerta, o botão *ok* e o ícone de exclamação, respectivamente.

Trabalhando com *dataGridView* e Banco de Dados

O *dataGridView* nos serve para exibir dados em forma de tabela, além de permitir selecionar coluna ou linha a linha, em um intervalo específico ou na tabela toda, dependendo de sua configuração. Neste próximo exemplo utilizaremos este componente para exibir o nosso banco de dados que criamos no apêndice do *MySQL* para popular a nossa tabela. Para isso:

1. Selecione o nosso modelo *BD MySQL* e nomeie o nome do projeto como *Interface4*, insira um formulário indo na barra de menu>Projeto>Adicionar Novo Item... Lembre-se de ir a CLR e escolher *Windows Form*. Lembre-se de alterar a referência ao nome do projeto de *Interface* para *Interface4* e de reabrir, como vimos o projeto, se ainda a janela de *design* do *form* estiver exibindo algum tipo de erro. Apesar de eu já ter demonstrado, colocarei mais uma vez o código para relembrar, código esse que estará contido em *Myform.cpp*

```
#include "MyForm.h"

using namespace System::Windows::Forms;
int main()
{
     Application::EnableVisualStyles();
     Application::SetCompatibleTextRenderingDefault(false);
     Interface4::MyForm form;
     Application::Run(% form);
}
```

2. O arquivo Origem.cpp não utilizaremos no projeto, então pode apagá-lo.
3. Na barra de *menu*, vá até projeto>propriedades Interface4
4. Clique no botão Gerenciador de Configurações...

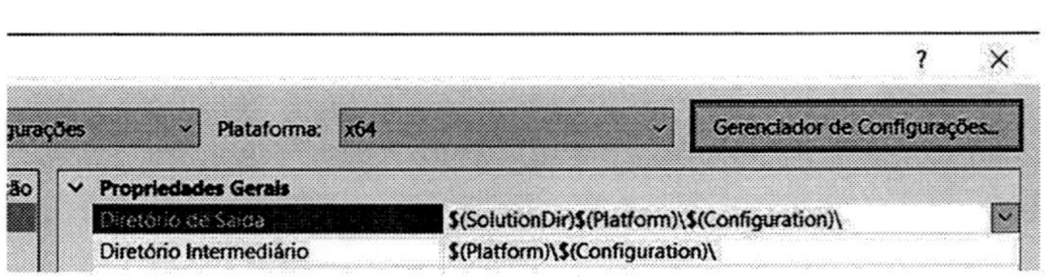

5. Altere as caixas de seleção de *Debug* para *Release* e x86 para x64

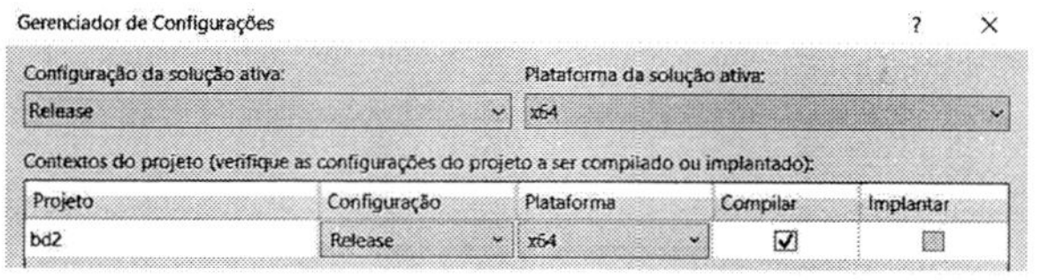

6. E lembre-se de copiar os arquivos: libcrypto-1_1-x64.dll, libssl-1_1-x64.dll e mysqlcppconn-7-vs14.dll.

7. Insira o componente *dataGridView* ao formulário, ao você adicionar uma pequena janela de opções irá aparecer:

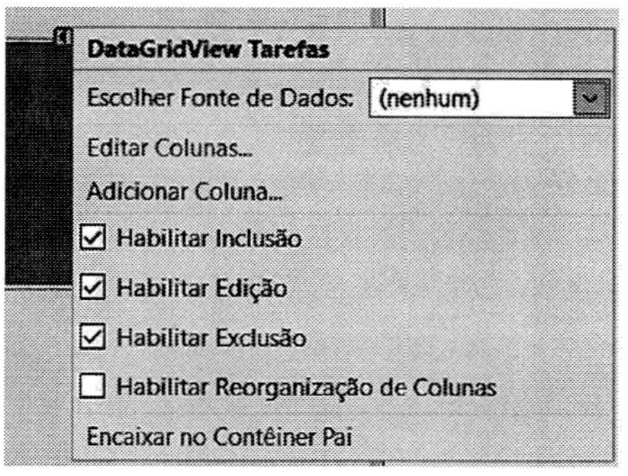

Nela você poderá permitir ou não a inclusão manual de linhas por parte do usuário, edição ou exclusão, além de poder adicionar colunas ao *dataGridView*. A princípio, só incluir o componente ao formulário, sem alterar nenhuma de suas propriedades. E o que precisei realizar, fiz por linha de código, pois como já havia falado, as propriedades de um componente podem ser alteradas tanto quando o mesmo estiver selecionado e indo à janela de propriedades do mesmo ou diretamente por código. E é o que veremos de forma breve neste exemplo.

No começo do arquivo *MyForm.h*, logo após *#pragma once*, iremos incluir as bibliotecas que utilizamos no banco de dados:

```
#pragma once

#include <string>
#include <mysql_connection.h>
#include <mysql_driver.h>
#include <cppconn/exception.h>
#include <cppconn/resultset.h>
#include <cppconn/statement.h>

#define SERVER "localhost"
#define USER "root"
#define PASSWORD "1234"
#define DATABASE "bd"
```

Após *namespace Interface4* iremos incluir um *namespace* na lista, que é o *std:*

```
namespace Interface4 {
```

```
using namespace std;
using namespace System;
using namespace System::ComponentModel;
```

No final do método sem retorno de nome *InitializeComponent*, iremos inserir o chamamento para um outro método que iremos criar de nome *bdData*:

```
void InitializeComponent(void)
{
this->dataGridView1 = (gcnew System::Windows::Forms::DataGridView());
        .
        .
        .
        bdData();
}
```

Dentro de *bdData* iremos configurar alguns detalhes de nosso *dataGridView1*, além de atrelar o resultado de uma consulta do banco de dados à tabela.

```
        void bddata()
        {
                string nome, idade, id;
                dataGridView1->ColumnCount = 3;
                dataGridView1->ColumnHeadersVisible = true;

                dataGridView1->Columns[0]->Name = "Id";
                dataGridView1->Columns[1]->Name = "Nome";
                dataGridView1->Columns[2]->Name = "Idade";

dataGridView1->Columns[0]->Width = 30;
dataGridView1->Columns[1]->Width = 100;
dataGridView1->Columns[2]->Width = 50;
try
{
    sql::Driver* driver = get_driver_instance();
    sql::Connection* con = driver->connect(SERVER, USER, PASSWORD);
    sql::Statement* stmt;
    sql::ResultSet* res;

    con->setSchema(DATABASE);
    stmt = con->createStatement();
    res = stmt->executeQuery("SELECT * FROM usuarios");
    while (res->next())
    {
            id = res->getString("id");
            nome = res->getString("nome");
```

```
118             idade = res->getString("idade");
119             String^ Id = gcnew String(id.c_str());
120             String^ Nome = gcnew String(nome.c_str());
121             String^ Idade = gcnew String(idade.c_str());
122             dataGridView1->Rows->Add(Id, Nome, Idade);
123         }
124         delete res;
125         delete stmt;
126         delete con;
127     }
128     catch (sql::SQLException& e)
129     {
130         cout << "ERRO MySQL: " << e.what() << endl;
131         cout << "Codigo do Erro: " << e.getErrorCode() << endl;
132         cout << "Estado: " << e.getSQLState() << endl;
133     }
134 }
```

Na linha 93 foramcriadas três variáveis do tipo *String*, na linha 94 definimos a quantidade de colunas presentes no *dataGridView1* e tornamos o cabeçalho visível do elemento, linha 95.

Da linha 97 a 99 incluímos as legendas de cada coluna, enquanto nas linhas 101 a 103 é definida a largura de cada campo. Toda a estrutura presente em *try...catch* já foi anteriormente comentada, com exceção das linhas 116 a 122.

Nas linhas 116 a 118 pegamos cada elemento presente em cada registro no banco de dados e atribuímos às variáveis do tipo texto, porém, como sabemos, se quisermos inserir esse conteúdo em um elemento CLR, no nosso caso o *dataGridView*, devemos tornar esses elementos uma estrutura que suporta mecanismos de referências gerenciadas, através do uso do Hat (^), utilizando para isso a classe *String* do tipo *System*, linhas 119 a 121. E, por fim, acrescentamos (Add) cada registro em cada linha (Rows) da tabela do elemento *dataGridView1* (linha 122).

A saída do programa será algo como:

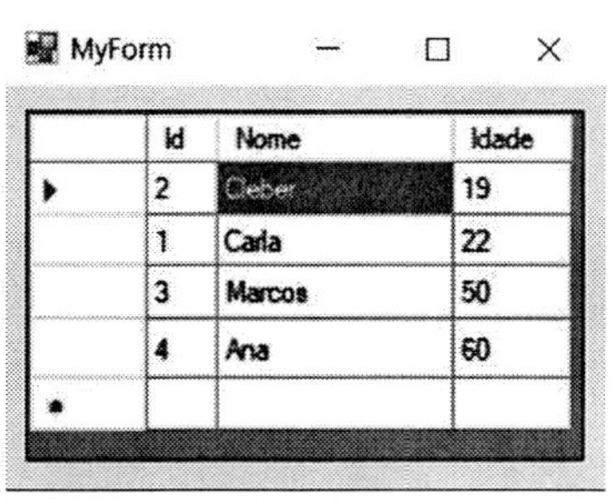

Se você clicar em um dos cabeçalhos, verá que a ordem será alterada, seja Ascendente ou Descendente alfabética, como em nome, ou numericamente, como em idade.

Nota: Caso esteja redimensionando o *dataGridView* presente no formulário, você deverá acrescentar novamente o método *bdData()*, a cada redimensionamento, pois o código é totalmente refeito e acaba por excluir a chamada ao nosso método criado toda vez que você realiza alguma alteração no *dataGridView* presente no formulário.

Criando um Miniprojeto

Para finalizar, vamos criar um projeto bastante simples, mas que envolva o básico como: cadastrar, excluir, consultar e editar os registros do banco de dados por meio da *interface* gráfica. E ainda utilizaremos o sistema de paginação, já que sempre há um aluno que me pede este tipo de mecanismo, além de um sistema simples de impressão de documento.

Assim como o exemplo anterior, os procedimentos são os mesmos:

1. Selecione o nosso modelo *BD MySQL* e nomeie o nome do projeto como *Interface5*, insira um formulário indo a barra de menu>Projeto>Adicionar Novo Item... Lembre-se de ir a CLR e escolher *Windows Form*. Insira as seguintes linhas de comando que já vimos anteriormente:

```
#include "MyForm.h"

using namespace System::Windows::Forms;
int main()
{
        Application::EnableVisualStyles();
        Application::SetCompatibleTextRenderingDefault(false);
        Interface5::MyForm form;
        Application::Run(% form);
}
```

2. Se for copiar o código do exemplo anterior, lembre-se de alterar a referência ao nome do projeto de *Interface4* para *Interface5*, como o exemplo anterior, e de reabrir, como vimos, o projeto, se ainda a janela de *design* do *form* estiver exibindo algum tipo de erro.

3. O arquivo Origem.cpp não utilizaremos no projeto, então selecione o mesmo e o exclua.

4. Na barra de *menu*, vá em projeto>propriedades Interface5

5. Clique no botão Gerenciador de Configurações...

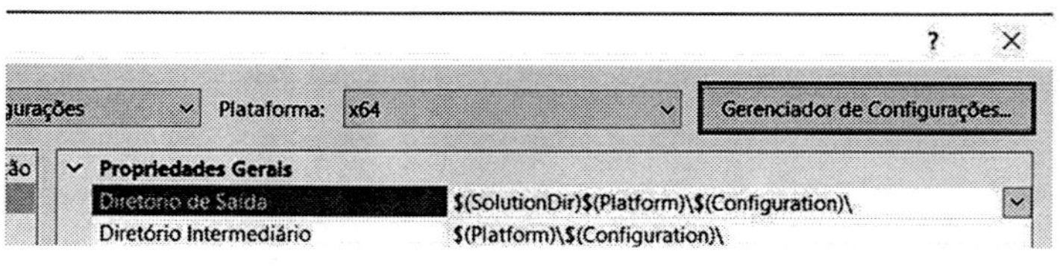

6. Altere as caixas de seleção de *Debug* para *Release* e x86 para x64

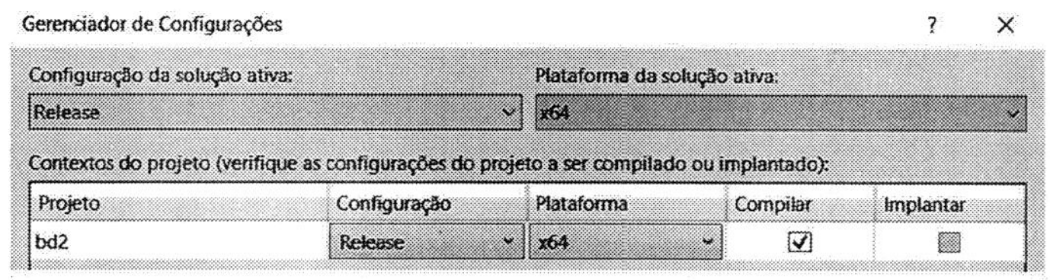

7. E lembre-se de copiar os arquivos: libcrypto-1_1-x64.dll, libssl-1_1-x64.dll e mysqlcppconn-7-vs14.dll.

No projeto vamos inserir o *contêiner* do tipo *tabControl*, para em cada aba inserirmos uma funcionalidade em particular. Para isso, insira um *tabControl* no formulário. E com o mesmo selecionado vá até Propriedades do Objeto em comportamento>*tabPages*. Lá, irá aparecer as duas abas onde você poderá alterar o texto de ambas, além de incluir ou excluir abas, se assim desejar. No nosso caso altere as duas abas para Registro e cadastro/edição.

Apesar de ser um projeto simples, achei melhor colocar uma imagem dos componentes presentes em cada aba do *tabControl* e numerá-los para exemplificar melhor o que foi feito com cada um, ignorando as *labels*, que são só alterações em seus textos (*text*).

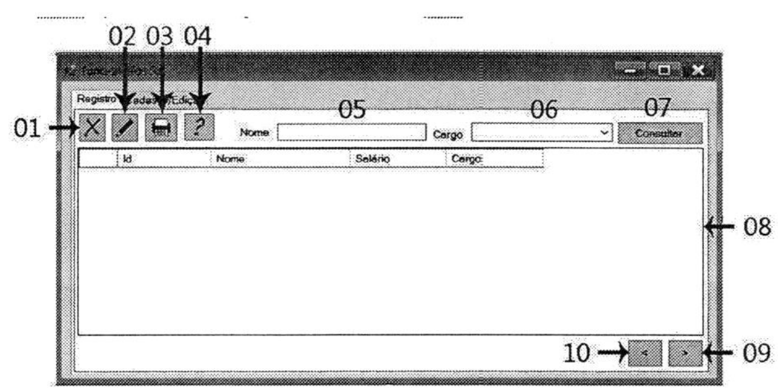

Os componentes 01 a 10 foram todos inclusos na primeira aba, que nomeamos de registro no *tabControl*. Como pode perceber foi alterado o título do formulário, para Funcionários S.A, só para dar algum título ao mesmo.

1. *Button, name*: Excluir.
2. *Button, name*: Editar.
3. *Button, name*: imprimir.
4. *Button, name*: crédito.
5. Todos os quatro botões tiveram a inclusão de imagens aos quais eu criei de forma grosseira; já que normalmente eles são representados por imagens ao invés de texto. Em todos os casos, exclua o conteúdo presente em *text*, ainda na janela Propriedades, procure pelo atributo *image* e acrescente uma imagem que sirva de ícone. No meu caso, fiz uma imagem de 500 *pixels*, onde posteriormente salvei uma cópia no tamanho de 24 *pixels* em formato PNG.
6. T*extBox, name: consultaNome.*
7. *ComboBox, name*: consultaCargo, com a seguinte lista de valores no atributo *items*, presente na janela de propriedades do componente: QUALQUER, Balconista, Conferente, Empacotador, Gerente e Operador de Caixa.
8. *Button, name*: realizaConsulta, além da alteração do texto para consultar.
9. *DataGridView, name*: registros. Ao incluirmos, aparece aquela janelinha, como vimos, onde iremos desmarcar a edição, adição e exclusão, que também pode ser feito na janela de Propriedades>comportamento, aproveite e altere a multiseleção (*Multiselect*) para falso (*false*) e modo de seleção (*selectionMode*) para

FullRowSelect. Em aparência da janela de Propriedades altere o *BackGroundColor* para uma cor branca, já que pretendemos imprimir o mesmo. Lembre-se de acrescentar os cabeçalhos, como vimos na imagem: id, nome, Salário e cargo. Caso tenha esquecido pode ir à janela de Propriedades do Componente, em diversos, e clicar em *Columns*, para acrescentar o cabeçalho.

10. *Button, name: btProx.*
11. 10. *Button, name: btAnt.*

Além disso, puxamos os componentes para dentro do formulário o *printDocument* e o *printPreviewDialog*. O primeiro nos servirá para imprimir nosso *DataGridView* e o segundo para podermos visualizar a impressão, antes de imprimi-lo.

Ambos são componentes visíveis somente na janela de desenvolvimento de *design;* onde os mesmos aparecem automaticamente na bandeja de componentes, quando inseridos no nosso formulário. Conforme a imagem:

Em *printPreviewDialog1* nós deveremos ir à janela de Propriedades e em *document*, deveremos fazer referência a *printDocument1*.

Feito isso, selecione a segunda aba do componente *tabControl* e acrescente os seguintes componentes:

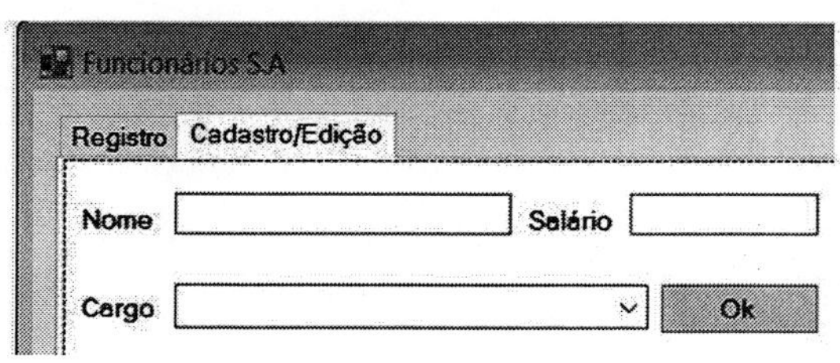

O *name* do *TextBox* ao lado da *label* nome é nomeCadastro. O *TextBox* ao lado da *label* salário é proventosCadastro e do cargo, com a mesma lista de nomes presentes no ComboBox que criamos em consulta, é cargoCadastro. Por fim, o botão possui tanto o *name* como o *text ok*.

Antes de partirmos para o código, propriamente dito, vamos criar uma estrutura simples do banco de dados, onde o banco de dados será *funcdb* e a tabela será pessoal, já populada para testes e que possui a seguinte estrutura:

```
CREATE DATABASE IF NOT EXISTS funcbd;
USE funcbd;

DROP TABLE IF EXISTS pessoal;
CREATE TABLE pessoal(
id INT UNSIGNED AUTO_INCREMENT PRIMARY KEY,
nome VARCHAR(100) NOT NULL,
proventos FLOAT NOT NULL,
```

```
09 cargo ENUM("Balconista", "Conferente", "Empacotador", "Gerente", "Operador de Caixa")
10 ) ENGINE = MyISAM CHARACTER SET latin1 COLLATE latin1_swedish_ci;
11
12 INSERT INTO pessoal(nome, proventos, cargo) VALUES ("Carla Sautelk", 3200, "Gerente"), ("Marta Roni", 1200, "Balconista"),
13 ("João Alberto", 1180, "Empacotador"), ("Tiago Matos", 1375, "Operador de Caixa"), ("Rinava Tolnize", 1290, "Balconista"),
14 ("Marta Zambeli", 1130, "Empacotador"), ("Zerio Marcos", 1397, "Operador de Caixa"), ("Tiago Alberto", 1375, "Operador de Caixa"),
15 ("Tiago de Abreu", 1417, "Conferente"), ("Carla Strauder", 1397, "Conferente");
```

Na primeira linha pede-se para criar o banco de dados de nome *funcbd*, caso não exista. Já na segunda linha selecionamos o banco de dados recém-criado, para que dessa forma possamos criar a tabela dentro do mesmo.

Na linha 04 pedimos para excluir a tabela pessoal, se ela existir, e na linha seguinte criamos a tabela em si, com uma chave primária autoincrementada que só aceita números inteiros, linha 07, um campo para o nome, linha 08, outro para guardar o salário de nome proventos, ambos os campos não aceitando campos vazios (*not null*) durante o cadastro, além de criar o campo cargo, que é uma lista (*enum*), onde foram acrescentadas algumas categorias, as mesmas categorias presentes nos *ComboBoxes*, com exceção de QUALQUER uma que criamos e utilizaremos para desconsiderar a consulta com base no cargo.

A engenharia da tabela é do tipo *MyIsam,* pelo fato de não haver relações entre tabelas, já que a *MyIsam* opera de forma mais rápida que a *InnoDB*. Para se ter algo em trabalhar, foi populado com dez registros, linha 12 em diante.

Da mesma forma que fizemos anteriormente, vamos incluir algumas bibliotecas necessárias ao nosso pequeno projeto no início da estrutura Myform.h

```
#pragma once

#include <string>
#include <msclr\marshal_cppstd.h>
#include <mysql_connection.h>
#include <mysql_driver.h>
#include <cppconn/exception.h>
#include <cppconn/resultset.h>
#include <cppconn/statement.h>

#define SERVER "localhost"
#define USER "root"
#define PASSWORD "1234"
#define DATABASE "funcbd"

#define PG 7;

namespace Interface5 {
    using namespace std;
```

A inclusão de *marshal_cppstd*, linha 04, servirá para conversão do conteúdo dos componentes que utilizam mecanismos de referências gerenciadas, como também na conversão da *Class::String^* para *std::string* ou vice-versa.

Na linha 14 alteramos o nome do banco de dados para *funcbd* e incluímos dentro de *namespace* de *Interface5* o *std*, para evitar o seu uso dentro do código.

A variável constante de nome PG, nos servirá para definir o nosso valor de paginação, que caso queira alterar a quantidade de registros exibidos por vez, basta só alterar o seu valor.

Dentro da referência de nosso formulário (*MyForm*), foram criadas algumas variáveis privadas, que nos servirá de auxílio para o nosso programa:

```
public ref class MyForm : public System::Windows::Forms::Form
{
    private:
            String^ idAtualiza= gcnew String("");
            int totalRegistros = -1, pgRegistro = 0, pg = PG;
```

Foi referenciado o valor da constante PG à variável inteira de nome pg, devido a variáveis do tipo constantes não aceitarem conversão de dados, ou seja, se eu desejar alterar o conteúdo de PG para uma *string*, terei que utilizar a variável pg e não sua constante.

Vamos agora criar um método para exibir os dados no *dataGridView*, que terá dois parâmetros, a consulta em si e o tipo de consulta, pois como sabemos, o método e a estrutura mudam, dependendo do tipo de consulta a ser realizada e por isso esse segundo parâmetro nós servirá como base, para sabermos como proceder.

Lembrando, que como no exemplo anterior, o método deverá ser chamado no final de *InitializeComponent*, para que o mesmo possa vir a ser executado, ao qual nomeei como *datagrid*. Ex:

```
void InitializeComponent(void)
{
        .
        .
        .
        datagrid("", "consulta");
}
```

Com isso, chamamos o nosso método *datagrid,* onde o primeiro argumento que seria nossa consulta SQL é vazio, com isso será executada a consulta padrão, como veremos mais a frente no código e no segundo argumento avisamos de que se trata de uma consulta comum.

Vamos agora dar uma olhada no método *datagrid* criado:

```
void datagrid(string sql, string tipo)
{
        try
```

```
{
        string id, nome, sal, cargo;
        sql::Driver* driver = get_driver_instance();
        sql::Connection* con = driver->connect(SERVER, USER, PASSWORD);
        sql::Statement* stmt;
        sql::ResultSet* res;

        con->setSchema(DATABASE);
        stmt = con->createStatement();
        if (tipo != "consulta")
        {
                stmt->execute(sql);
                MessageBox::Show(gcnew String(tipo.c_str()) + " realizado com sucesso","",
                        MessageBoxButtons::OK, MessageBoxIcon::Information);
                if (tipo != "Exclusão")
                {
                        nomeCadastro->Text = "";
                        proventosCadastro->Text = "";
                        cargoCadastro->Text = "";
                }
                registros->Rows->Clear();
                datagrid("", "consulta");
        }
        else{
                if (sql == "")
                        sql = "SELECT * FROM pessoal LIMIT 0," + to_string(pg);
                stmt = con->createStatement();
                if (totalRegistros == -1)
                {
                        res = stmt->executeQuery("SELECT COUNT(nome) as total FROM pessoal");
                        res->next();
                        totalRegistros = stoi(res->getString("total"));
                }
                res = stmt->executeQuery(sql);
                while (res->next())
                {
                        id = res->getString("id");
                        nome = res->getString("nome");
                        sal = res->getString("proventos");
                        cargo = res->getString("cargo");
                        String^ Id = gcnew String(id.c_str());
                        String^ Nome = gcnew String(nome.c_str());
                        String^ Sal = gcnew String(sal.c_str());
                        String^ Cargo = gcnew String(cargo.c_str());
                        registros->Rows->Add(Id, Nome, Sal, Cargo);
                }
```

```
50                          delete res;
51                  }
52                  delete stmt;
53                  delete con;
54          }
55          catch (sql::SQLException& e)
56          {
57                  cout << "ERRO MySQL: " << e.what() << endl;
58                  cout << "Codigo do Erro: " << e.getErrorCode() << endl;
59                  cout << "Estado: " << e.getSQLState() << endl;
60          }
61 }
```

Na primeira linha temos o método *datagrid* do tipo sem retorno (*void*), que possui dois parâmetros, cujas variáveis são *sql* e *tipo*, respectivamente. Na linha 05 criamos algumas variáveis locais do tipo *string* e das linhas 06 a 12, são as mesmas estruturas que já vimos e que já foram explicadas.

Na linha 13 verifico se *tipo* é diferente de consulta, neste caso é um tipo de consulta que altera o banco de dados e por isso será utilizado *execute* ao invés de *executeQuery*. Pegamos o conteúdo de *tipo* e atribuímos a uma caixa de mensagem, linha 16. Onde convertemos a variável *tipo* de *std:String* para um *Class::String^* com o uso de *gcnew*, para mecanismo de referência gerenciada e com a ajuda de *c_str()*, presente em *marshal_cppstd.h*. Para que desta forma torne-se compatível com a nossa estrutura.

Ainda acrescentando o texto: realizado com sucesso, pois o argumento presente na variável *tipo* pode conter palavras como: Exclusão, Edição e Cadastro. Então se for uma consulta do tipo exclusão aparecerá a frase: Exclusão realizada com sucesso. Para o restante da estrutura da caixa de mensagem, presente na linha 17, definimos um botão *ok* e o ícone do tipo informativo.

Se *tipo* for diferente de exclusão, linha 18, então é um cadastro ou edição e por isso os campos *TextBox* deverão ser esvaziados, ou seja, toda vez que realizo um cadastro, por exemplo, ao clicar no botão *ok*, ele irá capturar os dados dos campos, executar a consulta e, por fim, esvaziar os campos do cadastro para que o usuário possa inserir um novo cadastro,se isso não fosse feito, ele teria que apagar campo por campo, manualmente.

Já que houve uma alteração no banco de dados, o ideal é apagar todos os dados presentes no nosso *DataGridView* (registro), linha 24, e puxá-los novamente, linha 25. Para que desta forma possa puxar os dados atualizados, do contrário, os dados antigos permanecerão no *dataGridView* se não for feito esse tipo de limpeza.

Temos um *if* na linha 13, que caso seja falso, automaticamente o seu *else*, na linha 27, é que será executado, que nos indica que é uma consulta de seleção, que caso o conteúdo de *sql* for vazio, então não existe uma consulta específica a ser executada, e por isso é criada uma consulta padrão, linha 29, que puxa os registros na tabela pessoal do primeiro registro (`0`) até o tamanho da paginação, que no nosso caso é sete registros. Obviamente, tivemos que converter a variável do tipo inteiro para *string* com o uso de *to_string*(), onde foi utilizada a variável pg que faz referência a constante PG, a constante não foi utilizada para conversão, pois como já foi dito, não é possível converter constantes.

Verificamos se nossa variável *totalRegistros,* linha 31, possui ainda o seu valor padrão que é -1. Caso afirmativo, realizamos uma consulta para saber a quantidade total de registros, que pode ser zero (`0`), quando nada estiver cadastrado ainda.

Lembrando que a função *COUNT* nos conta o total de registros com base em um campo, foi utilizado um *alias* de nome total, para que possamos manipular este dado, em que convertemos em uma variável inteira com o uso de *stoi,* linha 35. Esse *totalRegistros* nos será útil para nos servir de base para a paginação.

Da mesma forma que vimos, resgatamos os dados como *std::string,* linhas 40 a 43, e a convertemos para *Class::String^,* linhas 44 a 47, antes de podermos acrescentar ao *DataGridView,* linha 48.
E, por fim, excluímos os dados da consulta e incluímos o *catch* para tratamento de erro.

Vamos dar dois cliques no botão de consulta, para gerar o evento de *click* automaticamente no código, dentro dele iremos inserir a seguinte estrutura:

```
01 private: System::Void realizaConsulta_Click(System::Object^ sender, System::EventArgs^ e) {
02         string nome = msclr::interop::marshal_as<string>(consultaNome->Text);
03         string cargo = msclr::interop::marshal_as<string>(consultaCargo->Text);
04         string sql;
05         if(cargo=="QUALQUER")
06                 sql = "SELECT * FROM pessoal WHERE nome LIKE \""+nome+"%\"";
07          else
08                 sql = "SELECT * FROM pessoal WHERE nome LIKE \"" + nome +
09                 "%\" AND cargo = \"" + cargo + "\"";
10       registros->Rows->Clear();
11       datagrid(sql, "consulta");
12 }
```

Dentro do evento simplesmente pegamos os dados, convertendo-os para uma *string,* linhas 02 e 03. Criamos uma variável *sql* do tipo *string* e verificamos se cargo possui a palavra QUALQUER, linha 05, caso afirmativo, realizamos uma consulta com o uso de *LIKE* que nos permite puxar uma consulta com base no nome capturado e independente do que vier após o mesmo, já que utilizamos a porcentagem (%), que represente zero ou mais caracteres.

Em outras palavras, se eu souber o primeiro nome do funcionário e digitar na busca, ela puxará todos os nomes iguais, independente dos sobrenomes que vierem após este nome.

Mas se o conteúdo de cargo for diferente de QUALQUER, o *else,* linha 07, é que será executado. Realizando a mesma consulta, mas acrescentando o cargo na busca. Então se eu digitar Tiago e o cargo Operador de caixa. A consulta irá nos retornar todos os registros que possuam como nome Tiago, independente do sobrenome, mas que possua o cargo Operador de caixa.

E para exibir só o resultado desta consulta é que apagamos os registros do *DataGridView,* linha 10 e chamamos o método responsável em realizar a consulta, linha 11, passando nossa consulta criada.

Faremos o mesmo com o botão de excluir, dando duplo clique sobre o mesmo e dentro do ouvinte de evento iremos criar o seguinte código:

```
01 private: System::Void Excluir_Click(System::Object^ sender, System::EventArgs^ e) {
02       String^ ID = registros->CurrentRow->Cells[0]->Value->ToString();
03       string id = msclr::interop::marshal_as<string>(ID);
04       if(id!="")
05       {
06              string sql = "DELETE FROM pessoal WHERE id=" + id;
07              totalRegistros--;
08              datagrid(sql, "Exclusão");
09       }
10 }
```

Na linha 02 pegamos como o conteúdo (*value*) da primeira coluna (*Cells*[0]) da linha selecionada (*currentRow*) na forma de referência gerenciada, para convertermos em uma *std::string*, linha 03. Fazemos uma pequena verificação de que não esteja vazia (linha 04), que caso contenha algum dado, é criada uma consulta de exclusão, linha 06, com base no id resgatado da linha que foi selecionada.

Com isso atualizamos o total de registros, pegando sua variável e decrementando em um, linha 07. Para finalmente chamar o nosso método responsável em realizar as consultas, linha 08, afirmando de que se trata de uma exclusão, conforme passado no segundo argumento.

Da mesma forma, faremos com o botão editar, dando duplo clique sobre o botão e acrescentando o seguinte código:

```
01 private: System::Void Editar_Click(System::Object^ sender, System::EventArgs^ e) {
02       idAtualiza = registros->CurrentRow->Cells[0]->Value->ToString();
03       String^ NOME = registros->CurrentRow->Cells[1]->Value->ToString();
04       String^ PROVENTOS = registros->CurrentRow->Cells[2]->Value->ToString();
05       String^ CARGO = registros->CurrentRow->Cells[3]->Value->ToString();
06       nomeCadastro->Text = NOME;
07       proventosCadastro->Text = PROVENTOS;
08       cargoCadastro->Text = CARGO;
09       tabControl1->SelectedTab = tabPage2;
10 }
```

Se lembra que criamos a variável *idAtualiza* lá no início? Ela nos será útil agora pegando o valor (*value*) a id (*Cells*[0]), da linha selecionada (*CurrentRow*). Da mesma forma, fazemos com os demais, linhas 03, 04 e 05, só mudando a posição da célula (*Cells*). E com isso, preenchemos os campos presentes na aba de cadastro/edição, linhas 06 a 08, para finalmente selecionar via código a segunda aba do nosso *TabControl*, linha 09.

Então se você seleciona a linha de um registro e clica no botão de editar, ele irá preencher todos os campos presentes na segunda aba e selecioná-la automaticamente, quando o usuário alterar os dados e pressionar o botão *ok*, que se encontra na segunda aba. Vamos então criar um evento para ela:

```
01 private: System::Void ok_Click(System::Object^ sender, System::EventArgs^ e) {
02      string sql, id, nome, proventos, cargo;
03
04      if (nomeCadastro->Text == "" || proventosCadastro->Text == "")
05      {
06              MessageBox::Show("Os campos nome e salário devem estar preenchidos!", "AVISO",
MessageBoxButtons::OK, MessageBoxIcon::Exclamation);
07      }
08      else {
09              nome = msclr::interop::marshal_as<string>(nomeCadastro->Text);
10              proventos = msclr::interop::marshal_as<string>(proventosCadastro->Text);
11              cargo = msclr::interop::marshal_as<string>(cargoCadastro->Text);
12              if (idAtualiza!= "")
13              {
14                      String^ idd = idAtualiza;
15                      id = msclr::interop::marshal_as<string>(idd);
16                      sql = "UPDATE pessoal SET nome =\"" + nome + "\"" + ", proventos=" + proven-
tos + ", cargo=\"" + cargo + "\" WHERE id=" + id;
17                      idAtualiza = "";
18                      datagrid(sql, "Atualização");
19              }
20              else {
21                      sql = "INSERT INTO pessoal(nome, proventos, cargo) VALUES(\"" + nome + "\", "
+ proventos + ", \"" + cargo + "\")";
22                      totalRegistros++;
23                      datagrid(sql, "Cadastro");
24              }
25      }
26 }
```

Criei algumas variáveis locais, linha 02, verifico se os campos nome e salário estão preenchidos, linha 04. Pois como deve se lembrar criamos uma estrutura no banco de dados, onde o preenchimento desses campos tornou-se obrigatório. Se um ou outro for vazio, uma mensagem com um ponto de exclamação será exibida avisando que os campos devem estar preenchidos, linha 06.

Do contrário, pegamos os dados já convertendo para uma *string* comum, linhas 09 a 11. Se o *idAtualiza* for diferente de vazio, linha 12, então trata-se de uma atualização, com isso criamos uma consulta de atualização com base no *id* presente em *idAtualiza*, linha 16, para posteriormente apagar o conteúdo de *idAtualiza*, linha 17, e por fim chamar o método *datagrid* com a consulta e avisar que trata-se de uma atualização, linha 18.

Do contrário, linha 20, trata-se de um cadastro então cria-se uma consulta de inserção, linha 21, com base nos valores resgatados e incrementando o contador total de registros em um, linha 22, para chamar o método *datagrid* passando como argumento a consulta e alertando que se trata de um cadastro.

Já nosso botão de imprimir, dê um duplo clique sobre o mesmo, que ao criar o ouvinte de evento, insere o seguinte código:

```
01 private: System::Void imprimir_Click(System::Object^ sender, System::EventArgs^ e) {
02       printPreviewDialog1->Text = "Registros de Funcionários";
03       printPreviewDialog1->ShowDialog();
04 }
```

O *printPreviewDialog1* nos serve para visualizar a impressão, com ele criamos um título para a nossa impressão, linha 02, e depois chamamos o visualizador de impressão, linha 03. Mas, para funcionar de forma correta, precisamos criar uma estrutura em *printDocument*, por isso damos um duplo clique em *printDocument1* e inserimos o seguinte código:

```
01 private: System::Void printDocument1_PrintPage(System::Object^ sender, System::Drawing::Printing:
:PrintPageEventArgs^ e) {
02      registros->ClearSelection();
03      Bitmap^ bm = gcnew Bitmap(registros->Width, registros->Height);
04      this->registros->DrawToBitmap(bm, Interface5::Rectangle(0, 0, registros->Width, registros-
->Height));
05      e->Graphics->DrawImage(bm, 100,50);
06 }
```

Será como uma captura de tela e, por isso, se for aumentar a paginação terá que aumentar o campo de visualização do *DataGridView* no formulário, para que nada fique invisível. Razão esta é que foi criada a paginação, para dividir os registros em páginas. Se fosse imprimir tudo, independentemente de estar ou não visível, você deverá utilizar o *DrawString* que é uma estrutura deveras trabalhosa de se criar.

Na linha 02 desmarcamos qualquer linha que esteja selecionada no *DataGridView*, para não aparecer a marcação na impressão, criamos uma imagem vazia com base na largura (*witdh*) e altura (*height*) do registro, linha 03, e com isso desenhamos (*DrawToBitmap*), pegando a nossa moldura (*bm*), vamos assim dizer, o registro, a sua largura e altura, com base em sua posição inicial zero para finalmente inserirmos no papel propriamente dito, linha 05, onde os dois últimos argumentos nos determina as margens deste papel. Recomendo nunca deixar o valor zero, já que em toda impressão é necessária uma margem mínima, para que se imprima o documento corretamente.

Que quando clicado sobre o botão de imprimir aparecerá algo como:

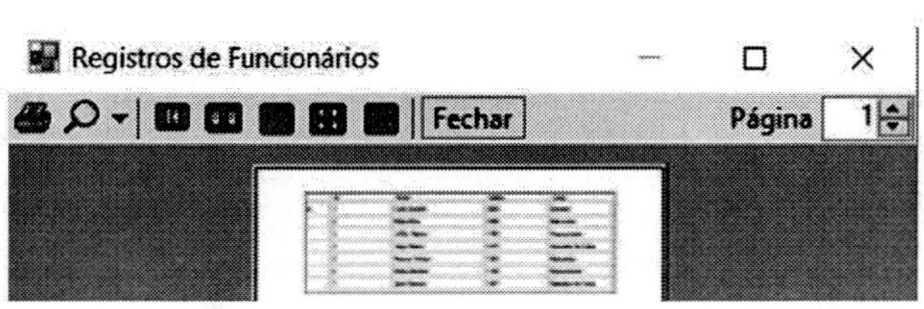

No botão de créditos, que é o ícone de interrogação, iremos inserir uma simples *MessageBox* para fornecer os dados do desenvolvedor.

```
private: System::Void credito_Click(System::Object^ sender, System::EventArgs^ e) {
        MessageBox::Show("Desenvolvido por mim mesmo" +
                "\nTodos os direitos reservados" +
                "\nBlá, blá, blá" +
                "\n\nCriado em 09/09/2020", "Desenvolvido", MessageBoxButtons::OK, MessageBoxIcon::Information);
}
```

Por fim, trataremos com os botões de paginação, o primeiro será o botão de avanço, sempre dando um duplo clique sobre o elemento para se criar o evento e nele inserir o seguinte código:

```
01 private: System::Void btProx_Click(System::Object^ sender, System::EventArgs^ e) {
02     pgRegistro += PG;
03     if (totalRegistros > pgRegistro)
04     {
05         btAnt->Enabled = true;
06         registros->Rows->Clear();
07         datagrid("SELECT * FROM pessoal LIMIT " + to_string(pgRegistro) + "," + to_string(pg), "consulta");
08     }
09     else {
10         btProx->Enabled = false;
11         if(totalRegistros < pgRegistro)
12             pgRegistro -= PG;
13     }
14 }
```

pgREgistro, linha 02, é nossa variável que criamos logo no início, que será responsável em determinar a posição inicial que irá puxar os registros. Mas para ele avançar dentro dos registros, precisamos saber se o seu valor não está extrapolando a quantidade total de registros, por isso o uso do *if* na linha 03.

Ao avançar sobre os registros devemos garantir que o botão de retorno esteja ativo, linha 05, devemos limpar todos os registros do componente, linha 06, para depois chamar a consulta com base na nova posição inicial determinada por *pgRegistro* e a quantidade padrão de registros a serem puxados (*pg*).

Do contrário, linha 09, devemos desativar o botão de avanço, linha 10, e verificar se a soma da paginação, na linha 03, não ultrapassou o total de registros, linha 11, caso afirmativo, devemos subtrair essa paginação que foi anteriormente somada.

E para encerrar, criamos a estrutura do botão de retorno.

```
private: System::Void btAnt_Click(System::Object^ sender, System::EventArgs^ e) {
    if (pgRegistro > 0)
    {
        btProx->Enabled = true;
        registros->Rows->Clear();
        pgRegistro -= PG;
```

```
07            datagrid("SELECT * FROM pessoal LIMIT " + to_string(pgRegistro) + "," + to_string(pg), "consulta");
08       }
09       else
10            btAnt->Enabled = false;
11 }
```

Verificamos se há como retornar, para isso *pgRegistro* deve ser maior do que zero, linha 02, caso afirmativo, ativamos o botão de avanço de paginação, já que iremos iniciar o retorno da paginação, linha 04, caso não esteja ativo.

Como no exemplo anterior, limpamos o registro, linha 05, e subtraímos, ao invés de somar, com base no valor da paginação, linha 06, e chamamos uma consulta com base no valor atual que se encontra a posição do registro (*pgRegistro*) e a quantidade de registros que será puxada com base no valor de *pg*, que referencia o valor da constante PG.

Mas, se *pgRegistro* não for maior do que zero, linha 09, deixaremos então este botão desativado, linha 10.

Apêndice A

Configurando ambiente em C

Instalando o compilador e complemento

Há vários compiladores disponíveis, mas o que vamos utilizar é o *cygwin*.

1. Primeiramente baixe o programa de instalação *cygwin*: https://cygwin.com/install.html

2. Feito isso, basta simplesmente abrir o programa e seguir clicando em avançar. Em algum momento uma tela como essa será exibida:

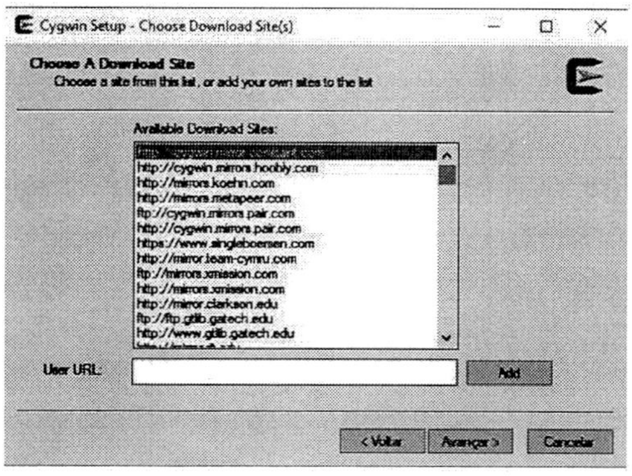

   Nela, você deverá escolher um dos sites para baixar o programa. Ao escolher, clique em avançar.

3. Feito isso, agora iremos instalar o complemento que utilizaremos para programar:
   - *gcc-core* (compilador de C)

4. Haverá uma tela como essa:

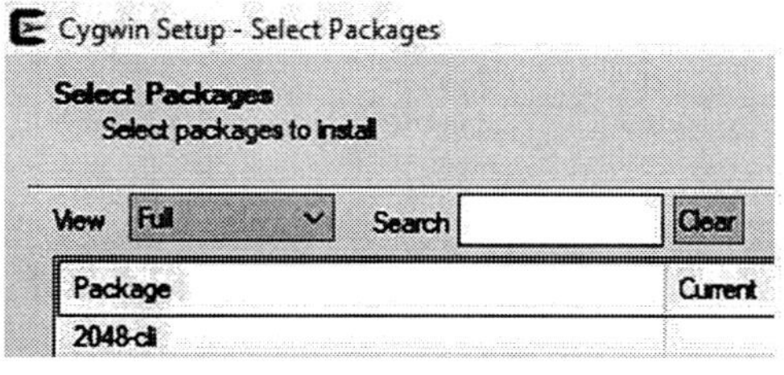

   É nela que iremos fazer a busca do pacote que iremos instalar.

   4.1 Na caixa de seleção *view*, selecione ***full*** para mostrar todos os pacotes e na barra de busca (***search***) e digite *gcc-core*.

      4.1.1 Selecione o *gcc-core* que tenha também na descrição: *GNU Compiler Colletion*.

      4.1.2 Feito isso, clique na seta de *Skip* e escolha a versão mais recente, que não esteja em teste.

1. Ao avançar para a última tela, você poderá escolher quais atalhos serão gerados para o *cygwin*.

Onde a primeira caixa de seleção irá criar um atalho na área de trabalho e a segunda no menu iniciar.

Utilizando o *shell* do *Cygwin*

Se você desejar, poderá compilar seus programas através do próprio *shell* do *Cygwin*, contudo, ele limita o manuseio a um local específico, e por isso, alguns podem não se agradar. Por conta disso que me dediquei a criar um tópico só para informar, a você leitor, como configurar a variável de ambiente e outro para saber como manipular o *Prompt* de Comando, caso você almeje a liberdade de salvar os seus arquivos em qualquer outro lugar que queira.

Com o *Cygwin* aberto, poderemos utilizar alguns comandos como:

PWD

Este comando nos informa em que local estamos. Ex:
rodri@PC-SMART-M20 ~
$ pwd
/home/rodri

Como deve ter percebido, nos retornou o caminho do diretório, que no meu caso é: /home/rodri. O ideal seria criar uma pasta neste local e colocarmos nossos exemplos lá.

Mkdir

Nos permite criar um diretório. Ex:
rodri@PC-SMART-M20 ~
$ mkdir C

RM

Pode apagar um arquivo ou diretório. Se for um arquivo de nome texto.txt, por exemplo, basta utilizar:
Rm texto.txt

No caso de um diretório, como o C, que acabamos de criar, basta acrescentar -r ao comando. Ex:
Rm -r c

Também poderia criar ou apagar pastas de diretório diretamente pelo *Explorer* do *Windows*. Bastando ir a C:\cygwin64\home\rodri, pelo menos no meu caso, já que rodri é o nome de usuário da minha máquina.

CD

Nos permite avançar entre os diretórios. Então vamos utilizar este comando para abrirmos a pasta que acabamos de criar. Ex:

rodri@PC-SMART-M20 ~
$ cd c
Se tiver excluída, recrie a mesma pelo *Windows Explorer* ou pelo comando *Mkdir.*

CD ~
Nos permite retornar para o diretório *home* do usuário do sistema. Ex:
rodri@PC-SMART-M20 ~/c
$ pwd
/home/rodri/c

rodri@PC-SMART-M20 ~/c
$ cd ~

rodri@PC-SMART-M20 ~
$ pwd
/home/rodri

Nota: O til (~) deve estar separado do comando CD. O comando é CD + espaço + til.

Clear
Comando de limpar a tela do *shell*, normalmente utilizado quando ocorre erros de depuração do programa e você deseja limpar a tela, para poder a acompanhar melhor a correção dos *bugs* no seu código.

Exit
Sai do *shell.*

Agora para executar no *shell* não adianta simplesmente declarar o nome, como ocorre com o *prompt* de comando, deve vir acompanhado de ponto e barra. Ex:
rodri@PC-SMART-M20 ~/c
$ Gcc ex.c -o ex

rodri@PC-SMART-M20 ~/c
$ ./ex

Configurando uma variável de ambiente

Caso você não tenha se agradado pelo ambiente *shell* do *cygwin* e deseje utilizar o comumente *prompt* de comando do *Windows*. Você precisará, primeiramente, configurar a variável de ambiente, para isso, siga as seguintes etapas:

1. Vá ao ícone de meu computador, se não sabe onde encontrar, abra o *Windows Explorer* e clique com o botão direito sobre "Este computador" e no *menu* de contexto que aparece, clique em Propriedades.

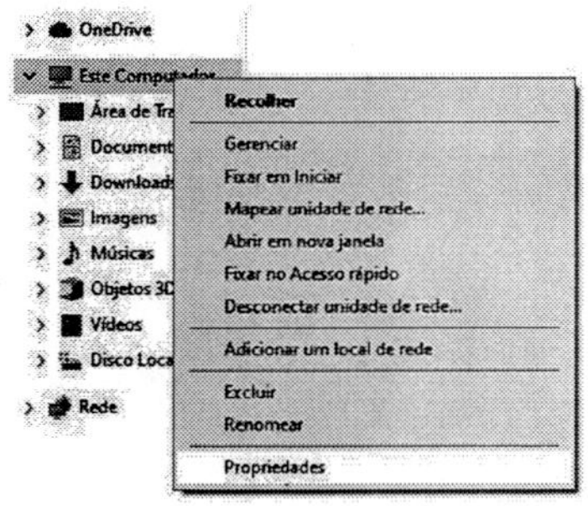

2. Ao abrir a janela clique em «configurações avançadas do sistema».

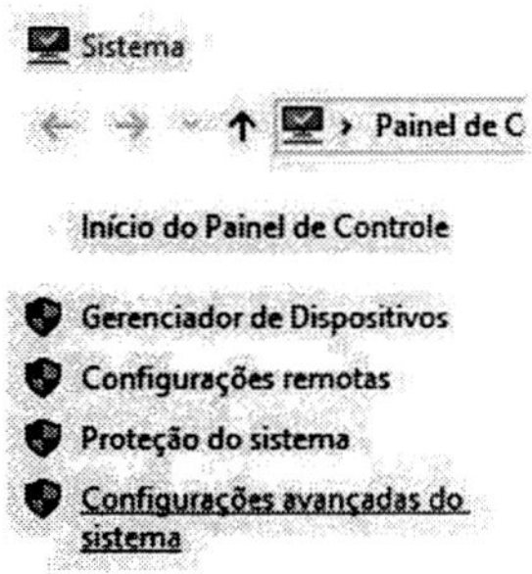

3. Na janela que abrir, clique em Variáveis de Ambiente.

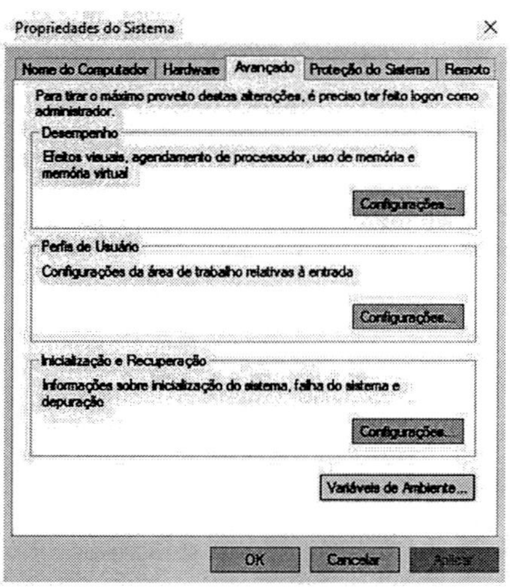

4. Em Variáveis do Sistema clique em «Path» e clique no botão editar.

5. Na janela que se abre, clique em Novo e digite o caminho até a pasta «bin» de *cygwin*. Se você não alterou o caminho durante a instalação, será: C:\cygwin64\bin

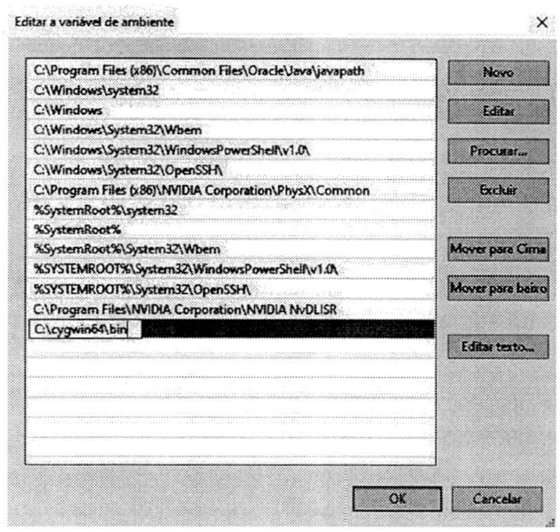

6. Feito isso, clique na tecla <ENTER>, ainda nesta tela, selecione o caminho que você acabou de criar. E clique agora no botão «Editar Texto...»

Verifique se no final do caminho do campo valor da variável possui C:\cygwin64\bin. Às vezes, mas nem sempre, pode não estar incluso, então você terá que inserir manualmente, mas, para isso, você deverá deixar todo o caminho como está e acrescentar um ponto e vírgula (;) no final, se não houver, para incluir um novo caminho. Que no nosso caso é C:\cygwin64\bin

Pronto, agora o compilador está instalado, junto com os complementos que precisamos e configurado a sua variável de ambiente.

Manuseando o *Prompt* de Comando (CMD)

O *Prompt* de Comando pode ser aberto, realizando uma busca na caixa de pesquisa da barra de tarefas do Windows 10. Ou simplesmente clicando em + R. Uma janela de execução irá aparecer e na caixa digite CMD.

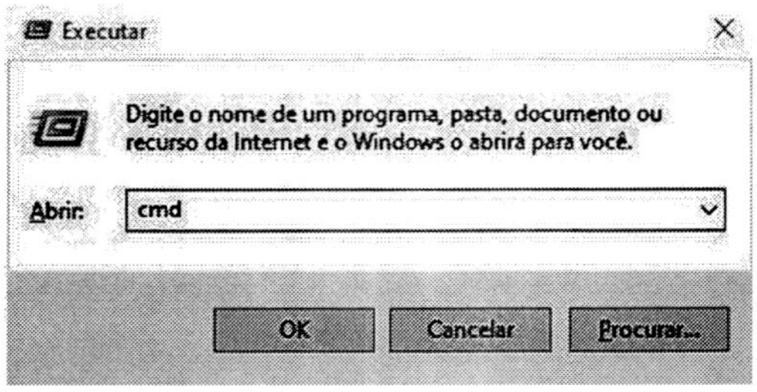

Ao dar *ok* uma tela como essa irá aparecer:

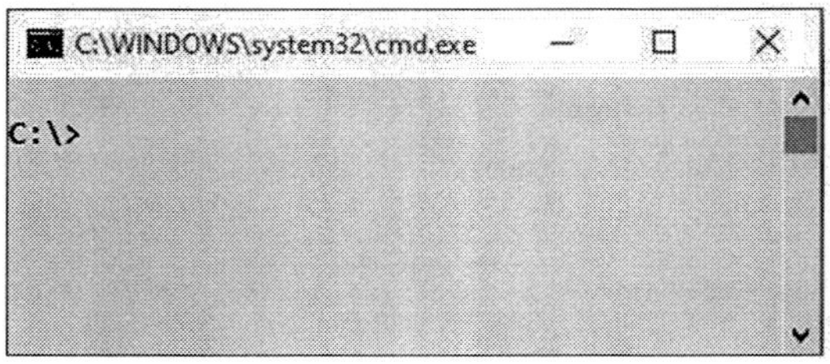

Nota: Alterei a configuração padrão de fundo e cor do texto no meu *Prompt* de comando, não por mero capricho, mas para ficar melhor a exibição, quando alguma tela for necessária ser *printada* e exibida no material do livro.

Caso você deseje fazer o mesmo, é só clicar com o botão direito do mouse sobre a barra de título e no *menu* de contexto que se abre, escolha Propriedades, abrirá uma janela onde você poderá alterar tanto as cores, como tipo de fonte, tamanho do texto, etc. Mas, recomendo que não mexa na formatação da fonte, já que algumas não possuem suporte para caracteres especiais.

Antes de compilarmos, primeiro devemos aprender como manusear o *Prompt* de Comando. Já que será necessário "passear" entre os diretórios, seja avançando pelas pastas, retrocedendo ou simplesmente desejando limpar a tela do *prompt*. Por esta e outras razões, darei uma breve lista de comandos, como foi feito no exemplo anterior:

cd..
Retorna para a pasta anterior, podendo ser utilizado até se chegar à raiz do diretório. Exemplo:
C:\Users\rodri\documentos>cd..

Fica:
C:\Users\rodri>
Caso repita o comando mais duas vezes, o resultado será C:\>

cd
Limpa todo o caminho do diretório. Exemplo:
C:\Users\rodri\documentos>cd\

Fica:
C:\>

Cd
Acessa a pasta. Ex:
C:\Users>cd rodri
Fica:
C:\Users\rodri>

Se eu desejasse acessar à partição D, por exemplo, bastaria digitar:
C:\Users\rodri> cd d:
Fica:
D:\>

Para adentrar pelas pastas, basta repetir o processo até se chegar ao caminho desejado ou simplesmente você poderá digitar o caminho completo.

Digamos que eu deseje chegar na pasta disciplinas, que está dentro da pasta de mestrado, que se encontra dentro da pasta documentos, que está dentro da pasta rodri. Nessa pasta rodri, posso simplesmente digitar o restante do caminho da seguinte forma. Ex:
C:\Users\rodri>cd Documentos/Mestrado/Diciplinas

Fica:
C:\Users\rodri\Documentos\Mestrado\Diciplinas>

cls
Limpa a tela.

exit
Sai do Prompt de Comando.

dir
Lista os diretórios de arquivos presentes daquele local.
C:\>dir

Caso seja muito extenso ao ponto de não conseguir visualizá-lo por completo em uma única tela, você poderá utilizar o comando /p, para que desta forma realize pequenas pausas, que poderá prosseguir a visualização dos demais arquivos ao toque de qualquer tecla.
C:\>dir/p

md
Cria uma pasta.
C:\>md Saitama
A pasta criada será na partição C e de nome Saitama.

Rd
Exclui uma pasta, contanto que você não esteja dentro dela.
C:\>rd Saitama

Del
Exclui um arquivo. Digamos que você tenha um arquivo testes.c, na pasta exemplos e estava testando alguns comandos e agora deseja excluí-lo, como também o seu arquivo executável testes.exe. Ex:
C:\exemplos>del testes.c
C:\exemplos>del testes.exe

Digamos que eu criei dentro da minha pasta pessoal "Rodrigo", que se encontra em C, uma pasta de nome "progC", de lá estou salvando meus arquivos criados no Notepad++. Para acessar esta página, por tudo que já foi explicado, bastaria abrir o *Prompt* de Comando e digitar:

C:\Users\rodri>cd\
C:\>cd rodrigo/progc
C:\Rodrigo\ProgC>

O comando de compilação permanece o mesmo:
Gcc ex.c -o ex
Levando em conta que o arquivo é ex.c
Com uma compilação bem-sucedida, para abrir o arquivo executável, basta digitar o seu nome. Ex:
C:\exemplos>ex

Instalando o editor

Se você já seguiu os passos da instalação do compilador, vai querer agora instalar algum editor para poder trabalhar com a linguagem C. O que comumente utilizo é o *Notepad++*, um *software* gratuito e compatível com diversas linguagens, inclusive com a que estamos trabalhando.

1. Para baixar o software vá em: https://notepad-plus-plus.org/downloads/
   De preferência baixe a versão 64bits e que seja a instaladora.

2. Feito isso, ao executar, a primeira tela que vai aparecer é do idioma. Escolha o Português, dê *ok* e vá clicando em próximo, até finalizar a instalação.

Se você já criou um arquivo em C, verá que o *Notepad*++ não o reconhece de cara. Se tiver um arquivo ou criar algum, para tornar a abertura de arquivos C padrão para o *Notepad++*, siga as seguintes etapas.

1. Clique com o botão direito do mouse sobre o arquivo de extensão "c" e no menu de contexto escolha abrir com. Uma tela como esta será exibida

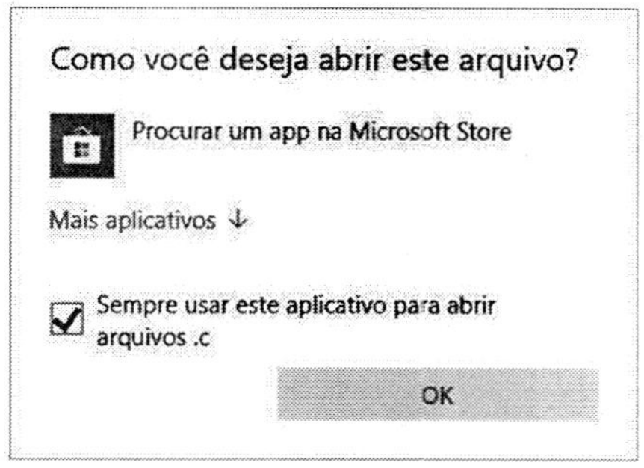

2. Deixe marcada a opção: Sempre usar este aplicativo para abrir arquivos .c.

3. Clique em mais aplicativos, desça até o final das opções e clique em procurar outro aplicativo neste PC.

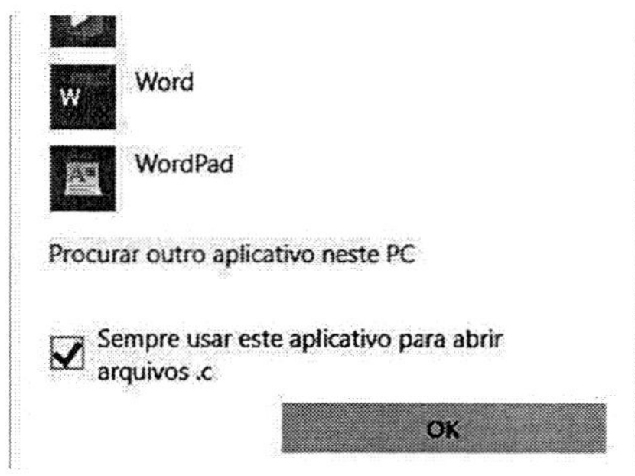

4. Vá até à pasta arquivos de programas e encontre a pasta do programa *Notepad++;* abra a pasta e selecione o arquivo executável e clique em abrir e finalize clicando em *ok.*

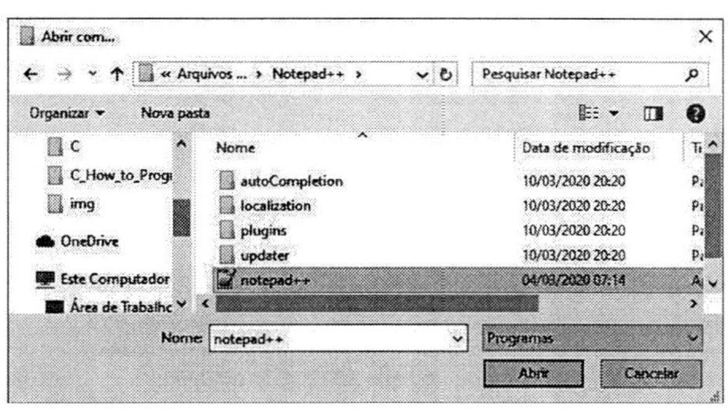

5. A partir deste momento em diante, qualquer código-fonte da linguagem C, será aberto diretamente no editor *Notepad++*

Você poderá repetir esse processo para abrir outros tipos de formatos diretamente pelo *Notepad++* se desejar ou alterar a abertura desses arquivos para um outro tipo de aplicativo, por exemplo.

Corrigindo caracteres especiais no ambiente do editor

O problema de você criar um programa é que normalmente os textos de saída que possuam algum caractere especial saem de forma desconfigurada. Um simples comando de tela para exibir a frase:

Olá mundo
Poderá sair da seguinte forma:
Ol ├í Mundo!

Mas como resolver este problema? No nosso caso, para resolver precisamos ficar salvando os arquivos no editor *Notepad++* em formato UTF-8. Porém, por padrão, o *Notepad++* salva em formato ANSI. Por isso, vamos alterar essa configuração seguindo os seguintes passos:

6. Com o *Notepad++* aberto vá até Configurações>preferências.

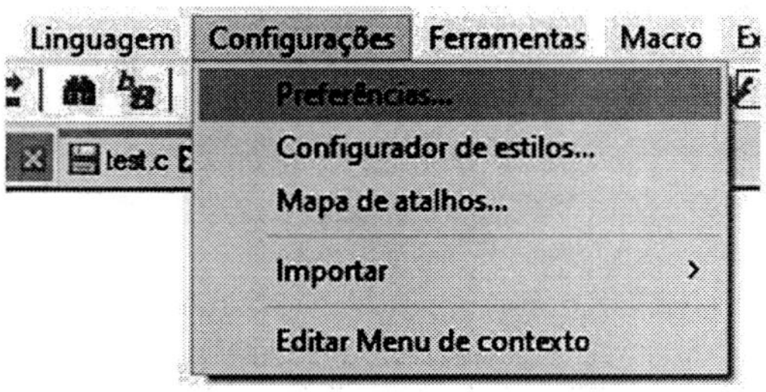

7. Ao abrir a janela, selecione Novo Documento e clique em UTF-8 e marque a caixa "Aplicar ao abrir arquivos ANSI".

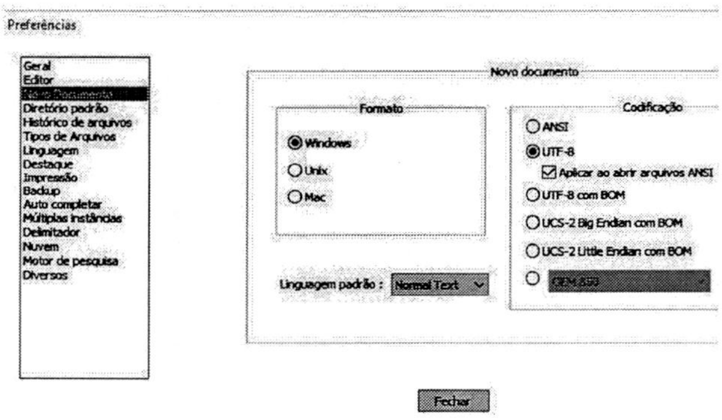

Com isso, o nosso problema com caracteres estará resolvido. Mas a influência desta mudança tem a ver com o compilador que estamos utilizando, alguns se resolvem de outra maneira, quando configuramos o formato para OEM 850 ao invés de UTF-8, por exemplo.

Apêndice B

Configurando ambiente em C++

Instalando o *Visual Studio*

O *Visual Studio*, em sua versão mais recente, não dá suporte para programas em C, mas há um suporte completo para programação em C++, e é com ela que iremos programar.

A sua instalação é simples e intuitiva.

1. Vá ao site da *Microsoft* e baixa a versão mais recente do programa, pelo seguinte endereço: https://visualstudio.microsoft.com/pt-br/downloads/

2. Há três versões: Comunidade, *Professional* e *Enterprise*:

3. Escolha comunidade, baixe o aplicativo e inicie a instalação.

4. Em algum momento haverá opções complementares para você marcar, escolha as opções: Desenvolvimento para desktop com C++ e nele marque a opção "Suporte ao C++/CLI para ferramentas bluid v...", pois vamos precisar do mesmo quando tratarmos de *interface* gráfica. Conforme o exemplo da imagem:

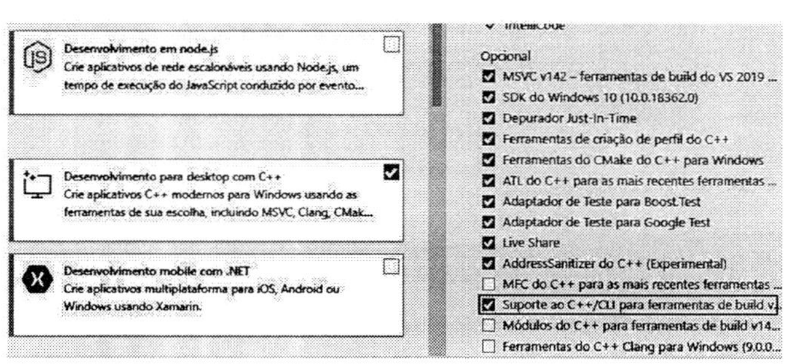

5. Ao término da instalação, normalmente ele pede para reiniciar o PC. Clique em reiniciar e pronto, seu *Visual Studio* estará instalado.

6. Ao entrar pela primeira vez no *Visual Studio*, você deverá logar em uma conta existente da Microsoft ou criar uma, se for o seu caso.

7. Das opções existentes, clique em criar um novo projeto.

8. Feito isso, escolha a primeira opção que é **projeto vazio** e clique em próximo.

9. Nesta tela ele perguntará o nome do projeto, onde deseja salvar e o nome da solução (*contêiner*) e ainda se deseja colocar o projeto e a solução, tudo em um mesmo diretório, se a caixa estiver marcada.

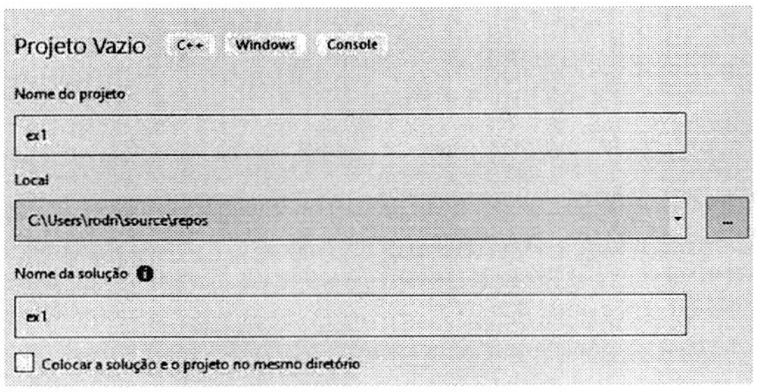

10. Coloque o nome do projeto como ex1 e selecione o local que deseja salvar o seu projeto e clique em criar.

11. Vá a *menu* principal, em projeto>Adicionar novo Item...

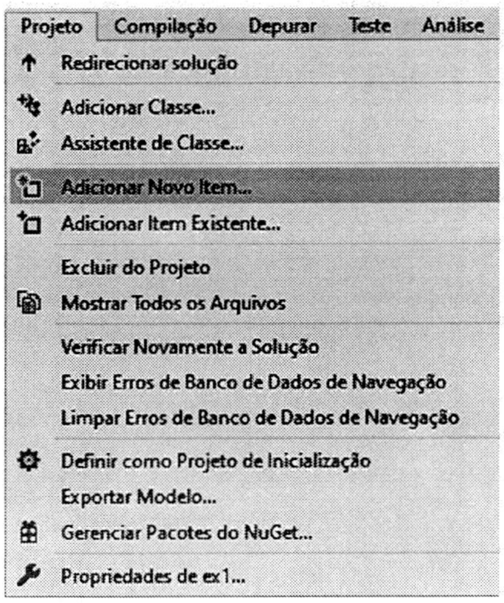

12. Escolha a opção Arquivo do C++ (.cpp). Onde .cpp é a extensão do arquivo que será criado.

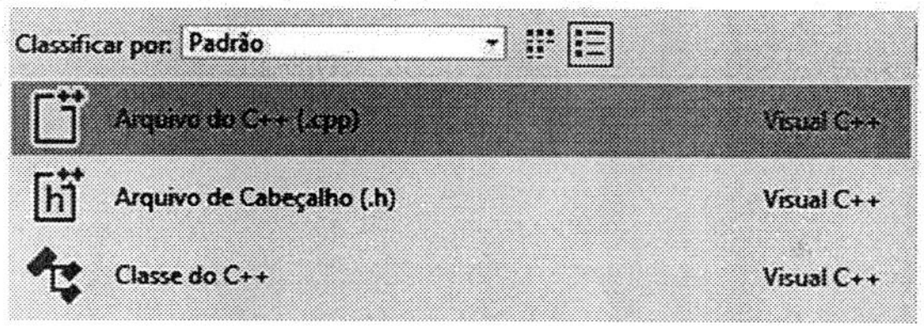

Ainda nesta mesma tela, dê um nome ao arquivo ou simplesmente aceite o nome sugerido e clique em adicionar.

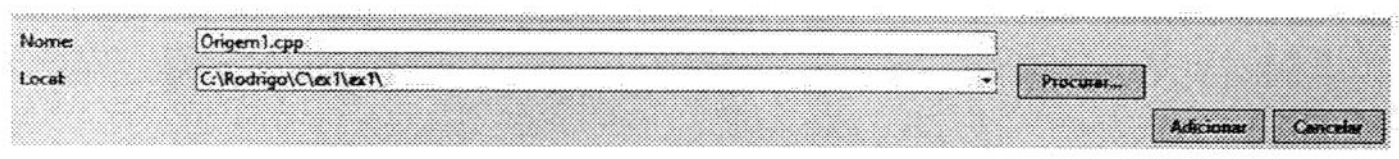

13. No arquivo recém-criado, digite o seguinte código:

```
#include <iostream>

int main()
{
  std::cout << "Bem vindo ao C++!" << endl;
}
```

A estrutura de C++ será explicado no seu respectivo tópico e por isso não focaremos neste apêndice o seu entendimento.

14. Há um botão com uma seta, chamada **depurar local do *Windows*** é essa que você irá clicar para que o programa seja compilado e executado.

Se fosse no desenvolvimento de uma classe em C++, você teria escolhido a segunda opção ao invés da primeira, que é: Arquivo de Cabeçalho (.h). Cuja extensão é .h.

Tome nota desta pequena explicação, pois você deverá se utilizar da mesma ao criar os exemplos em C++, salvo quando iniciarmos o assunto sobre banco de dados ou *interface* gráfica, em que darei detalhes mais específicos sobre sua criação.

Corrigindo caracteres especiais no ambiente do editor

Com o *Visual Studio* poderemos enfrentar este tipo de impasse e como ocorria com o editor anterior, o problema é a codificação de texto que é salvo que não satisfaz ao compilador.

Um simples comando de tela para exibir a frase:
Olá mundo
Poderá sair da seguinte forma:
Ol├í Mundo!

1. Quando você estiver editando o código de seu programa ou com ele selecionado, vá em Arquivo> Salvar

como...

2. Perceba que o botão de salvar possui uma seta, clique nela e escolha a opção "Salvar com codificação..."

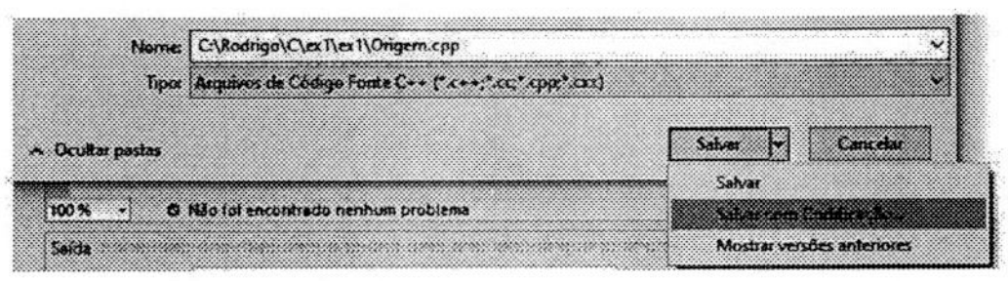

3. Clique na lista de seleção e escolha a codificação: Europa Ocidental (DOS) – Página de código 850.

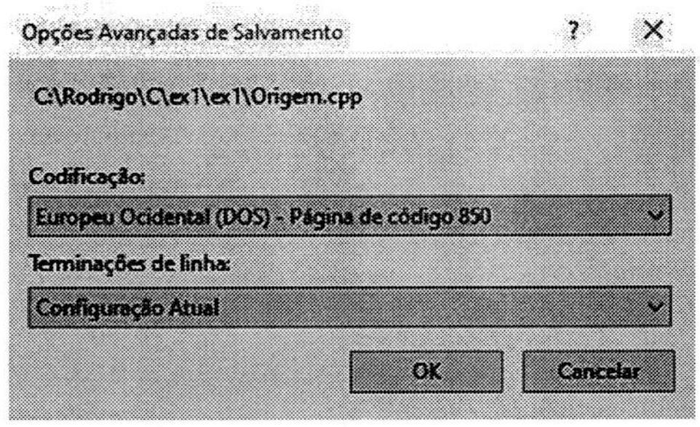

4. Feito isso clique em ok.

Com isso o problema estaria resolvido, infelizmente não. Quando você reabre o arquivo os caracteres especiais estão bagunçados, com caracteres estranhos, mas quando depura aparecem perfeitamente normais. Isso pode nem ser considerado um problema, contudo ao voltar a inserir textos com caracteres especiais, novamente o compilador passa a não os reconhecer.

Então qual seria a melhor forma de resolver o problema?

É o que a maioria optar em adotar, fazendo uso da biblioteca *locale* em C. Da seguinte forma:

```
01 #include <iostream>
02 #include <clocale>
03
04 int main()
05 {
06     setlocale(LC_ALL, "");
07     std::cout << "Olá mundo\n";
08 }
```

Na linha 02, incluímos a biblioteca *locale* de C, no sistema de conversão. E na linha 06 utilizamos *setlocale* para alterar tudo (LC_ALL). A localidade passada é *for* uma string vazia "", o nome do local será obtido a partir de variáveis de ambiente. O que resolve o problema na maioria dos casos.

Para maiores detalhes dê uma lida no tópico em C Resolvendo problemas no reconhecimento de caracteres, que trata sobre o uso de *locale* e demais assuntos.

Apêndice C

Gerenciador de banco de dados

Instalando o *MySQL*

Para iniciar a instalação, siga as seguintes etapas.

1. Vá ao site do *MySQL* e baixe a sua versão mais atual: https://dev.mysql.com/downloads/installer/

2. Após baixar, execute o instalador. As opções que aparecem são: *developer Default*, *Server only*, *Client only*, *full* e *custom*. Escolha *custom*, para instalarmos especificamente o que iremos utilizar.

3. Escolha *MySQL server*, que é o servidor de banco de dados que iremos utilizar, vá expandindo a lista, sempre opte pela versão mais recente, no nosso caso o *MySQL Server* 8.0.20 – X64, que ao selecioná-lo, a seta ao lado direito se tornará habilitada, no caso verde. Clique nela para adicioná-la à lista de Products/Features To Be Installed.

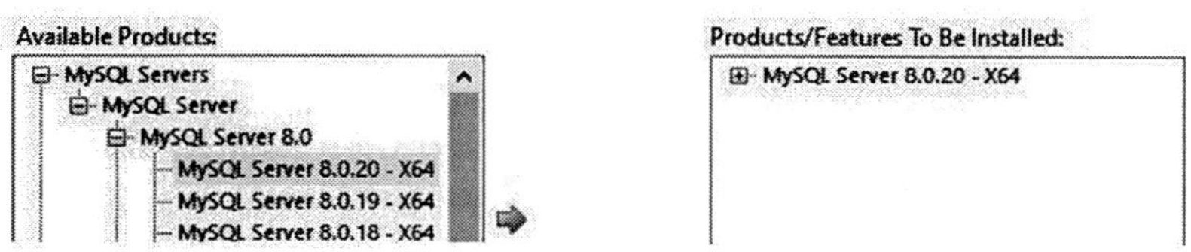

4. Agora vá a Applications e expanda a lista, selecione *MySQL Workbench*, que é uma ferramenta de modelagem de banco de dados, expanda a lista e selecione a opção mais recente. Após isso, a seta estará habilitada, clique na mesma para adicionar o *MySQL Workbench* à lista de *Products/Features To Be Installed*.

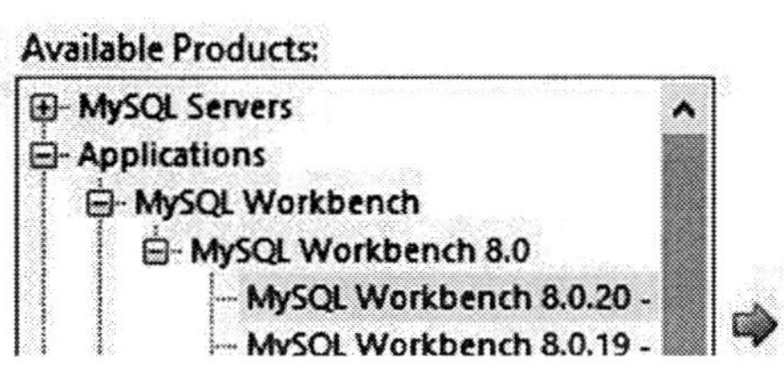

5. Ainda em *applications* escolha o *MySQL Notifier*, expanda a lista e opte pela versão mais recente. O *MySQL Notifier* é uma ferramenta que permite monitorar e ajustar o status das instâncias locais e remotas do servidor, onde fica presente em itens ocultos da barra de tarefas do *Windows*.

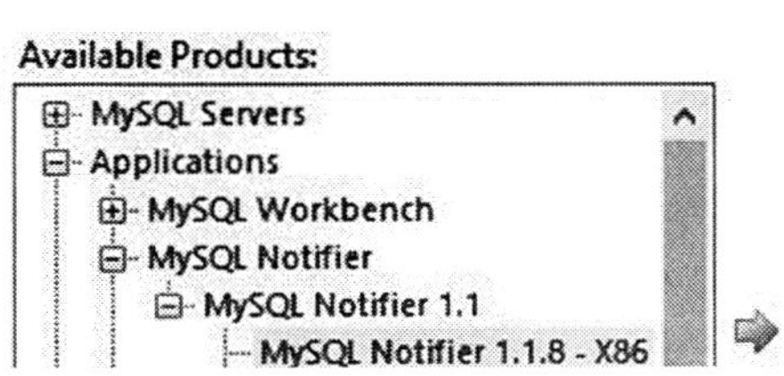

6. Ainda em *applications*, vamos adicionar um recurso para o *Visual Studio*, que é *MySQL for Visual Studio*. Expanda a lista e opte pela versão mais recente, se houver outras opções. Lembre-se sempre de selecionar e clicar na seta ao lado direito para que seja incluído na lista de *Products/Features To Be Installed*.

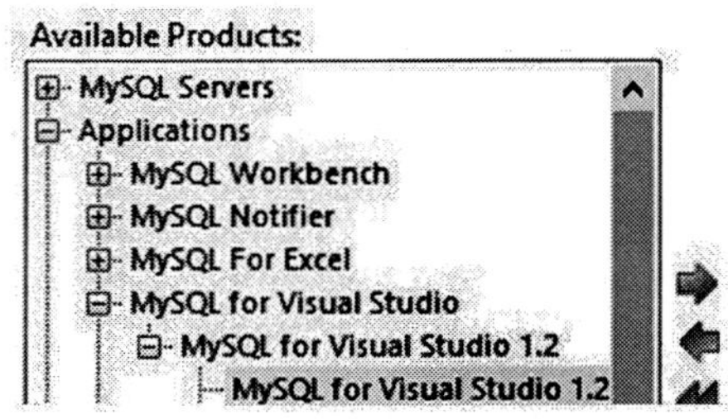

7. Agora em *MySQL Connectors*, expanda a lista até encontrar *Connector/C++*. Escolha a opção mais recente, que é referente à conexão de banco de dados para C++. Lembre-se de selecioná-lo e adicioná-lo à lista de *Products/Features To Be Installed*.

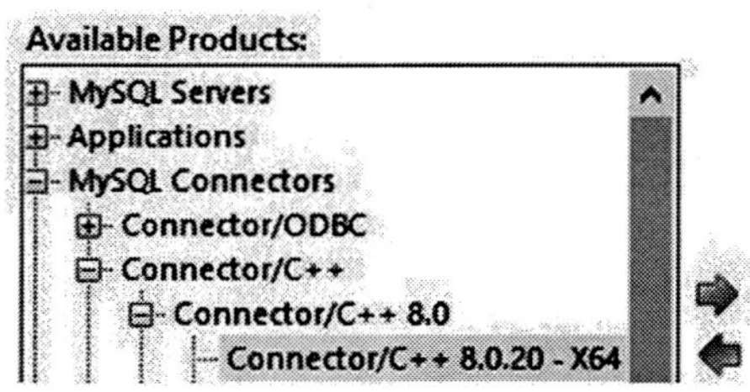

8. Feito isso, clique em *next* e logo em seguida em execute para baixar e instalar os itens selecionados.

9. Após baixado e instalado, vá simplesmente clicando em *next*, até chegar nessa tela onde teremos que colocar uma senha para nosso banco de dados. Eu coloquei a senha 1234, pois o banco de dados será utilizado para fins didáticos, o que me desobriga a criação de uma senha forte.

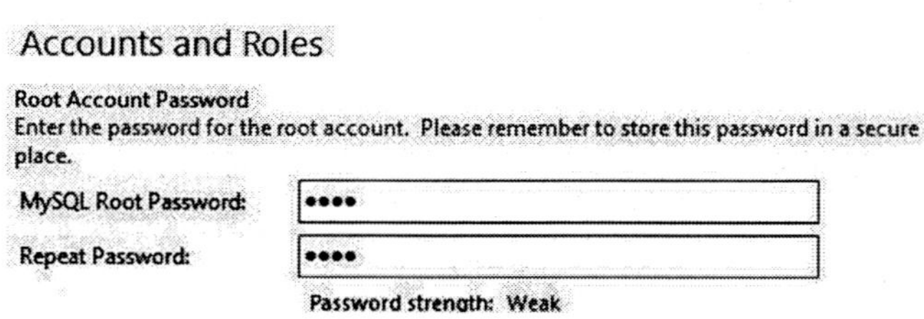

10. Feito isso vá clicando em *next* até entrar na tela final de configuração, onde deverá executar e esperar até que todas as opções estejam *ok*, conforme demonstrado na imagem.

11. Por fim, clique em *finish, next* que houver e *finish* novamente.

Utilizando o *Workbench*

Ao finalizar a instalação, a primeira coisa que será feita é a abertura do *Workbench*. Mas caso não esteja marcada essa opção por padrão em sua instalação é muito fácil de acessá-lo.

1. Vá a sua barra de tarefas do *Windows* e clique na seta para visualização dos ícones ocultos. E lá aparecerá o ícone do *MySQL*, clique com o botão direito do mouse e no menu de contexto que se abre escolha a opção *SQL editor...*

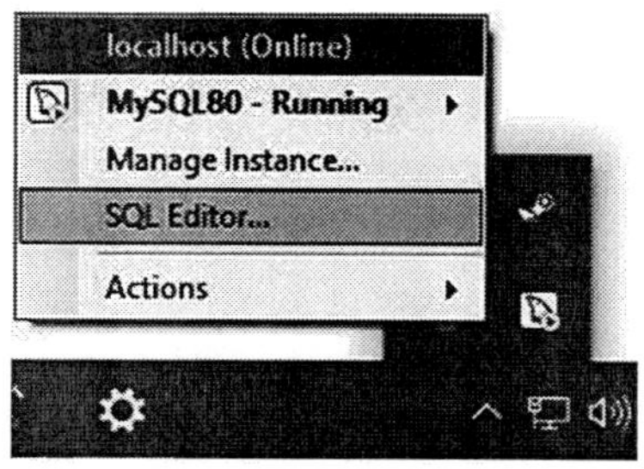

2. Ao ser aberto vá até o menu principal em Database > Connect to Database...

3. Aparecerá uma pequena janela onde você deverá colocar a mesma senha que você definiu quando estava instalando o banco de dados. No meu caso 1234.

Quando for digitar a senha, não se esqueça de marcar a caixa de seleção para salvar e desta forma evitar digitá-la novamente.

Após conectado ao banco de dados, você poderá criar seus bancos de dados, eu particularmente prefiro fazer pelo *Shell*, mas vamos fazer por aqui, já que a maioria dos alunos preferem.

Se não houver a tela para edição de arquivo *SQL* conforme o exemplo:

Clique no ícone . O ícone do raio serve para executar a nossa consulta SQL.

Clique no ícone . O ícone do raio serve para executar a nossa consulta SQL.

Vamos agora criar um pequeno exemplo:

```
CREATE DATABASE IF NOT EXISTS bd;
USE bd;
DROP TABLE IF EXISTS usuarios;
CREATE TABLE usuarios (
id INT UNSIGNED AUTO_INCREMENT PRIMARY KEY,
nome VARCHAR (50),
idade TINYINT UNSIGNED
)ENGINE = MyISAM CHARACTER SET = latin1 COLLATE = latin1_swedish_ci;

INSERT INTO usuarios(nome, idade) VALUES ("Carla", 22),("Cleber", 19), ("Marcos", 50), ("Ana", 60);
```

Se estiver sido criado corretamente, nenhuma mensagem de erro irá aparecer e poderá ser visto na aba *Schemas,* que caso não esteja presente clique no ícone de atualização no canto direito.

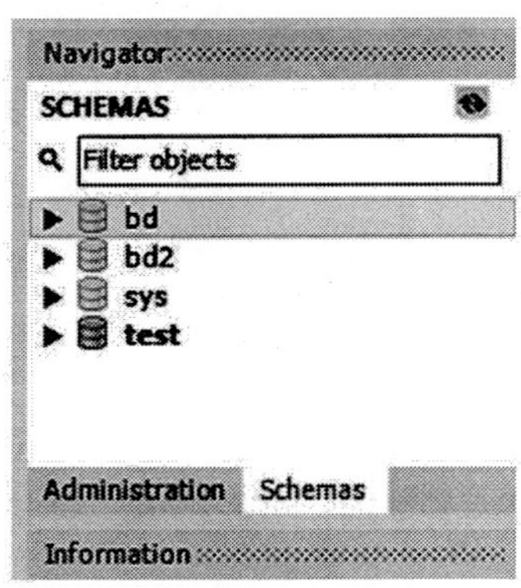

Referências

Handbook of software engineering, Sungdeok Cha; Richard N Taylor; Kyochul Kang, 2019.

A Tour of C++ (2nd Edition), Bjarne Stroustrup, 2018.

The Standard C Library, P.J. Plauger, 2016.

Apostila de Modelagem de banco de dados *MYSQL SENAC,* Rodrigo Beltrão de Lucena Córdula, 2015.

https://docs.microsoft.com/pt-br/windows-server/administration/windows-commands/chcp,acessado 28/02/2020.

https://docs.microsoft.com/en-us/windows/console/setconsoleoutputcp, acessado 28/02/2020.

http://www.open-std.org/jtc1/sc22/wg14/www/docs/n2310.pdf,acessado 06/04/2020.

https://docs.microsoft.com/pt-br/cpp/preprocessor/hash-if-hash-elif-hash-else-and-hash-endif-directives-c--cpp?view=vs-2019, acessado 10/04/2020.

https://docs.microsoft.com/pt-br/cpp/c-runtime-library/reference/scanf-s-scanf-s-l-wscanf-s-wscanf-s--l?view=vs-2019, acessado 13/04/2020.

https://docs.microsoft.com/pt-br/cpp/c-runtime-library/reference/countof-macro?view=vs-2019,acessado 13/04/2020.

https://docs.microsoft.com/pt-br/cpp/cpp/namespaces-cpp?view=vs-2019, acessado 13/04/2020.

https://docs.microsoft.com/pt-br/cpp/standard-library/string-functions?view=vs-2019, acessado 13/04/2020.
https://gcc.gnu.org/onlinedocs/libstdc++/manual/using_headers.html#manual.intro.using.headers.cheaders, acessado 13/04/2020.

https://docs.microsoft.com/pt-br/cpp/preprocessor/once?view=vs-2019, acessado 17/04/2020.

https://docs.microsoft.com/pt-br/visualstudio/ide/step-1-create-a-windows-forms-application--project?view=vs-2019, acessado 22/04/2020

https://downloads.mysql.com/docs/refman-8.0-en.pdf, acessado 26/04/2020.

https://dev.mysql.com/doc/connector-cpp/8.0/en/connector-cpp-apps-windows-notes.html, acessado 16/05/2020.

https://dev.mysql.com/doc/connector-cpp/8.0/en/connector-cpp-apps-general-considerations.html, acessado 16/05/2020

https://dev.mysql.com/doc/connector-cpp/1.1/en/connector-cpp-examples-complete-example-1.html, acessado 18/05/2020

https://dev.mysql.com/doc/connector-cpp/1.1/en/connector-cpp-examples-complete-example-2.html, acessado 18/05/2020

https://docs.microsoft.com/pt-br/visualstudio/ide/step-1-create-a-windows-forms-application--project?view=vs-2019, acessado 22/05/2020.

https://docs.microsoft.com/pt-br/cpp/windows/walkthrough-creating-windows-desktop-applications--cpp?view=vs-2019. Acessado 26/05/2020.

https://docs.microsoft.com/pt-br/windows/win32/winmsg/window-procedures, acessado 29/05/2020.

https://docs.microsoft.com/pt-br/dotnet/api/system.windows.forms.application.setcompatibletextrenderingdefault?view=netcore-3.1, acessado 03/06/2020.

https://docs.microsoft.com/pt-br/dotnet/framework/winforms/controls/walkthrough-arranging-controls-on-windows-forms-using-a-flowlayoutpanel, acessado 16/06/2020.

https://docs.microsoft.com/pt-br/dotnet/framework/winforms/controls/groupbox-control-windows-forms, acessado 16/06/2020.

https://docs.microsoft.com/pt-br/dotnet/api/system.windows.forms.panel?view=netframework-4.8, acessado 17/06/2020.

https://docs.microsoft.com/pt-br/dotnet/api/system.windows.forms.splitcontainer?view=netframework-4.8, acessado 17/06/2020.

https://docs.microsoft.com/pt-br/dotnet/api/system.windows.forms.tabcontrol?view=netframework-4.8, acessado 18/06/2020.

Impressão e acabamento
Gráfica da Editora Ciência Moderna Ltda.
Tel: (21) 2201-6662